KB097937

서중석의 현대사 이야기 ⑭

서중석의
현대사
이야기

서중석 답하다

김덕련 묻고 정리하다

14

유신 몰락의 드라마
궁지에 몰린 박정희

오월의봄

일러두기
본문의 추가 보충 설명은 모두 김덕련이 정리했다.

책머리에

1

우리는 21세기에 들어와 극렬한 '역사 전쟁'을 겪고 있다. 역사 전쟁은 한국과 일본 사이에, 또 한국과 중국 사이에 벌어지는 것으로 알고 있는 사람들이 많겠지만, 오히려 한국 사회 내부에서 더 치열하다.

사실 최근에 와서야 비로소 역사 교육이 정상적인 길로 들어서는가 싶었다. 박정희 한 사람만을 위한 1인 유신 체제의 망령인 국정 역사 교과서가 21세기 들어 사라졌고, 가장 중요한데도 공백이나 다름없었던 근현대사 교육이 이루어지면서 한국사 교육이 조금씩 자리를 잡아가고 있었다. 이런 흐름을 따라 이제 극우 반공 체제나 권력의 손아귀에서 벗어나 역사 교육이 학문과 교육 본연의 자세로 조심스럽게 나아가는 듯싶었다.

우리 현대사에는 조금 잘될 듯하다가 물거품이 된 경우가 종종 있다. 역사 교육도 그렇다. 교육의 현장이 순식간에 전쟁터가 된 것이다.

2008년 이명박 정권이 들어서자마자 수구 세력은 오염된 현대사를 재교육하겠다고 나섰다. 과거 중앙정보부 간부, 수구 언론 논설위원 등이 포함된 강사들이 서울을 비롯해 전국 각지로 보내져 학생과 교육계, '사회 지도층'을 상대로 현대사 재교육에 나섰다. 강사라기보다 유세객遊說客이라는 표현이 맞겠지만, 이들 중 현대사 전공자라고 볼 만한 사람은 없었다. 현대사 전공자가 아니면 역사학자도 잘 모를 수밖에 없는 한국 현대사, 특히 해방 전후사를 수구 세력 이데올로기 대변자들한테 맡긴 것이다. 얼마나 다급했으면 그렇게 했을까 싶지만 해프닝이나 다름없었다.

거기까지는 그나마 양호했다. 그해 8월 15일은 공교롭게도 정부 수립 60주년이 되는 날이었는데, 특히 이날을 벼르고 벼르던 세력들이 광복절을 건국절로 명칭을 변경해 기념해야 한다고 나섰다. 일부는 뭐가 뭔지 모르고 가담했겠지만, 그것은 역사 교육의 목표, 국가 기강이나 민족정기를 한순간 뒤집어엎고 혼란에 빠트릴 수 있는 위험천만한 행동이었다. 친일파를 건국 공로자로 만들 수 있는 건국절 행사장에는 참석하지 않겠다고 독립 운동 단체가 단호히 선언하고, 독립 운동가들이 자신들이 받은 서훈을 반납하겠다고 강경히 주장해서 간신히 광복절 기념식을 치를 수 있었다.

가을이 되자 일선 역사 교사들에게 날벼락이 떨어졌다. 지금 쓰는 교과서를 바꾸라고 난리를 친 것이다. 모든 권력을 총동원해서 압력을 가해왔다. 그 전쟁터 한가운데에 서서 교사들은 어떤 사념에 잠겼을까. 역사 교사로서 올바르게 산다는 것이 무엇이라고 생각했을까. 그렇지 않으면 기구한 우리 현대사를 되돌아보았을까.

그로부터 5년 후 박근혜 정권이 등장하자 또다시 역사 전쟁이 벌어졌다. 이번에는 역사 교과서를 둘러싼 전쟁이었다. 2004~2005년부터 구체적인 본색을 드러내고 조직적으로 활동하며 수구 세력 내에서 역사 문제에 대해 강력한 발언권을 확보해온 뉴라이트 계열이 역사 교과서를 만든 것이다.

뉴라이트 계열 역사 교과서는 어이없이 참패했다. 일본 극우들이 2001년에 만든 후쇼샤 교과서보다 더한 참패였다. 일제 침략, 친일파와 독재를 옹호했다고 그 교과서를 맹렬히 비판하던 쪽도 전혀 상상치 못한 결과였다. 그 교과서가 등장하기 몇 달 전부터 수구 언론이 여러 차례 크게 보도해 분위기를 띄우고, 권력이 여러 방법으로 지원을 하는 등 나름대로 총력전을 폈으며, 수구 세력이 지배하는 학교 재단도 있었기 때문에 어느 정도는 채택될지도 모른다고 크게 우려했는데 결과는 딴판이었다.

2

왜 역사 전쟁에서 이승만을 띄우는가. 박정희의 경제 발전 공로는 진보 세력 일부도 인정하기 때문에 이제 이승만만 살리면 다 된다고 보기 때문일까. 그렇지 않다. 근현대 역사에서 너무나 중요한 '비결 아닌 비결'이 거기 내장되어 있기 때문이다.

우리에게는 '역사의 죄인'이 있다. 우리 역사에서 제일 큰 죄인은 누구일까. 우선 친일파, 분단 세력, 독재 협력 세력이 쉽게 떠오를 것이다. 이승만을 존경하는 사람들에는 여러 유형이 있다. 친일파, 분단 세력, 독재 협력 세력이 거기 포함된다. 이들은 이승만을 살리고 나아가 그를 '건국의 아버지' '국부'로 만들어놓을 수만 있으면 '역사의 죄인'에서 벗어날 수 있다고 믿는 것 같다. 나아가 이승만이 국부가 되면 권력이나 사회적 지위, 기득권을 계속 움켜쥘 수 있다고 확신하고 있는 것 같다.

역사 전쟁은 수구 세력이 일으키는 불장난이라는 생각이 들 때가 있다. 60~70년 전 역사를 가지고 지금 아무에게도 득이 되지 않는 소모적인 전쟁을 일으킬 필요가 없기 때문이다. 사실을 왜곡하는 일 없이, 개방 시대에 맞게 그 시대를 폭넓게 이해하도록 가르치면 되는 것이다. 문제는 친일파, 분단 세력, 독재 협력 세력은 그렇게 생각하지 않는다는 데 있다. 자연인으로서 친일파는 생명이 다했지만, 정치적·사회적 친일파는 여전히 강성하다. 그러니 자꾸 문제를 일으킨다. 어두운 과거를 떨치고 새 출발을 할 때 보수주의가 자리 잡을 수 있는데, 비판자들을 마구잡이로 '종북'으로 몰아세우고 대통령 선거에서 NLL로 황당무계한 공격을 하는 데서 알 수 있듯이, 그들은 과거를 떨치지 못하고 독재 권력이 행했던 과거의 수법에 의존하고 있다. 이렇듯 수구 세력이 정치적 생명을 연장하려고 하기 때문에 역사 전쟁이 지겹게도 반복되고 있는 것이다.

　우리에게는 '역사의 힘'이 있다. 항일 독립 운동과 반독재 민주화 운동이 줄기차게 계속된 것도, 우리 제헌 헌법에 자유·평등의 독립 운동 정신이 담겨 있는 것도 역사의 힘이다. 우리 국민이 친일파, 분단, 독재를 있어선 안 되는 잘못된 것으로 보는 것도 역사의 힘이다. 막강한 힘의 지원을 받은 역사 교과서가 참패한 것도 그렇다. 2014년에 국무총리 후보가 역사의식 때문에 순식간에 추락한 것도 역사의 힘이 아니고서는 설명하기 어렵다. 그런데도 해방-광복 70주년이 되는 2015년에 들어서자마자 역사 교과서를 국정화하겠다는 소리가 들리고, 수구 언론은 과거처럼 '이승만 위인 만들기'에 노력하고 있다.

　진보 세력은 역사의 죄인 혐의에서 자유로울까. 현대사 진실 찾기, 역사 바로 세우기를 방기한 것은 어떻게 설명할 수 있을까. 1980년대에 운동권은 극우 반공 세력의 역사관을 산산조각 냈다고 생각하기도 했지만, 그것은 자만이었다. 현대사 진실 찾기를 방기할 때, 그것은 또 하나의 이데올로기이자 도그마로 경직될 수 있었다. 진보 세력은 수구 세력이 뉴라이트의 도움을 받아 근현대사 쟁점에 나름대로 논리를 세워놨는데도 더 이상 자신을 채찍질하지 않았다.

1980년대에 그렇게 현대사에 열을 올리던 사람들 가운데 몇이나 해방과 광복, 광복절과 건국절의 차이를 설명할 수 있을까. 그들은 단정 운동에 대해서 어느 정도 지식을 가지고 있을까. 이승만이 대한민국을 건국한 국부가 아니고 제헌 국회에서 표결에 의해 선출된 초대 대통령에 지나지 않는다는 것은 또 얼마나 알고 있을까. 한마디로 이승만 건국론이 잘못된 주장이라는 것을 일반 사람들에게 구체적인 사실을 들어 조리 있게 설명해줄 수 있을까. 현대사의 이런저런 문제를 가지고 생각이 다른 사람들과 논전을 벌일 경우 상대방을 얼마나 설득할 수 있을까.

3

나는 역사 전쟁이 싫다. 특히 요즘은 이제 제발 그만두었으면 싶은 마음이 간절하다. 내가 현대사에 관심을 가진 것이 1960년대 중반부터이니, 반세기라는 긴 세월 동안 극우 세력의 억지 주장이나 견강부회와 맞닥뜨리며 살아온 셈이다. 하지만 어떡하겠나. 숙명이려니

하고 받아들이지 않을 수 없다.

2013년 6월 제자와 지인들 앞에서 퇴임사를 하면서 이런 이야기들을 전했고, 젊은이들이 발분하여 현대사를 공부해줄 것을 거듭 당부했다. 그러고 나서 얼마 후 프레시안 김덕련 기자에게서 현대사 주제들을 여러 차례에 걸쳐 인터뷰하고 싶다는 요청이 왔다. 그다지 부담이 없을 것 같아 응했다. 한국전쟁부터 시작했다.

김덕련 기자는 뉴라이트가 제기한 문제들을 포함해 여러 가지를 예리하게 추궁했다. 당연히 쟁점 중심으로 얘기가 진행됐다. 그런데 곧 출판 제의가 들어왔다. 출판을 한다면 좀 더 체계적으로 인터뷰를 이끌어가야 할 것 같았다. 그래서 이승만 건국 문제, 친일파 문제, 한국전쟁과 이승만 문제, 집단 학살 문제, 5·16쿠데타 평가, 3선 개헌과 유신 체제, 박정희와 경제 발전 문제, 부마항쟁과 10·26과 광주항쟁, 6월항쟁 등 중요 쟁점을 한층 더 깊이 파고들어가기로 했다.

욕심도 생겼다. 이승만에 대해서는 직간접적으로 다룬 여러 저작과 논문이 있지만, 박정희에 대해서는 두세 편의 논문과 일반적인 글이 있을 뿐이었다. 그렇지만 현대사에서 박정희는 18년이라는 커다란 몫을 가지고 있고, 1960~1970년대의 대부분이 포함된 그 18년은 정치적으로나 경제적으로나 대단히 중요한 시기였다. 그 중요한 시기 동안 박정희가 집권했으니, 그 시기를 통사로 한번 써야 하지 않겠느냐는 의무감 비슷한 것이 있었다. 그러던 차에 인터뷰가 책으로 나오게 된다니, 박정희 집권 18년의 전체 상을 박정희 중심으로 살펴보고 싶은 의욕이 생겼다.

해방 직후의 역사도 1980년대에 와서야 연구되었지만, 박정희 시기도 마찬가지였다. 그 당시 한국인의 대다수가 박정희의 창씨 명을 알지 못했고, 심지어 그가 남로당의 프락치였다는 사실조차 모르고 있었다. 적지 않은 사람들이 막 보급되던 TV 화면에 빠지지 않고 등장하는 박정희의 모습을 그의 참모습으로 알고 있었다. 더욱이 1990년대 중반, 특히 IMF사태 이후 박정희 신드롬이 일어나면서 그는 대단한 능력자로 신비화되기도 했다.

나는 박정희가 쿠데타를 일으켰던 그때부터 이미 박정희의 모습을 지켜보았다. 덧칠하지 않은 있는 그대로의 박정희를 볼 수 있었다. 그는 그렇게 특별한 능력이나 지식을 가진 사람이 아니었다. 다만 권력에 대한 집착이 생사를 초월하도록 강했고, 상황을 판단하는 총기가 있었으며, 콤플렉스도 있었고, 색욕이 과했다.

그런데 나는 박정희의 저작, 연설문집, 그에 관한 여러 연구와 글을 들여다보면서 의외로 일제 때의 군인 경험이 그의 일생에 지대한 영향을 미쳤음을 알게 되었다. 유신 체제, 민족적 민주주의-한국적 민주주의, 민족과 주체성 강조 등 '정치 이념'이 해방 이전의 세계관에서 먼 거리에 있지 않았다. 일제 때 군인 정신으로 민족, 주체를 강조하게 되었다는 것이 아주 이상하게 들릴지 모르겠지만, 거기에 박정희의 박정희다운 특성이 있고, 한국 현대사의 일그러진 자화상이 담겨 있다.

김덕련 기자와 인터뷰를 하게 된 것은 행운이다. 그는 대학 시절 국사학과에 재학 중일 때 내 현대사 강의를 들었다고 하는데, 현대사 지식이 풍부하고 문제의식이 날카로웠다. 중요 쟁점도 놓치지 않았고 미묘한 표현도 잘 처리했다. 거기다 금상첨화 격으로 꼼꼼하며 자상하기까지 하다. 김덕련 기자와 나는 이러한 작업에 잘 어울리는 좋은 팀이라고 생각한다. 출판에 대해 자신의 철학을 가지고 있고 공들여 편집하느라 애쓴 오월의봄 박재영 대표에게도 감사드린다.

서중석

차례

유신 몰락의 드라마

새마을운동

연표

1973년

4월	김형욱 전 중앙정보부장, 은밀히 미국행(그 후 망명)
12월	박정희, 중앙정보부장 교체(이후락→신직수)
	이후락, 해외 도피(1974년 2월 귀국)

1975년

4월 29일	박정희 특별 담화(이후 총력 안보 운동으로 병영화 강화)

1976년

2월	교수 재임용제를 통해 416명 재임용 탈락
7월	동일방직 여성 노동자들의 나체 시위 사건
10월	워싱턴포스트 보도를 시작으로 코리아게이트 발생
11월	김상근(주미 한국 대사관 참사관), 미국 망명
12월	박정희, 다시 중앙정보부장 교체(신직수→김재규)
	서울대에서 유신 체제 반대 시위

1977년

2월	미국 의회, 프레이저 청문회에 한미 관계 조사 권한 위임
6월	김형욱, 프레이저 위원회 청문회에서 박정희 정권 치부 폭로
9월	손호영(중앙정보부 뉴욕 총책임자), 미국 망명
10월	연세대에서 큰 규모 시위
11월	서울대에서 큰 규모 시위
12월	해직 교수 13명, '민주 교육 선언' 발표

1978년	
2월	동일방직 '똥물 테러' 사건
5월	제2기 통일주체국민회의 대의원 선거
6월	유신 반대 광화문 연합 시위
	'우리의 교육 지표' 사건
7월	'통대', 99.9퍼센트로 제2기 체육관 대통령 선출
	반유신 세력 결집한 민주주의국민연합 출범(1979년 3월
	민주통일국민연합으로 변경)
12월	유신 제2기 국회의원 선거(12·12선거)에서 야당 승리, 공화당 참패
	박정희, 제2기 체육관 대통령 취임
	김대중, 형 집행 정지로 석방

1979년	
3월	크리스찬아카데미 사건
	백두진 국회의장 선출 파동
5월	신민당 총재 선거에서 김영삼 승리
6월	카터 미국 대통령 방한, 박정희와 정상 회담
8월	YH 여성 노동자 신민당사 농성 사건
9월	법원의 김영삼 신민당 총재 직무 집행 정지 가처분 결정
10월	공화당·유정회, 김영삼 국회의원직 제명안 전격 처리
	부마항쟁
	10·26으로 유신 체제 붕괴

유신 몰락의
드라마

또다시 불붙기 시작한 대학가 시위, 광화문에서 울려 퍼진 '유신 독재 철폐'

유신 몰락의 드라마, 첫 번째 마당

김 덕 련 10·26으로 박정희 정권이 무너진 원인으로 유신 체제 자체의 모순, 거듭된 정책 실패에서 비롯된 심각한 경제 문제 등이 주로 거론된다. 그와 더불어 결코 빼놓을 수 없는 것이 체포, 고문, 옥살이 등의 고난에 굴하지 않고 유신 독재에 맞선 이들의 피와 땀과 눈물이다. 독립 운동을 배제하고 1945년 해방을 말할 수 없는 것과 마찬가지다. 그러한 민주화 운동의 주요 형태 중 하나인 시위 투쟁 상황을 살폈으면 한다. 먼저 1970년대 후반 대학가 분위기는 어떠했나.

서 중 석 1975년 4·29 박정희 특별 담화가 나오면서 총력 안보 운동이라는 대대적인 동원 정치가 펼쳐지고 긴급 조치 9호 선포, 4대 전시 입법 등으로 사회의 병영화가 급속히 진행돼 유신 체제가 안정의 길로 들어선 것처럼 보였다. 포항에서 석유가 나왔다는 박정희의 기만적인 발표로 사람들은 오랫동안 들떠 있었고, 중동 건설 특수가 가세하면서 경제가 호조를 보인 것도 유신 체제 안정에 큰 힘이 됐다. 반유신 민주화 운동 세력은 고립을 면치 못했다.

반유신 투쟁의 선봉에 서왔던 대학도 크게 달라졌다. 대학에 학도호국단이 부활하고 대학 병영화가 한층 더 철통같이 이뤄짐에 따라 대학에서 시위를 한다는 건 굉장히 어려웠다. 많은 운동권 학생이 가담했고 모인 학생들도 많았지만, 서울대 5·22 시위는 '동양 최대 규모의 파출소'에서 기동 경찰 수백 명이 출동하면서 짧은 시간에 진압됐다.

캠퍼스에 따라 학내에 사복 체포조가 상주하기도 했다. 서울대 관악 캠퍼스에는 각 건물마다 20여 명의 경찰 체포조가 상주하는 방이 있었다. 사복 체포조는 교정의 잔디밭이나 도서관, 심지어 강의실에 앉아 있다가 누군가 소리라도 치면 바로 그 자리에서 체포하곤 했다. 1975년부터 학생들의 군사 훈련을 1주일에 4시간으로 늘리는 등 강화했고 전방 입영 교육까지 받게 했다.

총장의 주요 임무도 학생 사찰이었다. 5·22 시위로 서울대 총장이 된 윤천주는 취임사에서 분별 없는 선동으로 우직한 사람을 과열시켜 '적전敵前'의 '이적 행위'를 감행하는 것을 용납하지 않겠다고 강조했다. 학생처에는 상담지도관실을 두어 학생들의 동향을 파악했다. 학사담당관실도 대폭 증강했다. 분담 지도 교수제를 통해 교수들도 학생들을 감시했다.

5분 만에 주동자들이 체포되고 시위가 진압된다고 해서 5분 시위라는 말이 대학가에 떠돌게 된다. '5분 안에 학생들도 모이게 하고 선언문도 읽고 모든 걸 해치워야 한다. 건물 난간이라든가 계단이라든가 특별한 데에 가서 경찰 체포조가 들어오지 못하도록 하면서 학생들이 어떻게든 모이게 해 반유신 선언문을 낭독하고, 그래도 5분 정도는 뭔가 보여줘야 한다'는 투쟁이 대학가에서 계속되면서 그런 말이 퍼진 것이다.

'5분 시위'에 담긴 절박함이 모이고 모여
대학가에서 유신 반대 시위 점차 확산

── 시위 투쟁, 어떻게 전개됐나.

대학에서 시위는 못했지만 1975년에도, 그다음 해에도 지하 유인물은 계속해서 배포됐다. 그런 속에서 1976년 10월 15일, 서울대 축제 기간이었는데, 농대 농악팀의 농무 그리고 탈춤이 끝난 오후 9시 30분경 학생들이 자연스럽게 스크럼을 짜고 시위를 전개했다. 1975년 5·22 시위 이후 처음으로, 오랜만에 침묵을 깨고 데모를 벌인 것이다. 이 사건으로 40명이 연행되고 양관수 등 2명이 제적됐다.

우발적인 면이 있었던 이런 시위를 넘어선, 조직적이고 적극적인 시위가 그해 12월 8일 서울대 법대 4학년생인 박석운, 이범영을 중심으로 일어났다. 유인물을 배포하고 선언문을 낭독한 뒤 약 500명이 〈정의가〉를 부르면서 시위에 들어갔는데, 학교 안에 상주하던 경찰에 의해 즉각 진압됐다.

이날 시위는 졸업을 앞뒀는데도 구속을 각오하고 치밀하게 준비해 조직적으로 일으켰다는 점에서 1970년대 후반기 본격적인 시위의 시작이라는 평가를 받는다. 순식간에 적잖은 학생들이 모였다는 것은 대학이 길고 어두운 침묵의 터널을 빠져나왔다는 점에서 퍽 고무적이었다. 이 시위는 다른 점에서도 학생 운동권의 주목을 받았다.

─ 무엇인가.

뭐냐 하면, 시위 주동자가 모든 책임을 지고 나머지 활동가는 연루시키지 않는 것을 통해 시위 투쟁으로 조직 전체가 와해되지 않도록 한 것이다. 그와 함께, 이때 주동자들이 2, 3학년생이 아니고 다 4학년 학생이었는데, 취업 준비를 해야 할 4학년이 주동자가 됐다는 점에서 모범을 보였다고들 이야기한다. 이제 언더under 그룹을 형성하고 있던 74학번이 나설 차례였다.

1977년 3월 28일 74학번 양춘승 등이 주도한 시위가 서울대에서 일어났다. 약 300명의 학생이 모인 가운데 유신 정권 타도를 외치는 선언문을 낭독하는 도중에 경찰에 의해 바로 진압됐다. 앞에서 5분 시위 이야기를 했지만 이 시기에는 선언문을 읽는 것조차 쉽지 않았다. 4·19가 들어 있는 1977년 4월이 되면 한신대, 서울대 공대, 감리교신학대, 이화여대, 연세대, 성균관대, 고려대, 전북대 같은 데에서 유인물을 배포하거나 시위 시도가 이어진다. 한신대가 이때 열심히 했다. 그해 5월에는 한신대에서 신앙 고백 선언서를 배포하며 시위를 벌이다가 4명이 구속되기도 했다. 유인물은 그해 연말까지 대학가에 계속 돌았다. 기독교장로회청년회는 4월 24일 서울에서 가두시위를 벌이고 '기장 청년 1977 신앙 고백 선언'을 발표했다.

　　1977년 10월 7일에는 서울대 사회학과에서 학과 창설 30주년 심포지엄이 있었는데 이때 전혀 계획에 없었던 학생 시위가 일어났다. 이 시위는 아이로니컬하게도 대학 당국의 시위 공포증이 시위를 유발했다. '민족 운동의 사회학—일제하를 중심으로'라는 심포지엄 주제가 말해주듯이 누가 봐도 '순수한' 학술 발표회였다. 그러나 학교와 경찰은 시위 우려 때문에 갑작스레 행사를 못하게 했고, 발표자들을 학과 사무실에서 못 나가게 했다. 이 심포지엄에 참가하려 26동에 모인 400여 명의 학생들은 발표자 구금 해제, 심포지엄 개최 등을 요구하면서 '학도호국단 자율화', '학보 및 신문 검열 폐지'를 복창했고 "총장은 사태의 책임을 지고 물러가라"고 외쳤다. 경찰은 농성 중인 학생 400여 명을 모두 연행했다.

　　26동 시위로 8명이 구속되고 무려 23명이 제적당했으며 38명이 학사징계를 받았다. 그와 함께 10월 25일까지 휴업이라는 이름으로 문을 닫았다. 상당히 오랫동안 시위를 할 수 있었다는 점에서도 흥미로운 기록을 남겼다. 이처럼 특이한 사태가 벌어지자 조순 사회과학대 학장은 몇몇 교수들에게 '10·7 교내 학생 소요 사태에 대한 의견서' 작성을 위촉했다. 이 의견서에서 교수들은 학생 데모에 교수로 하여금 물리적인 대응(저지)을 하게 하거나 학생 및 학부모에게 '직접 방문·면담, 각서 받기, 보고서 제출'을 강요하는 것은 부적절하다고 주장했다.

대학 시위의 종합판 등장
폐쇄된 공간에서 규모가 큰 시위 유도

—— 대학의 울타리를 넘어 다시 거리로 나아가는 대규모 시위도 이 무렵 부활하지 않나.

규모도 크고 시간도 이제는 5분이 아니라 여러 시간에 걸쳐서 과감한 투쟁을 벌인 시위가 1977년 10월에 드디어 나타나게 된다. 10월 25일 연세대에서 강성구가 대강당 4층의 폐쇄된 박물관에 들어가 유리창을 깬 다음 '유신 철폐', '독재 타도'라고 쓴 두 장의 플래카드를 늘어뜨리고 "듣는가, 학우여! 민주주의는 죽어가고 있다"로 시작되는 유인물을 뿌렸다. 그러자 밑에서 대기하고 있던 이상훈이 구호를 외치면서 시위가 일어났다.

연세대에서는 10월 13일, 긴급 조치 9호 발동 이후 최초의 시위가 있었다. 노영민은 그날 대강당 3층 창문 밖으로 얼굴을 내밀고 구호를 외치며 유인물을 뿌렸다. 기관원, 사복형사들이 그쪽으로 몰렸을 때 김거성이 신학대 강당에서 선언문을 읽고 '우리의 결의'를 읽어나가는데, 학생들이 그것에 따라 복창했다. 동쪽을 공격하는 시늉을 하면서 서쪽을 때리는 성동격서聲東擊西 전술을 쓴 것이다. 학생들의 호응에 2차 시위를 준비해 10월 25일 '거사'를 한 것이다.

10월 25일 시위에 나선 학생이 2,000여 명이라고 나오는데, 4,000여 명으로 쓰여 있는 책도 있다. 많은 학생이 백양로를 가득 메우고 결연히 정문으로 돌진했다. 4시간 동안이나 시위를 하며 학생들은 경찰에 맞서 격렬히 투석전을 벌였다. 1975년 인도차이나 사태 이후 최대 규모의 시위였다. 학생 300여 명은 이화여대, 신촌 로터리를 거쳐 서강대까지 진출했다.

학생들은 유신 헌법 철폐만 외친 것이 아니었다. 10월 13일에도 그랬지만, 미국에서 '빅뉴스'가 된 박동선 사건 철저 해명, 중앙정보부 해체도 요구했다. 그뿐 아니라 생존권을 위협받고 있는 노동자의 열악한 현실을 개선할 것을 역설했다. 이미 다른 유인물에서도 강조되고 있었지만, 학생들은 노동자 문제에 관심을 보이고 있었다.

이 시위로 400여 명이 연행되고 7명이 구속됐다. 여기서 한번 생각해보자. 시위가 5분 만에 끝나지 않게 하려고 학생들이 얼마나 연구를 많이 했겠나. 물론 시위를 준비한 학생들은 다 각오하지 않았겠나. 올바른 주장을 하다가 감옥소에 가는 건 당연한 일이라고. 어떻게 하면 제대로 할 수 있을 것인가, 최대한 성공적으로 이끌 수 있을 것인가, 이것만이 문제였던 건데 박물관처럼 폐쇄된 건물에 들어가는 게 아주 중요하다는 걸 알게 된 것이다. 경찰이 진입하기가 힘든 곳 아닌가.

10월 31일에는 이화여대 학생 2,500여 명이 유신 반대를 외치면서 농성을 했다. 대학가 시위는 확산되고 있었다. 연세대 박물관에서 시작된 대규모 시위에 이어 대학 병영 체제에 또 하나의 큰 구멍을 낸 것이 유명한 11월 11일 서울대 시위다.

─── 이 시위가 주목받은 이유는 무엇인가.

이 시위는 그때까지 있었던 시위 방식의 종합판이었다. 10월 13일 연세대 시위에서 있었던 성동격서 방식이 다시 등장했다. 경찰 눈이 한쪽으로 쫙 쏠리게 한 다음에 실질적으로 시위를 벌이려 다른 건물을 점거하는 방식이었는데 아주 성공적으로 잘 이뤄졌다. 11·11 시위의 전체 작전은 74학번 김경택이 짰다.

이날 낮 12시 55분 서울대 학생회관 식당에서 주동자들이 메가폰을 잡고 유인물을 돌리면서 시위가 시작됐다. 식당조가 이렇게 움직이면서 선언문을 낭독하자 식당 건물 안에 학생들이 가득 들어차고 그 주변 아크로폴리스에도 모여들었다. 2,500명이나 되는 학생이 즉각 동참하면서 시위가 커졌다. 그러자 그쪽이 중심지라고 여기고 경찰이 몰려왔다. 시위는 5동 앞에서도 계획됐다. 권형택이 유인물을 뿌리며 소리쳤으나 학생들도, 경찰도 식당 쪽에만 몰려 썰렁했다.

그때 김경택이 학생들 진입을 막고 있던 도서관 문을 밀치고 들어가서 철문을 잠가버렸다. 10월 7일 서울대 사회학과 심포지엄에서 있었던 '26동 시위'와 10월 25일 연세대의 폐쇄된 박물관에서 있었던 시위 방식을 멋지게 결합한 것이다. 대학의 병영화에 맞서 그것을 깨는 시위 방식도 진일보했다.

도서관 창문을 모두 잠가버리면서 밀고 들어온 학생들이 어림 잡아 400명 정도였다. 도서관 4층에서 연성만이 식당 바로 옆 아크로폴리스에 모인 약 3,000명의 군중을 향해 아무런 제지도 받지 않고 '민주 구국 선언문'을 읽었다. 그래도 시간이 남았지만 경찰은 도서관 쪽을 어떻게 할 수가 없었다. 그야말로 속수무책이었다. 완전 병영화된 것 같던 학원에서 이런 일이 일어났다. 학생들은 경찰이 도서관 철문을 용접기로 철거하고 들어온 오후 7시 30분경까지 시위를 계속했다.

서울대는 시위 관련자 68명에 대해 제적 28명, 무기정학 34명, 유기 정학 6명, 그야말로 무더기 징계를 했다. 구속된 학생 6명에는 김부겸, 여균동도 포함됐다. 그만큼 규모가 컸고 유신 정권을 놀라게 한 시위였다.

서강대에서는 11월에 세 차례나 시위가 벌어졌다. 11월 12일 시위는 이날 시위를 벌이다 쫓겨 온 연세대 학생들을 연행하는 경찰들의 행동에 격분해 학생들이 들고일어나면서 시작됐다. 18일에는 한승동 등이 '서강 선언문'을 배포하면서 시위를 일으켰다.

철벽 뚫고 서울대 아크로폴리스 장악
대학생·시민의 연합 시위 예고

— 다시 불붙은 유신 반대 시위가 1978년에는 더 퍼져 나가지 않나.

1978년은 유신 2기가 출범하는 해였다. 이른바 통일주체국민회의 대의원 선거도 있었고, 의석의 3분의 2를 선출하는 국회의원 선거도 있었다. 체육관 대통령 선거도 있을 예정이었다. 이해부터 경제가 점차 눈에 띄게 나빠졌다. 부동산 투기가 과열됐고 물가가 치솟았다. 중동 건설 경기는 여전했지만 중화학 중복 과다 투자의 후유증도 나타났다. 농민들은 노풍 피해에 시름에 잠겼고 분노했다.

1978년에 투쟁 방식은 한층 더 다양했다. 유인물 배포는 이 시기에 각 대학과 거리에서 계속해서 이뤄졌다. 1978년 5월에 들어서면서 여러 대학에서 격렬한 시위가 벌어졌다. 5월 18일에 통일주체국민회의 대의원 선거가 있었는데 유신 권력의 허구성을 상징하는 그 선거가 타깃이었다.

5월 8일에는 서울대생 1,500여 명이 '통일주체국민회의 대의원 선거 반대 동맹 휴학 단행', '해고 노동자들을 위한 모금 활동 참여'를 주장하며 시위를 벌였다. 일부 학생은 학교 밖 봉천동, 신림동까지 나가서 '유신 철폐'를 외쳤다. 그다음 날에는 이화여대생들이 학도호국단 철폐, 노동자 탄압 중지 등을 요구하며 시위에 들어갔다. 즉각 경찰 기동대가 교내에 투입돼 학생들에게 곤봉을 휘두르며 폭력적으로 학생들을 연행했다. 통대 선거 이틀 전인 5월 16일 한신대 학생들은 5·16 선언을 읽고 단식 농성을 벌였다. 이들은 통대 선거를 전후해 학교가 휴강 조치를 취하려는 것에 항의하고 정권 퇴진, 노동자·농민 운동 탄압 중지, 박동선 사건 규명 등을 요구했다. 이화여대처럼 경찰이 난입해 학생들을 해산시키고 10명을 연행, 2명을 구속했다. 통대 선거 반대 투쟁은 재야 민주화 운동 단체에서도 전개했다.

시위는 통대 선거 이후에도 계속됐다. 7월 6일에 통대 거수기들이 박정희를 체육관 대통령으로 뽑게 되어 있었기 때문이었다.

6월 1일에는 서울대 농대생들이 시위를 벌였고, 2일부터 10일까지 유신 정권에 반대하는 동맹 휴학 투쟁을 전개했다.

이렇게 시위가 계속 격화되면서 투쟁 방식도 개발됐다. 1977년 연세대 박물관에서 시작된 시위, 서울대 도서관 시위에 이어서 또 한 번 획을 긋는 시위가 1978년 6월 12일 서울대에서 일어났다. 6·12 시위에는 그동안의 시위 경험이 잘 녹아 있었다. 5동과 28동에서 학생들이 사복형사와 몸싸움을 하며 아크로폴리스로 몰려왔고, 이우재는 식당에 들어가 "나가자"고 선동해 많은 학생들과 함께 아크로폴리스로 달렸다. 이렇게 해서 모인 숫자가 신동호 기자의 《70년대 캠퍼스》에는 약 5,000명으로, 다른 책에는 3,000명 이상으로 나온다. 그때 아크로폴리스가 한눈에 들어오면서도 형사들이 접근하기가 아주 어려운 1동 난간에서 성욱이 장문의 학원 민주 선언을 읽었다.

6·12 시위의 의미는 수많은 학생들이 완벽해 보였던 병영화 철벽을 뚫고 아크로폴리스를 '장악'했다는 것에만 있지 않다. 김수천이 작성한 민주 구국 선언의 결의 사항 맨 끝에는 다음과 같은 중요한 '행동 지침'이 들어 있었다. "통일주체국민회의를 부정하고 독도 문제에 대한 박 정권의 굴욕적인 자세의 해명을 요구하는 집회를 6월 26일 오후 6시 세종로 네거리에서 서울 시내 전 대학생과 시민이 함께 갖는다." 자연대 28동 앞에서 화학과 이필렬이 '자연대 학생에게 보내는 편지'를 통해 자연대 학도도 행동에 나서자고 호소한 것도 의미가 있다. 이날 3,000명이 넘는 학생들이 무려 3시간 동안 아크로폴리스를 중심으로 격렬한 투쟁을 벌였다. 일부 시위대는 관악구청과 신림동 등지에서 다시 모여 시위를 벌이고 오후 4시에 해산했다.

'유신 독재 철폐' 외친 광화문 연합 시위
'일반 시민'에게 반유신 투쟁 존재 알려

—— 이때는 시위 예정 사실을 널리 알리는 것도 쉽지 않은 시기였는데 어떻게 서로 연결해 광화문에 모였는지 궁금하다.

긴급 조치 9호 시대, 서울에서 전개된 최고의 시위 형태였던 6월 26일 광화문 연합 시위로 들어가자. 이때쯤 돼서는 학생들의 게릴라전이 더 활발하게 전개된다. 유인물 배포를 학내에서만 한 것이 아니라, 버스 같은 걸 타고 거기서 환기통 같은 걸 통해 유인물을 날려 보내서 시내 한복판에 유인물이 나돌게끔 하는 활동도 개발하고 하면서 '6월 26일에 모이자'는 걸 시민들에게도 알렸다. 긴급 조치 9호 시대는 어떠한 사실도 알기 어려운 '깜깜이' 시대라고 전에 말하지 않았나. 그러니까 얘기를 들은 사람만이 알 수 있었던 것인데, 이런 방식으로 여기저기 알려지고 그랬다. 동국대에서는 6·26 시위를 예고한 유인물을 낭독했다고 해 3명이 구속됐다. 경찰은 6월 24일부터 재야인사나 운동권 학생들을 상당수 연금했다. 청주에서 올라온, 정의구현사제단의 일원인 권오정 신부 등 5명의 신부도 서울에 올라오자마자 연행돼 '보호'를 받았다.

6월 26일 오후 6시 40분경, 드디어 세종문화회관 앞에서 시위가 시작됐다. 함석헌, 박형규 등 재야인사들, 그리고 서울대, 고려대, 연세대, 이화여대, 외국어대, 숭전대 학생 등 1,000여 명이 모여 6시 40분경 세종문화회관 앞에서 운동권 노래를 부르며 시위를 시작했다. 광화문 일대에서 밤 10시 30분경까지 계속 전개됐다.

다시 말하지만 이 시위는 예고된 시위였다. 그전에는 몰래, 그

일본 아사히신문에서 보도한 6·12 시위.
〈"박 비판 집회" 예고/ 서울대 1,000명
데모, 삐라를 뿌리다〉라는 제목이 적혀
있다.

것도 5분 안에 어떻게든 하려는 시위가 대부분이었는데 이건 예고
된 시위였다는 점에서 큰 의미가 있다. 그리고 장소를 도심, 그것도
서울에서 가장 중요한 곳으로 꼽히는 데로 지정하지 않았나. 그 장
소에 경찰이 워낙 삼엄하게 깔려 검문검색을 하는 통에 많은 사람
이 들어오지 못했을 터인데도 1,000여 명이나 모여, 경찰의 폭력적
인 진압으로 흩어졌다가 다시 모이고 하면서 밤 10시 30분경까지
시위를 이어갔다는 것은 상당히 큰 의미가 있다. 그때 경찰이 검문
검색을 심하게 하자 남녀가 아베크족으로 꾸미고, 그러니까 한 쌍
의 연인 같은 모습으로 들어오기도 했다. 경찰 입장에서 제일 큰 어
려움은 도심이었기 때문에 시민과 학생을 구별해 격리하기가 어려
웠다는 점이다. 주동자가 누구냐, 이걸 잡아내기도 아주 힘들었다.

학생 70여 명이 연행돼 22명이 구류 처분을 받았다. 긴급 조치 9호는 반유신 시위 투쟁을 보도하지 못하게 했다. 그렇지만 서울 한복판에서 장시간 시위가 벌어졌고, 그것이 입소문으로 번졌다. 아사히신문도 보도한 것처럼 당국의 신경을 곤두세워 '일반 시민에게 반정부 활동의 존재를 과시'하는 효과를 거뒀다.

제2의 광화문 연합 시위 철저히 원천 봉쇄
그러나 유신 2기 앞길은 험난하기만 했다

—— 이례적인 광화문 연합 시위 후 상황은 어떠했나.

이 시위 다음 날인 6월 27일 '우리의 교육 지표' 사건으로 교수들이 연행되자, 6월 29일 전남대 학생들이 들고일어나 단식 농성에 들어갔다. 학교는 즉각 휴교에 들어갔다. 그러나 다음 날 경찰이 무차별 연행하자 학생들은 투석전을 벌였고, 일부 학생은 시내로 나와 가두시위를 벌였다. 이날 시위로 학생 100여 명이 다쳤고, 이틀간의 시위로 500여 명이나 연행됐으며 30여 명이 구속(10명), 제적, 정학을 당했다.

6·26 광화문 시위를 거치면서, 또 7월 6일로 예정된 두 번째 체육관 대통령 선출을 앞두고 대학가에 유인물 살포가 한층 많아졌다. 서울뿐 아니라 부산대, 조선대에서도 유신 철폐를 요구하는 유인물이 나돌았다.

유신 2기로 들어가는 박정희의 앞길은 험난하기만 했다. 유신 2기를 코앞에 둔 2학기에 들어가면서 학생 시위 규모가 더욱더 커졌다. 9월 13일 서울대 시위는 신동호 기자에 따르면 6·12 시위를 주동했던 성욱, 이우재, 김종복이 조성을, 양민호 등과 함께 6·12 시위와 비슷한 방식으로 일으켰다. 성욱, 이우재, 김종복은 수배 중이었다. 9·13 시위에서는 계획된 장소에서 학생들을 아크로폴리스로 모이게 하는 것은 성공하지 못했다. 그러나 조성을은 유리창을 깨고 1동 난간에서 준비한 유인물을 읽을 시간이 충분했다.

이들은 세 종류의 유인물을 뿌렸는데 모두 다 4개의 행동 강령이 들어 있다. 9·13 시위는 이 행동 강령이 관심을 끌었다.

— 행동 강령엔 어떤 사항이 담겼나.

첫 번째, "전국 대학은 10월 16일부터 10월 21일까지 동맹 휴학에 들어간다." 10·17 유신 쿠데타 6년이 되는 시기에 동맹 휴학에 들어가자는 것이다. 네 번째, "유인물 제작·살포·우송, 낙서, 비판 가요 보급을 통해 반독재 의식을 고취시킨다." 이것도 학생들이 어느 정도 실천을 하고 있었지만, 더 고무할 필요가 있었던 것이다. 두 번째, "10월 17일 오후 6시 세종문화회관 광장에서 유신 독재 타도를 위한 범시민 궐기 대회를 갖는다." 이것은 6·12 시위에서 제안한 광화문 연합 시위를 또 하자고 한 것이다.

세 번째도 관심을 끈다. "김채윤, 백충현, 안상진 등 어용 교수의 수업을 거부한다." 학생들은 '민주 시국 선언', '민족·민주 교육을 위한 우리의 주장'에서 전남대 교수들의 '우리의 교육 지표' 주장에 호응하면서 "대학의 유신화에 기회주의적 어용 교수가 선봉을 맡았다"며 어용 교수 문제를 제기하고, 행동 강령에서 아예 세 교수 이름까지 얘기해버렸다. 일부 교수들이 두려워하던 그것을 직통

유신 몰락의 드라마

민주 시국 선언

분단된 민족의 통일과 참다운 삶의 추구는 민족의 당면과제이며 민족사의 올바른 방향이다. 그러나 아! 슬프다.

민중은 수탈적 경제체제로 굶주리고 있으며 자유와 권리는 박탈당한채 오직 압제와 굴종만이 존재하는 이 땅. 박정희 독재정권은 편면성 흐르는 민족사의 전통을 외곡시키고 결탁된 왜와 독점자본의 마수로 우리의 국토를 황폐화시키고 있으며 조작된 냉전지대의 공포로 한민족의 정기를 질식시키려 하지 않는가!

우리는 이 가증스런 민족의 상황을 직시하고 모든 학우들과 동지들에게 투쟁을 촉구하며 다시 이 자리에 나섰다.

학원은 민족정기의 집합처이며 민족사 발전의 전당이다. 그러나 오늘의 학원은 독력 정보조직의 상주지로 파쇄되어, 학원의 주인인 학생과 교수들을 위압적 분위기로 몰아 넣고 있다. 고학제도의 유신화는 학원을 소위 화도로국단이라는 병명질서로 조직화여 반민족적 박정희에 협력하는 굴종의 자세를 강요하고 있으며 기회주의적 어용교수는 이의 선봉이다.

우리는 이에 빛자 지운 여러 학우들을 생생하게 기억하고 있으며, 더이상의 망설임과 회의는 비겁자의 도피처이며 때묻친 패배의 변명임을 자각하고 있다. 학우들이여 박정희와 그의 주구를 물아내어 자유로운 우리학원을 다시 찾는 전열에 굳게 뭉치자.

통일은 민족의 전세 지상인 당면목표이다. 그러나 파렴치하게도 박정권은 냉전시대의 공포로 이 땅의 독재를 징당화 시키고 있으며 통일 입자만 거상함은 물론 주체국면의으로 장기집권의 거반을 닦아 놨다. 이는 박정희이 4·19 민족, 민주혁명의 파괴자로 등장했을 때부터 이미 태동한 것이었고, 정치화된 이 군사정권은 변화하는 국제적 주변상황에 능동적인 자세를 견지할 수 없음은 물론, 더우상 통일을 수행할 능력이 없음은 명백하다. 따라서 분단 그 자체가 존립요건이 되는 이 반민족적 박정희의 궤멸이야말로 바로 통일의 조건이 되며 새로운 역사의 지을을 열 서곡이 되리라.

수출지상수의 의 고도성장정책은 판료 독점 매판 자본을 형성하여 서민을 강제적으로 수탈하고 있으며, 빈부의 격차를 심화시켜 계층간의 괴리감을 조장시켰다. 구조적 인플레에 의한 부동산 투기, 엄청난 물가고는 서민대중의 생활을 피폐화시키고 부패 관료와 결탁한 독점 매판자본이 살찌워지는 한편, 거기다 외족자본나 결탁적 매판적 독점자본은 이 땅의 노동자를 생존비 이하의, 저임금으로 하멸시키고 생산 의욕 마저 추락시켰다. 또한 그들의 정당한 생존투쟁은 어용노조와 독력정보조직에 의해 봉쇄당하고 있다 이러한 출혈 수출정책을 뒷받침하고 있는 저곡가정책도 그 자체가 매판적 독점자본의 과잉 이윤추구의 산물이며 이는 국민의 과반수를 차지하는 농민의 피와 땀을 회생으로 하는 것이다.

이와같이 서민의 회생위에 소수 독점 매판자본의 지지기반을 갖고 있는 박정권은 모든 사회적 비리 부정 부패와 표리관계를 이루고 있다. 과패 판료와 결탁하여 겨우 10년만에 우리 경제를 휘어 잡은 현대개벌의 아파트 분양사건이라든지, 정북도교회 교사 과격증 부정 발급사건, 성낙현 과렴치 사건등은 이러한 박정권의 말기적 속성을 여실히 증명하고 남음이 있다. 이를 호도하기 위한 소위 충효사상의 강조나 새마음 갖기 운동, 박산 명동 서님필체의 서정 돼 인동은 국민을 우롱하는 막간극에 불과하다.

이러한 모든 비리를 지탱해 주는 원흥은 유신체제이다. 박정권은 민중적 지지기반

1978년 9월 14일 강당에서 집회를 열고 있는 고려대 학생들. 이날 학생들은 교문 옆에 있는 기관원 상주 초소를 부수고 학생들의 동태를 기록한 경비일지도 불태웠다.

으로 건드린 것이다. 1980년 '서울의 봄'을 맞았을 때에도 학생들이 어용 교수 문제를 들고나왔는데, 모모 교수들이 어용 교수로 지목된 것을 두려워하던 것이 눈에 선하다.

9·13 시위에는 6월 12일처럼 학생들이 많이 모이지는 않았지만 약 2,000명이 아크로폴리스 일대를 돌며 3시간 동안 지속적으로 시위를 했다. 이 중에서 600여 명은 상도동 장승배기에 모여 반정부 구호를 외치면서 거리에서 시위를 벌였다. 이날 노량진에서 30여 명, 장승배기에서 30여 명이 연행됐고 10명이 구속됐다.

— 다른 대학 상황은 어떠했나.

9월 14일에는 고려대에서 3,000여 명이 참가하는 큰 시위가 벌어졌다. 긴급 조치 7호로 아주 심하게 당한 고려대에서 3년여 만에 큰 규모의 시위가 일어난 것이다. 교문 밖 시위가 저지되자 연좌시위를 벌였고, 교문 옆에 있는 기관원 상주 초소를 부수고 학생들의 동태를 기록한 경비일지도 불태웠다. 52명이 연행되고 7명이 구속됐다. 9월 15일부터 학내 곳곳에 "결국 고대는 입을 열었다"는 유인물이 뿌려졌는데, 긴급 조치 7호의 상처를 떠올리게 하는 대목이다. 경희대, 숙명여대에서도 유인물이 돌았다. 10·17쿠데타 6주년을 10여 일 앞둔 10월 초에는 서강대, 동국대 등에서 유인물이 뿌려졌다. 전북 익산의 원광대에서는 10·17 전날인 10월 16일 교내에 '유신 철폐' 등의 구호를 써붙였다.

학생들은 그렇게 곳곳에서 시위를 벌이고 유인물을 뿌리면서 10월 17일 광화문 시위를 성사시키려 했다. 그러나 10월 10일을 전후해 수배 중인 학생들이 다수 체포됐고 10월 16일부터 재야인사 300여 명이 강제 연금됐다. 17일 당일에는 지방에서도 경찰을 차출해 종로와 광화문 일대에 삼엄한 경계망을 폈다. 광화문 일대 교통도 차단했다. 민방위 등화관제 훈련까지 실시할 정도로 원천 봉쇄에 나섰다. 결국 광화문 연합 시위는 좌절되고 말았다.

10월 17일 연합 시위는 성사되지 못했지만, 유신 반대 투쟁은 계속됐다. 특히 경북대에서 격렬한 시위가 전개됐다. 11월 2일 학생 약 200여 명이 결의문 등을 읽고 시위를 벌였다. 11월 7일에는 경북대에서 2,000여 명이나 시위에 나섰다. 학생들은 이때 시내로 진출해 파출소 한 곳과 경찰 차량 8대를 파손하면서 시위를 벌였다. 학생 200여 명이 연행되고 그중 7명이 구속됐다. 이 시기에는 구치소 안에서도 투쟁이 많이 벌어졌다.

— 거기서는 어떤 투쟁이 전개됐나.

1978년 3월 1일에는 서울구치소에서 양심범들이 3·1절 시위를 벌였고 4월 19일에는 4·19 기념 옥중 시위를 가졌다. 5월 13일에는 통일주체국민회의 대의원 선거 부재자 투표 문제로 서울구치소 양심범들이 농성을 했다. 부재자 투표를 거부한 양심범들을 교도관들이 심하게 폭행하자 양심범들이 들고일어난 것이다. 통일주체국민회의 대의원 선거 당일인 5월 18일에는 양심범 150여 명이 서울구치소에서 농성을 벌였다.

박정희 유신 권력의 정치적 기반인 대구에서 경북대생들이 격렬한 유신 타도 투쟁을 벌일 무렵 정국은 선거 분위기에 돌입했다. 동토의 계절인 12월 12일에 유신 제2기 국회의원 선거가 치러지게 날짜가 잡혔다. 대통령이 국회의원의 3분의 1을 사실상 임명하게 돼 있어서 국회의원의 3분의 2만 뽑는 선거였다. 박정희는 유신 1기 총선을 1973년 봄을 눈앞에 둔 2월 27일에 치렀다. 그런데 이번에는 서둘러 동토의 계절에 총선을 치르도록 했다. 겨울 선거는 투표율이 낮기 마련이다. 박정희가 그런저런 계산을 하면서 12·12 선거가 치러졌다.

문제는 민심의 향방이었다. 유신 1기 선거는 야당 쪽으로부터 유신 지지 각서를 받는 등 공포 분위기에서 치러졌지만, 이 선거는 다를 수 있었다. 12·12 선거는 박정희 유신 체제의 명운이 걸린 선거일 수 있었다. 세상은 달라지고 있었고 민심은 변하고 있었다.

국민교육헌장 정면으로 비판한
'우리의 교육 지표'

유신 몰락의 드라마, 두 번째 마당

김 덕 련 1970년대 후반 해직 교수도 곳곳에서 양산되지 않았나.

서 중 석 유신 권력은 학생들만 두려워한 것이 아니다. 대학 교수에 대한 경계도 조금도 늦추지 않았다. 박정희가 대학 교수를 얼마나 두려워했는가는, 긴급 조치 9호 선포 후 두 달쯤 지난 1975년 7월 9일 국회 본회의에서 이른바 4대 전시 입법이라는 것을 통과시켰는데, 4대 전시 입법에 민방위법, 사회안전법, 방위세법과 함께 교육 공무원법 개정안이 포함돼 있는 것을 보더라도 알 수 있다. 교육 공무원법 개정안에서 유신 권력이 노린 핵심은 교수 재임용제였다. 바로 이 교수 재임용제라는 무기로 교수들을 압박하고, 유신 체제에 비판적인 교수들을 대학 사회에서 격리하려 했다.

그런데 유신 권력은 국가의 병영화를 위한 4대 전시 입법 이전에 이미 교수들을 대학에서 추방하고 있었다. 1974년 12월 서울대 백낙청 교수와 경기공업전문대 김병걸 교수가 해임됐다. 고려대 이문영·김용준·김윤환·이세기, 한신대 안병무·문동환, 연세대 서남동·이계준·양인응·김규삼 교수 등은 교수 재임용제로 추방된 것이 아니라 유신 권력의 극렬한 총력 안보 체제 구축의 일환으로 1975년 5월 20일경부터 6월 중순에 걸쳐 추방됐다.

교수들이 대거 대학을 떠나게 된 것은 1976년이었다. 유신 권력은 그해 2월 28일 교수 재임용제를 통해 총 416명을 재임용에서 탈락시켰다. 이때 탈락한 교수들 가운데 상당수는 정부를 비판하거나 학원 민주화 같은 것을 요구해 이른바 '문제 교수'로 찍힌 사람들이었다. 여기에는 김윤수, 염무웅 등 여러 명이 포함돼 있었다. 서울대 한완상 교수는 이틀 전인 2월 26일 의원면직 형식으로 쫓겨났다.

‘문제 교수’로 찍히면 신문사에서 추방된 언론인들처럼 생계가 문제가 됐다. 다른 대학 강의도 봉쇄되고 원고 쓰는 것, 강연하는 것도 제약이 따르기 마련이었다. 유신 권력은 해직 교수를 많이 만드는 것을 능사로 했지만, 반드시 그것에는 반대급부가 따르기 마련이다.

── 해직 교수들은 어떠한 활동을 전개했나.

　해직 교수들은 처음에는 개신교 중심으로 만났지만 점차 비기독교 교수들도 참가했다. 말할 것도 없이 이들은 ‘교육’에 대해 얘기하지 않으면 안 된다고 확신했다. 1977년 12월 2일 백낙청, 성내운 등 해직 교수 13명의 이름으로 ‘민주 교육 선언’이 발표됐다. 오늘의 현실은 “안보주의 정책과 고도성장 정책이 자유의 유보와 정의의 봉쇄”라는 비극을 빚어냈다고 지적하고, 학생들의 즉각 석방과 복교, 애국 민주 인사들의 즉각 석방과 공민권 회복, 교수들의 복직을 요구했다.

　12월 16일에는 대학에서 쫓겨난 리영희 교수 필화 사건에 대해 해직 교수 13명이 성명서를 발표했다. 리영희 교수가 쓴 《8억인과의 대화》를 문제 삼아 반공법 위반 혐의로 리 교수를 구속 기소하고 발행인인 백낙청 교수도 불구속 기소했다. 리영희 교수 필화 사건은 판결이 화제가 됐다.

── 어떤 점에서 화제가 됐나.

　1심에서 리 교수에게 징역 3년을, 백 교수에게 1년을 선고한

반공법 위반 혐의로 구속 기소된 리영희 교수의 저서 《8억인과의 대화》.

것도 지나쳤지만, 이에 대한 판결 이유가 "이 사건은 그 성격이 김
지하 사건, 한승헌 사건과 같아서 대법원이 이미 유죄를 판결하고
있으므로 그 판례에 따라 유죄를 선고하니 두 분은 항소해서 잘되
도록 하라", 이것이었다. '유신 판사'의 '유신 판결'이었다. 판결문도
검사의 공소장과 핵심 부분에서 글자 하나, 구두점 하나, 말 순서
하나 다르지 않고 정확히 일치했다.

1978년 4월 13일에는 해직교수협의회가 결성됐다. 이들은 이
날 '동료 교수들에게 보내는 글'을 발표했다. 이 글에서 해직 교수
들은 오도된 유신 교육의 현실을 낱낱이 고발하면서 "교수가 곧 외
부 기관에 의한 학생 감시의 촉수가 되고 심지어 기동타격대의 보
조역으로까지 떨어진 상태"를 개탄하면서 "모든 교수는 진실을 말
하고 가르쳐야 한다"고 동료 교수들에게 촉구했다. 해직교수협의
회는 자유실천문인협의회와 공동으로 김지하·양성우 시인, 리영

유신 몰락의 드라마

희 교수의 석방을 요구하는 〈시인·지식인을 석방하라〉(1978년 5월 26일), 동아·조선투위 등과 함께 〈대학 교수와 언론인에게 보내는 글〉(1978년 6월 9일)을 발표했다.

"일제 교육칙어 연상시키는 전체주의·국가주의"
국민교육헌장 정면으로 비판한 '우리의 교육 지표'

— 해직교수협의회 결성 후 '우리의 교육 지표' 사건이 일어난다. 이 사건이 주목받은 이유는 무엇인가.

1978년 6월 27일 송기숙 등 전남대 교수 11명이 서명한 '우리의 교육 지표'가 발표됐다. '우리의 교육 지표'가 발표되기까지는 우여곡절이 많았는데, 김정남 책에 잘 요약돼 있다. 이 성명서 초안은 백낙청 교수가 작성했다. 그러나 때가 때인지라 대학에 있는 교수들이 서명을 두려워했다. 서명하면 학교에서 잘릴 뿐 아니라 구속될 수도 있었다. 가톨릭대 신부 교수를 제외하면 이화대여 이효재 교수 한 분이 서명했을 뿐이다. 너무 균형이 안 맞아 발표할 수 없었다. 그래서 해직교수협의회장이던 성내운 교수가 역시 이 문제로 고민을 많이 했던 전남대 송기숙 교수를 6월 12일 내려가 만났다. 결국 전남대에서 송기숙, 명노근 교수 등 11명의 재직 교수가 여기에 동참했고, '엄혹한 상황에서 이러다가 발각되지 않겠느냐'고 우려한 연세대 성내운 교수가 전남대 교수 11명이 서명한 '우리의 교육 지표'를 발표했다.

6월 27일 발표된 '우리의 교육 지표'는 특히 국민교육헌장을

2007년 7월 전남대 인문대 앞뜰에 세워진 '우리의 교육 지표' 기념물. 1978년 6월 27일 발표된 '우리의 교육 지표'(전남대 교수 11명 서명)는 국민교육헌장을 정면으로 비판했다.

강력히 비판한 것으로 주목받았다. 왜 그러냐 하면 그 시기에는 학생, 공무원, 군인은 말할 것도 없고 심지어 기업체에서도 어떤 곳에서는 국민교육헌장을 외우게 했다. 그런 식으로 교육의 중심에 국민교육헌장을 두고 유신 교육을 시켰다. 그런데도 국민교육헌장을 정면으로 비판한 것이 그때까지 없었다. 부분적으로 비판한 것이 개인적으로는 있었다고 하더라도 전체적으로는 없었는데, '우리의 교육 지표'에서 그게 나왔기 때문에 각별히 주목을 받았다.

─── 국민교육헌장을 어떤 식으로 비판했나.

그 부분을 보자. "국민교육헌장은 행정부의 독단적 추진에 의한 그 제정 경위 및 선포 절차 자체가 민주 교육의 근본정신에 어굿나며 일제하의 교육칙어를 연상케 한다. 그뿐만 아니라 그 속에 강조되고 있는 애국 애족 교육이라는 것도 지난날 세계 역사 속에서 한때 흥하는 듯하다가 망해버린 국가주의 교육상을 짙게 풍기고 있는 것이다. 부국강병과 낡은 권위주의 문화에서 조상의 빛나는 얼을 찾는 것은 잘못이며 민주주의에 굳건히 바탕을 두지 않은 민족 중흥의 구호는 전체주의와 복고주의의 도구로 떨어질 위험이 있다. 또 능률과 실질을 숭상한다는 것이 공리주의와 권력에의 순응을 조장하고 정의로운 인간과 사회를 위한 용기를 소홀히 하는 결과가 되어서는 안 된다."

국민교육헌장의 문제점을 정면으로, 아주 잘 지적해서 이 사건이 그렇게 유명하게 됐다. 그러면서 '우리의 교육 지표'에서는 "물질보다 사람을 존중하는 교육, 진실을 배우고 가르치는 교육이 제대로 이루어지기 위하여 교육의 참현장인 우리의 일상생활과 학원이 아울러 인간화되고 민주화되어야 한다"는 굉장히 중요한 제안을 했다.

— 박정희 정권은 어떤 반응을 보였나.

'우리의 교육 지표'가 발표되자 선언에 서명한 11명이 전원 중앙정보부에 연행되고 해임됐으며 주모자로 송기숙 교수가 구속됐다. 그러자 발표 이틀 후인 6월 29일 앞에서 언급한 대로 700여 명의 전남대 학생들이 들고일어났다. 학생들은 "먹구름 뒤의 푸른 하늘을 보자"고 외치며 양심 교수 석방과 어용 교수 퇴진, 학원 사찰 중지 등을 요구하고 도서관을 점거해 단식 농성에 돌입했다. 일부학생들은 경찰과 투석전을 벌였다. 6월 30일에도 '전남대 민주 학생 선언문'을 낭독하면서 도서관 점거 농성을 계속했다. 7월 4일에는 조선대에서도 학생들이 들고일어났지만 성공하지 못했고 4명이 구속됐다. 양심범가족협의회나 한국인권운동협의회, 자유실천문인협의회, 광주 대교구 사제단 등에서도 이 문제를 제기했다. 그런 속에서 7월 24일 성내운 전 연세대 교수가 구속됐다. 소설가이기도 한 송기숙 교수의 재판은 특히 최후 진술이 사람들을 감동시켰다.

사람들을 감동시킨 송기숙 교수의 최후 진술
"교수가 진실을 말하지 않는 행위도 부작위 범죄"

── 최후 진술 내용은 어떠했나.

한 대목만 읽자. "어머니가 젖먹이 아이에게 젖을 안 줘서 애가 죽게 되는 경우 어머니는 아무 행동을 안 했지만 사실 자체만으로 부작위의 살인 범죄를 저지른 것으로 취급된다. 학생에게 진실을 가르쳐야 할 교수가 진실을 말하지 않는 행위도 똑같은 부작위 범죄라고 나는 믿는다. 더구나 교수가 진실을 안 가르쳐주니까 기도회로, 강연회로 찾아가는 학생을 밥 사주고 술 받아주며 못 가게 하는 행위는 민족의 역사 앞에 무슨 죄목에 해당할 것인가."

국민교육헌장에 대한 비판은 다시 해직교수협의회의 몫으로 떨어졌다. 송기숙, 리영희, 백낙청 교수가 모두 유죄 판결을 받자 해직교수협의회는 1978년 10월 20일 '우리들의 입장'이란 성명을 통해 "민주 교육을 병들게 하는 '국민교육헌장'은 파기되어야 하며, 교육계 안에서 일제 식민지 교육의 잔재는 철저히 박멸되어야 하고

…… 리영희, 송기숙, 임영천 교수를 위시한 모든 양심범은 즉각 석방되어야"한다고 역설했다. 조선대 임영천 교수는 북괴를 찬양했다는 제자의 고발과 거짓 증언으로 3년 6개월의 형을 받았다.

코리아게이트에 더해 망명 물결, 해외서도 궁지에 몰린 박정희

유신 몰락의 드라마, 세 번째 마당

한미 관계 뒤흔든
코리아게이트

김 덕 련 청와대와 백악관은 1960년대 중반 이래 한동안 밀월 관계를 유지했다. 주요 계기는 한국이 베트남전에 대규모 병력을 파견한 것이었다. 그러나 1970년대 한미 관계는 그와 달랐다. 삐걱거리는 수준을 넘어 심한 갈등이 심심찮게 겉으로 드러났다. 특히 1970년대 후반으로 갈수록 그러했는데, 그처럼 어긋난 관계의 실상을 극명하게 드러낸 것 중 하나가 이른바 코리아게이트 아닌가.

서 중 석 인도차이나 사태 이후 안정되는 것 같던 유신 체제는 1977년경부터 반유신 운동이 강해지고, 특히 유신 제2기 출범을 위한 통대 선거를 앞두면서 반유신 운동이 격화돼 곤경에 빠졌다. 그런데 유신 체제에 대한 비판은 미국에서도 걷잡을 수 없이 커지고 있었다. 그것도 박정희가 총력 안보 운동을 대대적으로 벌이던 1975년경부터 커졌다. 미국은 인도차이나 사태로 한국이 공산화될 것이라는 생각을 하지 않았고, 총력 안보 운동 속에서 자행된 인권 침해에 오히려 관심을 가졌다.

미국 사람들은 해방 후 미군이 한국에 들어왔을 때 한국이라는 지역이 어디에 붙었는지조차 잘 몰랐다고 한다. 그렇게 한국에 대해 무지한 상태였다. 미국 사람들이 한국에 대해서 크게 관심을 가진 것은 한국전쟁이 발발하면서부터였다. 미국 사람들은 1970년대 후반에 한국에 대한 엄청난 뉴스가 연이어 보도되는 것을 보면서 다시 한국에 대해 많은 관심을 갖게 됐다. 바로 얼마 전에 워터게이트로 닉슨 대통령이 사임했는데, 이제 코리아게이트가 터진 것

1975년 5월 9일 서울대학교 학생 및 교직원
일동이 총력 안보 궐기 대회장에서 김일성 우상
화형식을 집행하고 있다. 미국은 한국의 총력
안보 운동 속에서 자행된 인권 침해에 관심을
가지고 있었다. 사진 출처: 국가기록원

유신 몰락의 드라마

이다.

　코리아게이트가 터지기 전에 이미 미국 의회에는 강한 반한 분위기가 있었다. 미국 의회에서는 한국 정부를 강하게 비판하는 발언이 유신 시대에 와서 많이 나왔다. 1976년 3·1 민주 구국 선언 사건으로 기독교 지도자들이 체포된 직후 미국 상원과 하원 의원 119명이 포드 대통령에게 남한의 '인권 탄압'을 비난하는 내용과 더불어 미국 정부의 지속적인 대남한 군사 지원은 미국을 '인권 탄압의 공범'으로 만들 것이라고 경고하는 공동 서한에 서명했다. 지난번에 살펴본 조지 맥거번 상원 의원 발언, 그러니까 1976년 9월 15일에 한 "유신 헌법에 관한 국민 투표는 사기극이었다", "박정희 대통령은 북한의 위협을 국내 정치 억압에 악용하고 개인 권력 강화에 주력해왔다"는 등의 발언도 그런 것 중 하나다.

　박정희 유신 권력의 인권 침해에 대한 반감 때문이었다. 오버도퍼에 따르면 미국 의회는 박 정권 인권 침해 상황을 비난하는 여론과 한국계 미국인들을 위협하는 중앙정보부의 활동 때문에 의원 청문회를 조직했고, 군사 원조를 크게 삭감해 5개년 군사 현대화 계획을 지체시켰다. 미국 의회는 1975년 5월 20일부터 6월 24일까지 8회에 걸쳐 '남한과 필리핀에서의 인권' 청문회를 열었다.

　베트남 파병이라는 마법의 지팡이를 잃은 박정희 유신 권력은 이러한 미국 내에서의 압력에 '매수'로 대응했다. '매수'는 박정희 권력의 상습적인 관행이었다. 그런데 때가 몹시 안 좋았다.

'인권 탄압 비판' 미국 압력에
매수로 대응한 유신 정권

— 어떤 면에서 그러했나.

워터게이트 사건으로 미국에서는 어느 때보다도 정직성, 청렴성을 중시했다. 그런데 박 정권은 구태의연한 관행을 계속 쓴 것이다. 예컨대 1974년 5월에도 닉슨 보좌관 존 나이덱커가 서울을 방문하고 떠날 때 박종규 경호실장은 100달러 지폐 뭉치로 1만 달러가 들어 있는 봉투를 건넸다. 놀라고 불쾌한 나이덱커는 이 봉투를 미국 대사관에 넘겼다. 그래서 엄중한 경고를 받았는데도, 다시 나이덱커와 접촉해 하원 의원과 상원 의원에게 정치 자금을 제공하겠다고 제의했다. 나이덱커는 즉시 거절하고 박 정권의 매수 사실을 상부에 보고했다.

박정희 유신 권력에 대한 미국의 압력은 카터 민주당 대통령 후보로부터도 왔다. 카터는 1976년 선거 운동을 할 때 박 정권의 인권 침해와 주한 미군 철군을 연결시켰다. 대통령이 된 후 카터는 철군 문제는 군과 의회, 행정부의 강한 반대에 부딪혔지만 인권 탄압 문제에 대해서는 지속적으로 압력을 가했다.

매수는 여러 가지 방식으로 행해졌다. 1977년 미국 의회에 의해 발표된 중앙정보부의 '1976년도 대미 공작 방안'에는 다음과 같은 것들이 포함돼 있다. "반한 저널리스트의 생각을 바꾸게 하기 위해 3인을 한국에 초대한다. 박 대통령의 대미 홍보 활동 지시를 이행하고 미국인 기자를 친한파로 변화시키기 위해 워싱턴포스트, 뉴욕타임스, ABC 방송 기자 등 6명(이름 삭제)을 한국에 초대한다. 미국인 기자 2명을 협력자로 고용한다. 재미 한국인 신문(명칭 삭제)에 대해 공작하는 미국인 기자 1명을 고용하고, 재미 한국인 3명(이름 삭제)을 공작인으로 활용한다." 비용 부분도 아주 상세하다. "워싱턴 포스트, 크리스천 사이언스 모니터 등 유력지에서 선발하는 협력자는 1인에 대해 월 500달러, 재미 한국인 특파원 공작 비용 7,200달러", 이런 식이다.

매수 중 미국인을 깜짝 놀라게 한 것은 뭐니 뭐니 해도 미국 의회 의원들에 대한 로비, 일명 코리아게이트였다. 코리아게이트에 관해 자세히 쓴 저널리스트 이상우는 한미 간에 '불편한 관계', '위기의 관계'가 지속될 때 정체불명의 도깨비들이 한미 관계에 다리를 놓는답시고 활개를 치고 돌아다녔다고 회고했다. 이 로비는 여러 곳에서 했지만 특히 미국 신문과 의회 청문회에 대단한 화제를 몰고 온 것이 유명한 박동선 로비다. 박동선 스캔들이라고 불러도 좋을 것이다.

사기꾼 박동선과
박정희 정권의 야합

── 코리아게이트, 어떻게 불거졌나.

맥거번이 발언한 다음 달인 1976년 10월 워싱턴포스트에서 박동선 사건을 크게 보도했다. 박동선은 1962년 미국에서 대학을 마치고 사교계에 나섰다. 박동선은 미국 사교계를 휘젓고 다녔다. 사교술도 뛰어났지만 시쳇말로 '뻥'도 대단히 잘 쳤고 플레이보이였

1978년 1월 13일 '코리아게이트 사건'으로 검찰청에 출두하고 있는 박동선. 박동선은 천부의 재주를 가진 타고난 사기꾼이라는 말을 들었다.

다. 천부의 재주를 가진 타고난 사기꾼이라는 말이 있지 않나. 박동선이 바로 그런 얘기를 들었다. 박동선이 만든 조지타운 클럽 주변에서는 박동선이 박정희 대통령의 조카라는 소문이 밑도 끝도 없이 계속 돌았다.

1966년 박동선이 한국에 왔을 때 중앙정보부장 김형욱은 그를 혼내주려 했는데, 정일권 국무총리 소개로 정일권과 함께 박동선을 만나면서 오히려 특별한 관계를 맺었다. 박동선은 곧 2명의 미국 하원 의원을 데리고 서울에 나타나 쌀 수입권을 상당 기간 독점했다. 박동선은 미국 쌀 수입 거래를 대리하는 것이 엄청난 이권이라는 것을 알게 됐다. 당시 한국은 미국에서 매년 막대한 양의 쌀을 수입하고 있었다. 김형욱도 만나고 쌀 이권도 따낸 박동선은 자신이 한국 정부로부터 특별한 임무를 부여받은 것처럼 행세했다. 쌀 독점 중개인으로 박동선이 1967~1976년에 받은 돈은 920만 달러가 넘었다. 그중 75만 달러만 박동선이 로비 자금으로 쓴 것으로 나중에 밝혀졌다.

박동선이나 한국 측 거래 기업은 미국 농산물을 수입하는데, 가격을 높이 책정해달라는 기이한 부탁을 미국 측에 했다. 커미션을 받기 위해서였다. 그런데 이 커미션은 상당 부분이 한국 쪽으로 흘러갔다는 데 묘미가 있다.

— 어디로 흘러갔나.

프레이저 보고서에 따르면 1970년대 초 이후락과 김성곤의 압력으로 대한농산을 박동선에게 주기 위해 받은 미곡 커미션에서 150만 달러 이상을 정치 자금으로 제공했다. 박동선 또한 자신이 거둬들인 커미션을 미국의 의원이나 관리에게만 뿌리지 않았다. 프레이저 보고서에는 박동선이 김형욱, 중앙정보부 국장 이상호(양두원), 국회 사무총장 선우종원, 국회의원 백두진 등 여러 권력자에게도 나눠준 것이 나온다.

그때 박동선은 리처드 해너 하원 의원을 통해 한국 정부로부터 미국 쌀 수입 거래 대리권이라는 아주 큰 이권을 따내는데, 그러면서 박정희를 위한 로비 활동을 벌이게 된다. 그게 나중에 문제가 되면서 미국 하원 윤리위원회 청문회가 열리고 그와 별도로 프레이저 청문회도 열리게 된다. 미국 하원 프레이저 국제 기구 소위원회는 1976년 소규모의 자체 조사에서 한국 정부가 미국에서 불법적인 행위를 저질렀다는 사실을 발견했다. 이 소위원회는 1977년 2월 의회로부터 정치, 군사, 정보, 경제, 교육 등 한미 관계 제반 사항을 조사할 권한을 위임받았다. 그 결과 나온 방대한 프레이저 보고서에는 한국 정부의 로비 사항이 상세히 기록돼 있지만 그것만이 아니다. 이 보고서에는 이후락, 김성곤 등 박정희 정권의 실력자들이 미국의 한국 진출 기업이나 한국과 관계가 깊은 기업들로부터 얼마나 지독하게 많은 정치 자금을 뜯어냈는가도 상세히 기록돼 있다.

유신 시대 한국은 미국 여론의 단순한 비판 대상이 아니었다. 그 수준을 넘어서 이제는 프레이저 청문회 등 미국 의회 청문회의 조사 대상이 되었다. 오버도퍼에 따르면 카터의 임기 첫해인 1977년 말 의회에서는 코리아게이트 전면 조사가 네 갈래로 나뉘어 진행됐고 연방수사국FBI, 국세청도 추가 조사에 들어갔다.

그러면서 미국 언론들도 한국 정부의 '더티dirty한' 행위를 집중적으로 폭로하기 시작했다. 이처럼 박동선 사건 폭로를 계기로 미국 역사상 한국 문제를 가장 많이 다룬다고까지 얘기되는 상황을 맞이하게 된다. 한국은 김대중 납치 사건이 발생하면서 일본 언론으로부터 최악의 국가라는 이미지를 갖게 됐다. 그런데 그것도 이때와는 비교가 되지 않았다. 낯을 들고 미국뿐만 아니라 세계 어디도 다니기가 창피했다. 한국에 태어난 것이 너무나 창피한 시절이었다. 국내에서는 박정희가 성웅 이순신에 비견되는 위대한 영도자라고 언론과 교육을 통해 세뇌당했지만, 한 발자국만 해외에 나가면 정반대였다.

이 무렵 미국의 주요 언론들을 살펴보면 박동선 사건, 박정희 정권의 미국 내 로비 활동 같은 문제를 장기간에 걸쳐 실시간으로 톱기사로 내보내거나 중요 기사로 내보냈다. 1976년 한 해만 그런

게 아니라 수년 동안 그랬다.

워싱턴포스트를 시작으로
대서특필한 미국 언론

— 포문을 연 1976년 10월 워싱턴포스트 기사는 어떤 내용이었나.

워싱턴포스트 폭로 이전에 국내에서 이미 이 문제가 언급됐다. 1972년 8월 29일 이종남 의원은 대정부 질문에서 이렇게 말했다. "여러분! 박동선이라는 자가 '나는 대통령의 특사다. 대통령의 특명을 받고 왔다. 또 미국 대사로 내정을 받았다'고 하면서 미국에다 유령 회사를 만들어가지고 미국에서 쌀 사오는 것을 전부 그 사람이 독점을 했습니다. 그래가지고 그 사람이 수백만 불을 벌었다는 거예요." 두 달도 안 돼 유신 쿠데타가 났고, 이종남은 다른 강성 야당 의원 12명과 함께 보안사에 끌려가 호된 고문을 당하고 오랫동안 철창에 갇혔다.

1976년 10월 15일, 워터게이트 사건을 터트려 닉슨을 대통령직에서 사임케 하는 데 큰 역할을 한 워싱턴포스트는 '박동선이 박정희 대통령과 협의해 1960년대 후반부터 대미 의회 공작을 계속해왔다. 박동선은 고급 클럽을 운영하고 있고 고급 승용차도 4대나 갖고 있는데, 전 미국 법무부 장관까지 불러서 파티도 했다'고 보도했다. 대미 의회 공작이라는 것의 주요 내용은 한국 측이 미국 정치인, 관료들에게 엄청난 뇌물을 먹였다는 것인데, 워싱턴포스트는 한국 정부가 20명 이상의 미국 의원들에게 금품을 제공한 사실을

Enquirer Investigation Shows American Taxpayer Foots the Bill as . . .

$330 Million Worth of Rice U.S. Sent to South Koreans Is Resold to Enrich Dictator's Corrupt Regime

A scandal is seething in Washington that, if fully exposed, threatens to blow the lid off the Capitol dome — the South Korean government's bribery of U.S. congressmen, perhaps by the score. But where did the money come from to wine, dine and subsidize the grafting lawmakers? The ENQUIRER sent a team of investigative reporters to Washington who discovered a startling answer to that question: YOU, the American taxpayer, paid for it. Here is the second of two articles revealing how the South Korean regime slides its hand into your pocket to underwrite the bribery of your congressman.

By STEVE ROTHMAN

More than $330 million worth of rice that went to South Korea in the "Food for Peace Program," financed by the U.S. taxpayer, wound up enriching Korean dictator Park's corrupt regime, The ENQUIRER has learned.

"Most Americans believe that this rice — a gesture of American goodwill — is going directly into the mouths of hungry Koreans," says Jai Hyon Lee, a former Korean official now in asylum in the U.S.

"That's the furthest thing from the truth. The regime of Park Chung Hee is reselling this rice in the Korean market and putting the cash in government bank accounts."

Part of this money is then

DICTATOR: South Korea's Park Chung Hee is enriched by America's "Food for Peace" Program.

to businessmen selected by the Korean CIA, who pay kick-

Edwin Edwards has admitted his wife received $10,000 from a Korean source while he was a congressman.

As many as 50 members of Congress may be involved in the gigantic scandal, reported Sen. Howard Baker Jr. (R.-Tenn.).

Although at least three major investigations have been proposed, observers fear they will cover up more than they reveal.

Said Prof. Mark Selden, who is co-director of the International Development Program at Washington University in St. Louis, Mo.:

"There is no question that there has been a large-scale government cover-up of the Korean bribery scandal for several years.

"It seems ironclad clear that

코리아게이트 사건을 보도한 미국 언론. 박정희의 사진 밑에 '독재자'라고 쓰여 있다.

조사 중이라고 보도했다.

　이건 예고편이었다. 이미 1975년에도 몇 차례 박동선 기사를 내보낸 바 있는 워싱턴포스트는 1976년 10월 24일 '한국 정부, 미국 관리들에게 수백만 달러를 뇌물로 제공'이라는 전단 제목의 1단 톱 기사를 내보냈다. 박정희로부터 직접 지시받는 박동선과 공작원이 의원들과 정부 관리들에게 1년에 50만 내지 100만 달러를 뇌물로 건넸다는 것이다. 매수 모의 현장에서 오간 대화 내용은 도청됐다고 한다.

　워싱턴포스트는 10월 26일에도 1면 톱기사로 보도했고 27일에도 또 터트렸다. 그러자 볼티모어선, 시카고트리뷴, 크리스천 사이언스 모니터 등이 잇달아 대문짝만하게 보도했다. AP, UPI 등 세계적 통신사도 가세했고 지방의 군소 신문들까지 요란스럽게 보도했다. 이상우에 따르면 뉴욕타임스는 1976년 10월 24일부터 그해 연말까지 두 달 동안 사설, 해설, 독자 편지, 칼럼 등을 통해 84건이나 게재했다고 한다.

그런데도 한국 신문은 물론이고 야당 의원들도 입을 열지 않았다. 국내에 들어오는 미국 신문들의 경우 해당 기사를 먹물로 지우거나 가위로 도려냈다. 이렇게 국민을 깜깜이로 만들었지만 학생들은 용케 알고 있었다. 미국문화원에서 읽었을지도 모르겠다. 워싱턴포스트, 뉴욕타임스가 하루가 멀다 하고 보도하고 있던 1976년 12월 8일 서울대 법대생들이 일으킨 시위에서 박 정권의 미국 의회 뇌물 사건 공개와 책임자 추궁을 요구했다. 1977년, 1978년의 주요 시위에서도 이런 요구가 단골 메뉴처럼 등장했다.

외교관에 더해 중앙정보부 요원까지…
유신 정권 무리수가 초래한 망명 시대

— 그 무렵 한국 관리들이 외국에 망명하는 일도 연이어 벌어지지 않나. 이 시기에 망명한 관리 규모는 어느 정도인가.

박동선 사건에 이어서 또 한 명의 유명한 로비스트인 김한조가 관여한 사건 등이 연달아 폭로되는데, 그러면서 한국 역사상 드물게 망명 시대라는 게 열린다. 1960년대 후반은 해방 후 70여 년의 한미 관계에서 최상의 밀월기였다. 그러나 1970년대 후반은 역사상 최악의 상태였는데, 그 최악의 상태를 더욱 최악으로 몰고 간 것이 한국 관리들의 망명 사태다. 이러한 망명 사태는 이승만 정권에서도, 전두환 정권에서도 일어나지 않았다. 박정희 유신 권력하에서만 있었던 일로 유신 권력의 성격을 잘 보여주는 사건이었다.

저널리스트 이상우의 글, 그리고 김충식 기자의 글을 중심으로 해서 이 부분을 간략히 살펴보자.

1971년 이후 1979년 10·26까지 현직 공무원 중 망명 성격을 띤 근무 이탈자가 수십 명에 이르는 것으로 추산되는데, 그 가운데 재외 공관에서 근무하다가 현지에서 정치적 망명 등으로 이탈한 공관원이 13명으로 집계되고 있다. 그중 8명은 외무부 소속 외교관이고 5명은 이른바 기관원이라고 한다.

—— 어떤 사람들이 망명했나.

먼저 1970년부터 주미 공보관장을 맡고 있던 이재현이 1973년 미국에 망명을 신청했다. 이 사람은 왜 망명했느냐. 유신 쿠데타 후 외교 활동의 범위를 벗어나는 여러 가지 불법 공작을 하라는 지시가 본국에서 내려왔지만, 이재현은 그러한 지시를 이행하는 데 소극적인 태도를 취했다. 공직자로서 불법 공작도 수행하기가 어렵지만, 공보관장이라는 직책을 맡았기 때문에 자신이 봐도 말이 안 되는 유신 체제 홍보를 미국 사회에서 떠맡게 된 부담도 컸을 것이다. 그러자 감시를 받게 되는데, 그런 상태에서 사표를 제출하고 가족들과 함께 미국에 망명한 것이다. 1977년 10월 이재현은 미국 하원 윤리위원회 청문회에 불려나가 재직 중 주미 한국 대사관 등과 관련된 여러 가지 로비 활동에서 있었던 돈 거래를 증언하게 된다.

이재현이 1973년 봄 주미 한국 대사관에서 김동조 대사, 중앙정보부 미국 책임자인 양두원 공사 등과 함께 매주 2, 3회씩 특별회의를 열어 의회 매수 공작과 유신 체제 PR 작전을 협의했다는 것이다. 이재현의 폭로 중에는 1973년 봄 100달러짜리 돈 봉투 24개

정도를 챙긴 김동조 대사에게 자신이 누구에게 줄 것이냐고 묻자 김 대사가 '의회'라고 대답했다는 내용도 들어 있다. 코리아게이트 가 막바지로 갈 때 박 정권과 미국 의회의 가장 큰 쟁점이 전 주미 대사 김동조를 청문회에 세우는 문제였는데, 이재현 증언도 그것에 한몫했다. 이재현은 미국 한인 사회에서 민주화 운동 지도자로도 활동했다.

1970년대 후반 박정희에게 가장 큰 상처라고 할까 충격을 준 건 뭐니 뭐니 해도 김형욱의 폭로일 것이다. 프레이저 청문회 같은 데에서 아주 중요한 증언을 연이어 했는데, 그것에 대해서는 나중 에 김형욱 실종 사건에서 따로 얘기하도록 하자. 1976년 11월에는 주미 한국 대사관 참사관 김상근이 미국에 망명했다.

—— 김상근은 왜 망명을 결심했나.

김상근은 중앙정보부 요원으로서 워싱턴에 가 있었는데 1976 년 4월에는 참사관이 됐다. 주된 임무는 교민 대책이었다. 교민들의 반정부적인 움직임을 봉쇄하고 유신 정권에 친화적인 태도를 취하 도록 유도하는 임무였다. 그런 가운데 1975년 백설 작전이라는 특 별 임무가 떨어졌다. 로비 활동은 박동선이 아니라 김한조가 맡았 다. 백설 작전은 명칭도 007 영화에 나오는 것과 흡사했지만 지휘 연락 체계를 보면 더 근사했다. 암호명이 박정희는 '불국사 주지', 신직수 중앙정보부장은 '도지사', 직접 지시를 내린 양두원 중앙정 보부 차장보는 '신부神父'였고 김상근은 '교수', 김한조는 '해밀턴 박 사'였다. 미국의 정치인, 언론인, 학자, 종교계 인사, 퇴역군인회와 로터리클럽 간부 등 각계에서 영향력이 있는 인사들을 구워삶아 유

1976년 건설부 장관 시절의 김재규. 김상근이 망명하면서 신직수 중앙정보부장이 해임되자, 김재규가 1976년 12월 중앙정보부장이 된다. 사진 출처: 국가기록원

신 정권 편으로 만들어놓으라는 것이었다.

백설 작전은 이름도 근사하고 김상근이 '동양의 제임스 본드'로 불리기도 했으나 정작 별 성과를 올리지 못했고, 오히려 코리아게이트의 악명을 떨치는 재료가 돼버렸다. 60만 달러라는 거금이 나갔으나 공작 자금으로는 별반 쓰이지 않았고 대부분이 김한조 등 몇 사람의 호주머니로 들어갔다고 한다. 박 정권은 11월 중순 양두원 차장보를 내쫓았고 이어서 11월 23일 김상근한테 귀국 명령을 내렸다. 그다음 날 김상근은 근무지를 이탈했고, 26일 FBI에 연락해 정치 망명을 신청했다. 옛날 직속상관이었던 김형욱의 도움을 받아 미국 정부의 보호를 받게 된 것으로 알려졌다.

이재현과 마찬가지로 종적을 감췄던 김상근 역시 1977년 미국 하원 윤리위원회에 출석하는데, 여기서 백설 작전에 관해 설명하고 박정희 정권의 치부를 드러내는 증언을 하게 된다. 김상근 망명은 신직수 중앙정보부장 해임을 불러왔다. 그러면서 김재규가 1976년 12월 중앙정보부장이 된다.

박 정권의 미국 의회 로비 사건이 국내에 부분적으로 알려지게 된 것도 김상근 망명 사건 때문이었다. 1976년 12월 28일 정부는 처음으로 미국 의회 로비 사건을 발표하면서 김상근의 망명이 본인 의사라기보다는 일부 반정부 분자의 책동이나 어떤 유인 공작이 작용한 것이라고 주장했다. 미국 국무부가 12월 1일 본인 의사로 망명했다고 발표했는데도 박 정권은 그것을 믿으려 하지 않았다. 박정희가 직접 개입돼 있어, 이재현 망명보다 훨씬 큰 충격을 주지 않았나 싶다.

— 김상근 이외에 망명한 기관원으로 어떤 사람이 있었나.

손호영은 김형욱 설득에 실패하면서 망명하게 된다. 중앙정보부의 뉴욕 총책임자였던 손호영 참사는 1977년 9월 16일 근무지를 이탈해서 미국에 정치적 망명을 했는데, 이 사실이 당시에는 국내에 알려지지 않았다.

이 사람은 휴스턴에서 근무하다가 1976년 말 뉴욕 총영사관으로 옮겼는데, 어떻게 해서든 김형욱을 귀국시키거나 그렇지 않으면 최소한 김형욱이 미국 의회에서 증언하는 것을 막으라는 임무를 맡았다. 혼자서 하는 일은 아니었지만 이건 성공할 수가 없는 일이었다.

결국 전전긍긍하다가 1977년 8월 23일 본국으로부터 귀국령이 떨어지니까 그다음 달인 9월에 '1976년 대미 공작 계획서'라는 이름이 붙은 문서를 가지고 망명했다. 프레이저 소위의 청문회에서 공표한 대로 이 문서에는 구체적인 대미 공작 및 로비 활동 계획이 들어 있었다. 백설 작전과 비슷하게 70만 달러를 가지고 민주당의 유력 의원, 백악관, 국무부, 국방부, CIA 한국 지부, FBI 등 기관 관계자, 언론계, 학계, 종교계 인사들을 매수한다는 내용이었다.

주미 대사에게 미국 측이
망명 타진하기도

— 지금까지 살펴본 사람들이 망명을 결행한 것은 유신 정권의 무리수와 떼어놓고 생각할 수 없다. 이들 이외에 또 어떤 사람들이 망명을 택했나.

이 사람들 말고도 망명자라고 볼 수 있는 사람이 여러 명 있었다. 1973년 5월에는 주미 공보관 직원으로 이재현 밑에서 근무하던 한혁훈이 유신 체제에 반대한다는 뜻을 밝히고 사표를 제출하고는 미국에 영주권을 신청했다. 1973년에서 1975년에 역시 주미 공보관에서 일한 김성한은 사표를 낸 후 미국 국무성에서 일하면서 유신 체제 반대 활동에도 가담했다. 손호영이 망명한 직후 뉴욕에 있는 유엔 대표부 지역 책임자로 있던 이영인은 귀국 명령을 받자 사표를 내고 미국에 영주권을 신청했다. 캐나다 주재 한국 대사관의 양영만 영사는 1978년 망명하겠다고 공개적으로 발표한 후 캐나다 정부에 영주권을 신청했다.

분위기가 이렇게 되면서, 이상우 책을 보면 심지어 함병춘 주미 대사한테 미국 측이 간접적으로 망명을 타진하는 상황까지 왔다고 나온다. 그런 속에서 1977년 9월 박동선이 36가지 죄목으로 기소됐고 그로부터 5일 후에는 김한조도 위증죄와 매수 혐의로 기소됐다. 박동선은 기소 사실이 유죄가 되면 250년 형이 될지도 모르겠다고 했지만, 의회 증언을 교환 조건으로 해서 처음부터 죄가 탕감됐다. 다른 한국인들은 외국인이라 어떻게 할 수 없었고, 미국 시민권이 있는 김한조만 유죄 판결을 받았다. 미국 의회 의원들의 경우 115명의 전·현직 의원들이 관련된 것으로 얘기됐지만, 전 하원 의원 2명만이 박동선으로부터 뇌물을 받은 혐의로 기소됐고 현직 의원은 3명만이 경징계를 받았다.

뭐니 뭐니 해도 박정희에게 최대의 부담을 준 것은 김형욱의 망명이었다. 김형욱의 의회 증언은 박정희에게 큰 타격을 안겼다. 그에 더해 중앙정보부장 시절의 회고록이 공개될 상황에 이르렀을 때 김형욱은 중앙정보부 요원들에 의해 살해되기에 이르렀다. 그리고 김형욱이 살해된 지 불과 며칠 후 박정희도 중앙정보부장에 의해 최후를 맞았고 유신 체제는 무너졌다.

코리아게이트에는 박정희 등이 깊숙이 관여한 통일교 문제도 있었다. 코리아게이트 마지막을 장식한 것은 1978년에 미국 하원 윤리위원회 증언대에 전 주미 대사 김동조를 끌어내는 문제였다. 윤리위원회는 닉슨을 대통령에서 끌어내렸던 레온 재워스키 검사를 수석 법률 고문으로 임명했다. 대단한 결의였다. 그뿐 아니라 김동조를 증언대에 세우는 것을 박 정권이 반대하자 1977년 9월 하원 국제관계위원회가 한국군 현대화 계획으로 잡혀 있는 8억 달러 상당의 무기 이전을 거부할 정도로 적개심이 커졌다. 하원은 1978년 6월, 1979회계연도 대외경제원조법에 들어가 있는 5,600만 달러 상당의 평화 식량 원조를 삭감했다. 김동조가 코리아게이트의 열쇠를 쥐고 있다고 봤기 때문이다. 그러나 박정희도 강력히 버텨, 김동조가 서면 답변하는 것으로 일단락됐다.

—— 코리아게이트가 무엇을 남겼다고 보나.

코리아게이트 최대의 피해자는 한국인이었다. 한국에 대한 이미지가 이보다 나쁠 수 없었다. 이승만의 정치에 대해서도 세계의 이미지는 좋지 않았다. 1950년대에 한국에서 민주주의가 되기를 바라는 것은 쓰레기통에서 장미꽃이 피기를 바라는 것이나 다름없다는 영국 신문의 악평이 있지 않았나. 월남 파병에 대해서도 해외 여론은 아주 나빴다. 한국인에 대한 인상이 좋을 리가 없었다. 유신 체제의 등장과 김대중 납치 사건 또한 한국에 대한 이미지에 먹칠을 했다. 그리고 1970년대 후반 내내 한국인은 코리아게이트 때문에 이미지가 나빴다. 나중에 한국인이 경제뿐만 아니라 다른 면에서도 능력이 있다는 것을 보여줬지만, 한국인에 대한 부정적 여론이 아직도 있는 것은 부정하기 어려운 사실이다. 한번 강하게 박힌 인상은 쉽게 지워지지 않는 것 같다.

"한 사람에 의한 전 국민의 질식",
통대, 99.9퍼센트로 체육관 대통령 선출

유신 몰락의 드라마, 네 번째 마당

김 덕 련 유신 쿠데타를 일으킨 지 7년 만에 박정희는 심복의 손에 목숨을 잃고 유신 정권은 무너진다. 그러나 1979년 10·26 이전에 이미 유신 체제는 말기 증상을 뚜렷하게 드러내며 내리막길을 걷고 있었다. 그러한 유신의 몰락 과정을 찬찬히 짚었으면 한다.

서 중 석 1978년 '통대'에 의한 제2기 체육관 대통령 선거, 12·12 총선, 대통령 취임 이 부분에서 얘기를 시작하도록 하자. 1978년 5월 18일은 제2기 통일주체국민회의 대의원 선거 날이었다. 그런데 1972년 12월 제1기 선거 때와는 분위기가 사뭇 달랐다.

제1기 때에는 선거 직전까지 비상 계엄 상태였고 그런 속에서 중앙정보부 통제 아래 정말 질서 정연하게, 조용하게 선거를 치렀다. 권력 쪽 기준으로 보면 관제 선거를 그야말로 잘 치렀다고 볼수 있다. 그렇지만 불과 6년도 지나지 않은 때에 치러진 제2기 선거에서는 상당한 반발이 일어나고 반대 시위 같은 것이 많이 벌어졌다.

— 시위 상황, 어떠했나.

맨 앞에서 언급한 것처럼 학생들은 그해 5월로 접어들면서 유신 헌법 철폐와 민주 헌법 부활을 외치면서 곳곳에서 교내 시위를 벌였다. '통대' 선거 10일 전인 5월 8일 서울대생 1,500여 명이 격렬하게 시위를 전개했다. 일부 학생들은 학교 밖 봉천동, 신림동으로 나와 유신 철폐를 외치면서 가두 투쟁을 했다. 그다음 날에는 이화여대생들이 시위를 했다. 경찰 기동대가 교내에 진입해 시위를 폭력적으로 진압하고 여학생 18명을 연행하는 사태가 벌어졌다. '통

　　　　　　　　　　　　　　　　유신 몰락의 드라마

1978년 5월 18일 자 동아일보. 전국에서 일제히 '통대 선거'가 실시되었다는 소식과 함께, 박정희와 박근혜도 한 표를 행사했다고 보도하고 있다.

대' 선거 4일 전인 5월 14일, 이날은 석가탄신일이었는데 동국대생들이 유신 철폐를 요구하는 유인물을 뿌렸다. 5월 16일, 5·16쿠데타가 일어난 지 17년이 되던 이날에는 한신대 학생들이 5·16 선언을 발표하고 단식기도에 들어갔다. 그러면서 '통대' 선거를 전후해 한신대에 휴강 조치를 취하기로 결정한 것에 항의하는 투쟁을 벌였다.

선거가 치러진 5월 18일에는 윤보선, 정구영 등 재야인사, 그리고 해직 교수, 해직 언론인 등 66명이 '오늘의 우리 주장'을 발표하고 '통대' 선거 무효를 선언했다. 공화당 총재, 의장을 지냈고 3선 개헌을 강력히 반대했던 정구영이 이제는 재야의 대표적인 인물 중 한 사람으로 참여했다. 그러나 나흘 뒤인 5월 22일 세상을 뜸으로써 더 이상 민주화 운동에 나서지 못했다. 동아투위를 비롯한 여러 민주화 운동 단체에서도 '통대' 선거는 무의미하다는 성명서 같은 걸 발표했다.

제2기 출범 전부터
강한 반발에 직면한 유신 정권

—— 5월 18일 '통대' 선거, 어떻게 치러졌나.

당시 신문을 통해 그 부분을 살펴보자. '통대'는 전국 1,665개 선거구에서 2,583명을 선출하게 돼 있었는데 경쟁률이 2:1 정도였다. 투표율은 78.95퍼센트로 매우 높은 편이었다. 서울이 67.84퍼센트로 제일 낮았고, 부산과 경기도를 제외한 나머지 지역은 전부 80퍼센트를 넘었다. 상당히 높은 투표율을 기록했다.

그런데 '통대' 선거에서는 선전 벽보, 선거 공보, 합동 연설회 이 세 가지 방법을 빼놓고는 다른 어떠한 선거 운동도 하지 못하게 돼 있었다. 그런 면에서도 아주 재미없는 선거였다. 그런데도 투표율은 높았다. 이 투표에 참여하라고 정부에서 적극적으로 권유했고, 또 지역에 따라 대의원 후보끼리 과열 경쟁을 하는 곳도 있었지만 그런 것도 다 묵인하면서 선거 분위기를 조금이라도 부추겨보려고 노력한 점도 작용해서 이런 높은 투표율이 나왔다고 얘기할 수도 있다.

그렇지만 다른 측면도 생각해볼 수 있다. 유신 체제에 들어서면서 사실상 선거가 없는 상태로 살아오지 않았나. 1973년 2월 국회의원 선거가 있긴 했지만 그건 유신 쿠데타 직후 아주 엄혹한 분

동아일보 1978년 5월 8일 자에 실린 '통대' 후보 합동 연설회 장면. "열기 없는 정치 집회"라는 글이 눈에 띈다.

위기에서 치러진 것이어서 선거다운 느낌이 들지 않았다. 제2기 통대 선거 당시 신문을 보면 오랫동안 선거라는 걸 맛보지 못했는데 선거를 한다니까 한 번 투표하러 간 것 아니냐, 이런 분석도 나왔다.

─── 주로 어떤 사람들이 통일주체국민회의 대의원 노릇을 하겠다고 나섰던 건가.

통일주체국민회의 대의원으로 어떤 사람들이 됐느냐. 농촌의 경우 대개 농업이라는 것을 자신의 직업으로 많이 써놓았지만, 그걸 제외한다면 단위 농협 조합장이 단연 많았다. 전직 면장이라든가 새마을 지도자, 예비군 중대장 같은 사람도 적지 않았다. '통대' 선거는 인구 비율대로, 즉 그것에 딱 맞춰서 대의원 숫자가 배정된

1978년 7월 6일 최규하 국무총리가 통일주체국민회의 대의원을 접견하고 있다. 대의원이 된 사람들의 면면을 보면 시골의 경우는 단위 조합장, 전직 면장, 새마을 지도자 등이 많았고, 소도시의 경우는 양조업, 도정업, 의약사 등에 종사하는 사람들이 많았다. 사진 출처: e영상역사관

것이 아니었다. 농촌에서 통일주체국민회의 대의원을 많이 뽑게 돼 있었는데, 농촌에서는 그런 사람들이 많이 됐다.

소도시에서는 양조업이나 도정업을 하는 사람들 또는 의약사들이 대부분을 차지했다. 돈푼께나 만지는 지역 유지인 셈인데 '이제 통일주체국민회의 대의원 한 번 해보자', 이랬던 것 같다. 사실 통일주체국민회의가 '주권적 수임 기관'이라고 엄청난 위상을 가진 것처럼 유신 헌법에 써놓았지만 '통대'라는 건 실제로 하는 일이 거의 없는 자리 아닌가. 농촌이건 소도시건 명리를 탐내거나 이권 문제, 이해관계에 예민한 사람들이 많이 나와서 당선됐다고 볼 수 있다.

유신 몰락의 드라마

그런데 '통대' 선거를 맞으면서 유신 체제를 격렬히 반대하고 '통대' 선거가 무의미하다는 운동이 벌어진 것은 제2기를 맞는 유신 체제가 제1기 때와는 다르게 심상찮은 어려움을 겪을 수 있다는 것을 보여줬다. 1기 때에도 유신 쿠데타 후 1년도 안 지나서 그런 어려움을 겪었지만, 2기의 경우 아예 처음부터 그러한 어려움에 크게 봉착하게 됐다.

— '통대' 선거 후 유신 체제 반대 운동은 어떻게 전개됐나.

그러한 반대 운동은 5월 18일 '통대' 선거가 있은 후 더욱더 격렬하게 전개됐다. 6월 1일 서울대 농대생은 시위에 이어 2일부터 10일까지 동맹 휴학 투쟁을 전개했다. 더 큰 시위는 6월 12일 서울대에서 일어났다. 3,000여 명이 3시간 동안이나 격렬하게 시위를 전개했고 일부 시위대는 학교 밖으로 진출해 관악구청, 신림동 일대에서 한동안 시위를 벌였다.

앞에서도 이야기한 것처럼 이 시위는 광화문 연합 시위로 이어졌다는 점에서도 중요하다. 6월 26일 서울대, 고려대, 이화여대, 숭전대 등 여러 대학 학생들과 신부, 목사 등 각계 민주 인사들이 광화문 일대에서 밤늦게까지 시위를 거세게 전개했다. 서울 한복판, 제일 중요한 곳으로 꼽히는 광화문에서 이런 큰 시위가 벌어졌다는 건 유신 체제에 커다란 구멍이 뚫렸다는 것을 얘기해준다. 6월 말, 7월 초에는 통일주체국민회의 대의원들에 의한 대통령 선거를 반대하는 유인물들이 서울과 지방의 여러 대학과 서울 시내에 살포됐다.

99.9퍼센트의 체육관 대통령 선출과 아파트 특혜
나란히 함께 실린 유신 체제의 민낯

── 제1기 때와 마찬가지로 이때도 '통대'의 대통령 옹립 과정에서 북한을 떠올리게 만드는 장면이 연출되지 않았나.

7월 6일, 전과 똑같이 장충체육관에서 제2기 체육관 대통령을 선출하게 된다. 탁 트인 장소에서는 박정희가 어떻게 될까봐 체육관에서 행사를 진행했다고 한다. 이날 장충체육관에 2,578명의 통일주체국민회의 대의원이 모였다. 선출된 전체 인원은 2,583명이지만 이미 1명은 사망하고 1명은 사퇴해서 재적 대의원이 2,581명이었는데, 이 가운데 몸이 안 좋았는지 3명이 불참해서 참석자는 2,578명이었다.

여기서 1명 빼놓고 나머지는 다 박정희 후보를 찍었다. 물론 박정희 후보가 유일한 후보였다. 다른 사람은 감히 입후보를 하지도 않았고 할 수도 없게 돼 있었으니까. 그렇게 해서 2,577표, 지지율 99.9퍼센트로 박정희가 제2기 체육관 대통령에 당선됐다. 1표는 무효표였다. 수천 명이 투표하다 보니 '엉뚱한' 데에다가 찍어버리는 일이 생긴 모양이다. 이날 '통대' 회의는 오전 10시에 시작됐다. 개회사를 한 박정희 '통대' 의장은 불과 20분 만에 회의장을 떠났다. 20분만 그 자리에 앉아 있는 모습을 보여준 것이다. 아무리 체육관 대통령을 선거하는 것이라지만 너무 싱거운 쇼였다.

그런데 이날 동아일보에는 "박정희 후보 9대 대통령 당선"이라는 톱기사 옆에 바로 그 유명한 압구정 현대아파트 특혜 분양 사건 기사가 사이드 톱으로 크게 실렸다. 아주 대조적인 모습이라고 할

1978년 7월 6일 자 동아일보에는 "박정희 후보 9대 대통령 당선"이라는 톱기사 옆에 바로 그 유명한 압구정 현대아파트 특혜 분양 사건 기사가 사이드 톱으로 크게 실렸다. 사회를 좀먹은 부정부패, 투기 광풍이 바로 체육관 대통령 당선 기사 옆에 압축적으로 드러났다고 할 수 있다.

까. '통대' 대통령 당선이라고 대문짝만하게 적힌 옆에 유신 정권의 한 면모가 "아파트 특혜 260명 소환"이라는 제목으로 크게 실린 것이다. 사회를 좀먹은 부정부패, 투기 광풍이 바로 체육관 대통령 당선 기사 옆에 압축적으로 드러났다고 할 수 있다.

　그다음 날에는 박정희 처남인 육인수 공화당 의원이 바로 이 사건으로 사퇴서를 냈다는 기사를 게재함으로써 유신 체제에서 권력자들의 부패상을 다시 한 번 보여주게 된다. 이러한 점도 '통대'에 의한 체육관 대통령 선거를 즈음한 사회 분위기를 보여줬다.

"한 사람에 의한 전 국민의 질식이냐,
전 국민에 의한 1인 통치의 종결이냐"

—— 제2기 체육관 대통령 옹립을 전후해 유신 반대 세력은 어떤 움직임을 보였나.

장충체육관에서 체육관 대통령을 선출하기 전날인 7월 5일 민주주의국민연합 발기 대회가 예정돼 있었다. 어릿광대 행사에 맞춰 발기 대회를 그 전날 열려고 했는데, 이 대회에 참석할 예정이던 주요 인사가 대부분 발이 묶였다. 대회 전날인 7월 4일 윤보선, 함석헌, 박형규 등 40여 명은 가택 연금을 당했고 젊은 활동가들은 강제 연행됐다. 발기 대회 날에는 대회장을 차단해 원천 봉쇄했다.

대회는 좌절됐지만 민주주의국민연합 자체는 7월에 출범하게 된다. 이 단체는 1974년 말에서 1975년에 활동을 했던 민주회복국민회의와 다소 차이가 있다. 민주회복국민회의보다 확대되고 조직적인 단체였다. 개신교, 천주교, 문인, 교수, 청년, 언론인, 양심범 가족, 노동자, 농민 관련 12개 단체와 그 구성원, 그리고 재야인사와 정치인 등 350여 명이 발기 대회 선언문인 민주 국민 선언 명단에 올라 있었다. 개인만이 아니라 단체까지 들어가 있었다는 점에서 한 걸음 더 나아간, 명실공히 국민연합에 걸맞은 민주화 운동 단체였다. 재야 단체가 점점 더 조직적이고 규모가 있는 단체로 커가고 있었다는 것을 말해준다. 물론 탄압도 지독했다. 이름이 올라 있는 사람들을 연행하고 탈퇴를 강요했다. 이처럼 원천적으로 와해시키려 했기 때문에 활동하기가 무척 힘들었다.

민주주의국민연합은 그해 광복절을 앞두고 8·15 선언을 발표했다. 선언에서 박정희 유신 정권은 "민족의 통일을 말할 자격도 없으며 …… 국민의 혈세를 관리·집행할 정당성도 완전히 잃었다"고 역설했다. 그리고 반유신 민주화 투쟁을 "한 사람에 의한 전 국민의 질식이냐, 전 국민에 의한 1인 통치의 종결이냐를 결정짓는 싸움"으로 규정했다. 이처럼 민주주의국민연합은 박정희 유신 정권을 정면으로 부정하고 이 정권과 가차 없는 일전을 벌이겠다는 뜻을 분명히 했다.

1978년 10·17 유신 쿠데타 6년을 앞두고 '10·17 국민 선언'이 발표됐다. 10월 13일 열린 금요 기도회에서 발표된 이 선언에는 윤보선, 함석헌, 문익환 등 402명이 서명했다. 이 선언에서 서명자들은 유신 헌법은 박정희가 1971년 대통령 취임식에서 행한 국헌 준수 선서를 스스로 짓밟고 아무런 헌법적 근거 없이 강압으로 만들었으므로 원천적으로 무효이고 '독재의 경전'에 불과하다고 지적했다.

— 대학가는 어떠했나.

이미 미국과의 관계는 1975년경부터 악화되고 있었지만, 유신 2기를 맞으면서 박정희에게는 뭐 하나 잘 돌아가는 것이 없었다. 아무리 학생들을 잡아가고 처벌하고 재야 민주화 운동 세력을 탄압해도, 더욱더 반유신 민주화 운동은 목청을 높이고 세력도 커지기만 할 뿐이었다. 1978년 5, 6월에도 학생들은 근래 몇 년 동안 볼 수 없었던 격렬한 시위 투쟁을 전개했는데, 새 학기에 들어서자 다시 격렬히 투쟁했다. 9월 13일 서울대생 2,500여 명이 3시간 동안 대대적으로 시위를 했다. 학생 600여 명이 시내로 나와서 반정부 구호를 외치며 가두 투쟁을 벌였다. 9월 14일에는 고려대에서 3,000여 명이 참가한 큰 시위가 벌어졌다. 11월에 가면 경북대에서 여러 차례에 걸쳐 규모가 큰 시위가 전개되는 등 이해 2학기 말에 이르기까지 유신 체제에 반대하는 항의 시위가 계속된다. 그런 상황에서 유신 권력은 그해 12월 12일 국회의원 선거를 치르게 된다.

박정희 유신 붕괴의 문을 연 1978년 12·12총선

유신 몰락의 드라마, 다섯 번째 마당

김 덕 련 1978년 12월 12일에 치러진 12·12총선은 박정희 정권이 종말로 치닫게 되는 분수령으로 꼽힌다. 그 이유는 무엇인가.

서 중 석 박정희 유신 체제 몰락의 드라마는 12·12총선, 국회의원의 3분의 2를 선출하는 선거였는데 이 선거에서 패배한 것에서 시작됐다. 그렇기 때문에 난 현대사에서 중요한 사건의 하나로 1975년 총력 안보 운동과 함께 1978년 12·12선거를 꼽고 있다.

유신 체제 시기에 그래도 선거에 가까운, 선거 모양새를 한 선거가 있다면 이 12·12선거일 것이다. 12·12선거는 유신 체제, 그중에서도 긴급 조치 9호 아래 치러진 선거였고 그래서 국회의원 선거라면 당연히 있게 되는 정치적 발언이 엄격히 제한됐지만, 재벌을 공격한다거나 경제적, 사회적 문제를 거론하거나 나름대로 공약을 한다거나 하는 것은 허용됐다. 선거 분위기를 만들기 위해서였겠지만 돈 선거라는 말이 나돌 정도로 금품을 풍성하게 쓰는 것도 묵인했다. 그러한 선거를 치르니까 바로 민심의 이반을 잘 보여준 선거가 됐다. 민심 이반을 가져온 핵심 요소는 장기 독재 그리고 경제 실패였는데, 그런 점에서도 이 선거는 대단히 중요하다. 자세히 분석해볼 필요가 있다.

5·16쿠데타 후 최저 득표율, 최소 의석
공화당 참패로 끝난 12·12총선

── 12·12총선 결과는 어떠했나.

新民 得票率서 共和앞질러

——10代總選開票 거의완료

議席은 共和68 新民61 統一3 無所屬22

投票率77·1% 統一黨無所屬 豫想外로低

新民34·共和32%

興野重鎮·巨物無所屬 거의當選·現役28명落

12·12총선 결과를 보도한 1978년 12월 13일 자 동아일보. 공화당은 1961년 5·16쿠데타 이후 치러진 총선 가운데 가장 낮은 득표율을 기록했고, 의석 숫자도 68석으로 그때까지 공화당이 치렀던 총선 중에서 가장 적었다.

　　유신 체제 제2기를 맞기 위해 치러진 이 선거에서 공화당은 31.7퍼센트밖에 득표하지 못했다. 그런데 제1야당인 신민당은 32.8 퍼센트로 공화당보다 1.1퍼센트포인트 더 많이 득표했다. 거기에다 가 신민당보다 선명성을 더 강조한 민주통일당 득표율 7.4퍼센트를 합하면 야당이 8.5퍼센트포인트나 많이 득표하는, 유신 체제에서 상상하기 어려운 사태가 벌어졌다. 무소속 득표율은 28.1퍼센트였 는데, 여기엔 친여 쪽도 있고 친야 쪽도 있어서 어느 하나로 얘기하 기는 어렵다고 본다.

원래 이 선거를 치를 때 공화당에서는 자신들이 40퍼센트를 득표하겠다고 장담했다가 나중에 가서는 6:4로 신민당을 누르겠다고 나왔다. 그러나 결과는 완전히 역전패였다. 공화당은 1961년 5·16쿠데타 이후 치러진 총선 가운데 가장 낮은 득표율을 기록했고, 의석 숫자도 68석으로 그때까지 공화당이 치렀던 총선 중에서 가장 적었다.

한 신문은 이 선거 결과를 '공화 퇴조, 신민 강세, 무소속 부상 浮上'으로 표현했다. 이때는 한 선거구에서 두 명을 뽑았다. 그래서 한 선거구에서 여당, 야당이 한 명씩 되기 마련이었는데, 수도권과 대도시에서 여야 후보가 현격한 표차를 보였다.

— 그 차이가 어느 정도였나.

예컨대 부산의 경우 5개 선거구에서 10명을 뽑았는데 공화당 4명, 신민당 5명, 무소속 1명이 됐다. 그런데 공화당은 어느 한 곳에서도 1위를 하지 못했다. 또 이렇게 당선된 공화당 4명과 야당 당선자들의 표차가 현격했다. 경상도 지역인데도 공화당이 심하게 패했다.

1963년 총선 이래 공화당이 항상 신민당을 비롯한 야당을 결과에서 압도했는데 이 선거에서는 농촌에서도 공화당이 고전을 면치 못하는 지역이 여러 군데 있었다. 전체적으로 볼 때 대도시에서 신민당이 47.7퍼센트나 득표한 데 비해 공화당은 27.1퍼센트로 절반 수준에 불과했다. 얼마만큼 공화당이 미움을 받고 있는가, 다시 말해 유신 정권이 미움을 받고 있는가를 단적으로 보여준 선거였다.

제3공화국에서 계속해서 국회의장(1963~1971년) 직위에 있었고 12·12선거가 치러질 때에는 공화당 의장 서리였던 이효상의 얘기에서도 이 점을 느낄 수 있다. 이효상은 1973년 유신 체제에서 첫 번째로 치러진 선거에서는 7만 6,000여 표를 얻었는데 1978년 이 때는 그보다 훨씬 적은 5만여 표를 얻었다. 그러면서 "내 정치 생활 중에서 이번처럼 고전한 적은 없었다", 이렇게 얘기했다.

— 선거 운동 과정은 어떠했나.

정치 없는 선거 운동이었다고 얘기할 수 있다. 왜냐하면 유신 체제에 대해 얘기를 할 수가 없는 선거 운동이었다. 국회의원 선거야말로 정치 문제를 제기할 수 있는 선거인데, 조금만 '잘못' 말하면 유언비어 유포 혐의로 구속될 수 있었다. 긴급 조치 9호가 맹위를 떨치는 상태에서 치러진 선거였기 때문에 유신 체제 문제, 권력 문제 같은 걸 쟁점으로 삼을 수 없었다. 또 선거 운동에서 마이크 방송도 할 수 없어 선거 분위기가 겉으로는 착 가라앉았다고 당시 신문에 쓰여 있다. 이런 여러 면에서 정치가 없는 선거 운동 아니냐고 얘기할 수도 있는데, 놀랍게도 정치 의식이 강하게 담긴 선거 결과를 가져왔다.

당시 신문을 보면, 과거와 같은 정도의 조직적인 관권 개입은 없었다는 내용이 나온다. 선관위가 공화당 정권의 재벌 편향 정책을 겨냥해 인기를 모은 신민당의 선거 구호를 선거 공보 등에서 직권 삭제하겠다고 밝혀 논란을 불러일으킨 일 같은 게 있긴 했지만, 이전의 다른 선거들과 달리 권력과 정부 기관이 여당 후보 당선을 위해 직접적으로, 광범위하게 개입하는 모습은 찾아보기 어려웠다는 얘기다.

─── 관권의 광범위한 개입을 찾아보기 어려웠다는 건 뜻밖이다.

'어차피 국회의원의 3분의 1은 대통령이 지명하는 유정회가 차지하니 선거에서 3분의 1만 더 확보하면 모든 걸 할 수 있다. 설마 3분의 1을 확보 못하겠느냐', 그런 생각을 박정희 쪽에서 한 것으로 보인다. 그렇지 않아도 제2기 '통대' 선거 때부터 유신 반대를 선거 반대와 연결시켜 비판이 끊이지 않았는데 긁어 부스럼을 많이 만들지는 말자는 생각도 작용했다. 그리고 무소속을 포함해 여권에 주로 해당되지만 금권 선거라고 얘기할 정도로 돈을 많이 쓰는 타락 양상이 나타났다.

이 선거 이후 김영삼은 유신 체제를 비판하고 부정하는 발언을 할 때마다 '여당은 1.1퍼센트포인트 졌기 때문에 정권을 내놓아야 한다'는 얘기를 강조하게 된다. 물론 엄밀히 얘기하면 공화당은 복수 공천을 하지 않고 신민당은 일부 지역에 복수 공천을 했다는 점에서 꼭 1.1퍼센트포인트 차이는 아니지 않느냐고 볼 수 있는 부분이 있었고, 이걸 여당 쪽에서 주장했다. 그러나 유신 체제, 그것도 긴급 조치 9호 아래에서 1.1퍼센트포인트 차이가 났다는 점에서, 또 야당이 대도시를 휩쓸었다는 점에서 김영삼 발언은 굉장한 호소력을 지닐 수 있었다.

"'공화 위에 재벌 있다'에 속수무책"
경제 실패로 패배 자초한 유신 정권

─── 예상치 못한 결과가 나온 이유는 무엇인가.

이렇게 야당이 여당을 이긴 것에는 이유가 있었다. 한 신문은 12·12선거 투표율이 77.1퍼센트로 1973년 선거 때 투표율(72.9퍼센트)보다 훨씬 높고, 박정희 정권 전 기간 중 투표율이 가장 높았던 총선이었다고 썼다. 그러니까 농촌에서도 농민들이 맘먹고 투표하러 나왔기 때문에 이런 결과가 나오지 않았겠느냐, 그리고 5년 만에 국회의원 선거 투표를 하는 것이었다는 점도 작용해서 투표율이 높은 것 아니었느냐, 이렇게 얘기할 수도 있다. 국회의원을 뽑는 건 '통대'를 선출하는 것하고는 다르지 않나.

그렇지만 이 선거를 잘 들여다보면 유권자의 참여에 의한 비판 의식이 드러난 것으로 보인다. 다시 말해 박정희 유신 독재와 장기 집권에 대한 염증, 경제 실패에 대한 불만 같은 것이 참여에 의한 비판 의식으로 나타났던 것이다. 그 점은 여러 신문에서 '장기 집권 정당으로서 이미지 쇄신에 실패하면서 공화당이 패배했다', 이렇게 해석한 데서도 드러난다.

더 구체적으로 살펴보면, 이런 놀라운 결과가 나온 것은 유신 경제 정책의 실패와 유신 체제의 도덕성 파탄에 귀결된다는 것을 알 수 있다. 동아일보는 야당이 승리한 이유로 10대 총선을 앞두고 부가세, 즉 부가가치세를 강행한 것, 그리고 노풍 피해, 3대 스캔들이라고 불린 스캔들, 재벌 비호 인상을 준 여러 법안 통과를 꼽았다.

—— 3대 스캔들은 무엇인가.

3선 개헌(1969년)을 지지한 세 명의 야당 의원 중 한 명으로 공화당에 들어가 다시 의원이 된 뒤 바로 이 선거가 있기 얼마 전에 여고생들과의 추문 사건의 주역이 된 성낙현 스캔들, 압구정 현대아파트 특혜 분양, 경북도 교육위원회 교사 자격증 부정 발급을 말한다. 세 번째 사안의 경우 경북도에서 그런 일이 일어났다는 점 때문에 사람들의 관심을 모은 것 아니었나 하는 생각이 든다. 첫 번째는 사람들에게 우리 사회가 이렇게까지 윤리적, 성적으로 타락할 수 있는가를 개탄하게 만든 추문이었다. 당시 절대 권력자의 섹스 현상이 룸살롱 번성과 함께 이런 식으로 표출된 것이 아니냐는 비판이 나왔다. 한마디로 윗물이 그러니 아랫물도 그렇다는 비아냥이었다. 두 번째 현대아파트 특혜 분양은 다수의 서민들을 분노하게 했다.

이 중 성낙현 여고생 스캔들을 제외하면, 나머지는 거의 다 박정희 유신 체제의 경제적 무능 또는 경제 정책에서 비롯된 것들이었다. 예컨대 부가가치세의 경우 말이 부가세제이지 실제로는 인정認定 과세를 혹독하게 매겨 특히 중소 상인이나 기업인들에게 세금 공포증을 유발하고 물가 상승을 불러왔다. 그 결과 이 선거뿐만 아니라 1979년 부마항쟁에도 영향을 끼치게 된다.＊ 그에 더해 재벌 위주의 중화학 공업화 추진은 재벌 비대화, 정경유착, 심한 빈부 격

＊ 부가가치세 도입 초기에는 세무서가 사업자별 개별 사후 심리 과표를 제시한 다음 그 이상의 금액을 신고하도록 권장했다. 이로 인해 일선 세무서에서 증액 신고를 강요하거나 접수를 거부하는 등의 문제가 발생했다. 이와 관련, 매일경제(1978년 6월 2일 자)는 "부가가치세 시행 이후 세무 당국에서 일방적으로 결정한 인정 과세가 납세자들로부터 가장 큰 불만의 대상이 되고 있어 부가세 조기 정착의 저해 요인이 되고 있다"고 보도했다. 또한 이해에 조세심판소에 접수된 부가가치세 심판 청구 건수의 약 85퍼센트가 '세무 당국이 결정한 인정 과세가 부당하다'며 신청한 사례라고 전했다.
이에 앞서 1978년 4월 공화당 소속인 국회 재무위원장이 국세청장에게 부가가치세 시행 과정에서 인정 과세를 지양할 것을 촉구하는 등 여권에서도 이 문제를 개선해야 한다는 지적이 나왔다. 결국 이해 9월 1일 국세청은 부가가치세 인정 과세를 폐지하겠다고 밝혔다. 그러나 성난 민심은 쉽사리 가라앉지 않았다.

차를 유발했다.

— 재벌 편향 정책, 그로 인한 빈부 격차 심화는 이 선거 결과에
   어떤 영향을 끼쳤나.

재벌의 비대화와 그 속에서 드러난 심각한 빈부 격차가 선거
에 얼마나 큰 영향을 끼쳤는지는 선거 구호에서도 알 수 있다. 신민
당은 선거 구호를 "진짜 민심 보여주자"와 "공화 위에 재벌 있고 신
민 위에 서민 있다", 이렇게 정했다. 그런데 "공화 위에 재벌 있고",
이게 인기가 그렇게 좋았다. 1956년 정부통령 선거에서 "못살겠다
갈아보자"가 선풍적인 인기를 끈 것처럼 1978년 이때는 "공화 위에
재벌 있고", 이 구호의 인기가 대단했다. 이 구호가 인기를 끌자 권
력이 개입했지만, 신민당에서 계속 이 구호를 사용하기로 한 데서
도 그것을 충분히 짐작할 수 있다.●●

이 점은 청와대에서도 인정했다. 백두진 회고록에는 청와대 비
서실에서 작성한 선거 분석 보고서가 들어 있는데, 그 보고서에서
도 그런 것들을 확인할 수 있다. 그걸 보면 "수도권에서 여야 후보
의 현격한 표차", 여기에도 현격한 표차라고 돼 있는데, "신인 무소
속 진출 등은 부가세, 물가고, 노풍 피해, 각종 스캔들 등이 있었다

●● 공화당은 신민당의 이 구호가 선거법에 저촉되는 것 아니냐고 중앙선관위에 질의했다.
중앙선관위는 "공화 위에 재벌 있고" 부분을 발표, 유포하는 건 선거법에 저촉된다며 이
구호를 선거 공보 등에서 삭제하겠다고 밝혔다. 선거법이 금지한 특정 정당 비방에 해당
한다는 해석이었다. 그러면서 중앙선관위는 "공화"라는 단어를 빼고 "권력 위에 재벌 있
다"라고 하는 건 괜찮다고 밝혔다. 신민당은 "선관위는 마치 공화당의 동생과도 같은 기
관 노릇을 하고 있다"며 강하게 반발했다. 이 구호를 둘러싼 논란은 재벌 편향 경제 정책
에 대한 비판이 박정희 정권과 공화당에 매우 부담스러운 사안이었음을 보여준다.

1978년 6월 모심기를 하는 박정희. 박정희 정권은 충분한 시험 기간도 거치지 않고 성급하게, 그것도 거의 강제적으로 '노풍'을 심도록 권장했다. 그러나 바로 도열병이 돌아서 피해를 본 농민들이 속출했다.

고는 하지만 방대한 조직과", 이건 공화당이 갖고 있던 그야말로 방대한 조직을 가리키는데, "국내외적으로 공인된 유신 치적이 있다", 이렇게 "공인된 유신 치적이 있다"고 자신들의 '장점'을 적어놓기는 했지만, 조직과 '유신 치적'에도 불구하고 "신민당이 내놓은 '공화 위에 재벌 있다', 이런 야당 공세에 속수무책으로 시종 수세에 몰렸음. 도시 서민층 거의 다 여당을 외면한 듯한 결과", 이렇게 보고서에 쓰여 있다. 신민당은 이 선거 이전부터 경제 실정, 특히 재벌 비대화, 부정부패, 1970년대의 유행어처럼 된 부익부 빈익빈 현상을 거론하며 박정희 유신 정권을 계속 공박했다. 그리고 이 선거에서

유신 몰락의 드라마

는 농민들도 야당을 많이 찍었다.

—— 전통적으로 여당의 표밭이던 농촌에서 왜 그런 현상이 생긴
것인가.

노풍 피해는 자연재해 때문 아니냐고 할지도 모르지만, 전에
도 얘기한 것처럼 이것도 박정희의 실책이었다. 이 시기에 박정희
는 식량 증산을 직접 독려했다. 새로운 다수확 볍씨로 신품종 노풍
이 나오자, 박정희 정권은 충분한 시험 기간도 거치지 않고 성급하
게, 전국적으로, 그것도 거의 강제적으로 이걸 심도록 권장했다. 그
런데 1978년에 바로 도열병이 돌아서 피해 농민이 속출했다. 그러
면서 이농 현상이 또 크게 일어났다. 그러자 신민당은 노풍 벼 피해
전액 보상을 촉구했다. 박정희 정권은 다음 해부터는 노풍을 재배
하지 않기로 결정했다. 이처럼 경제 정책 실패, 성급하게 노풍을 심
게 한 것이 농민들의 반발을 불러일으키는 결과를 낳았다.

청와대 비서실의 선거 분석에는 이런 내용도 들어 있다. 공무
원의 무사안일한 풍조, 대민 봉사에서 불친절, 업무 추진에서 소극
적인 자세 등 관료주의라고 볼 수 있는 것과 함께 관료들의 권위주
의적, 위압적 고자세 등도 이 선거에서 불리하게 작용했다고 돼 있
다. 이런 것들은 박정희 유신 독재와 장기 집권의 또 하나의 큰 병
폐였다.

권력 핵심에서 유신 경제팀 경질 요구
쓸쓸한 제2기 체육관 대통령 취임식

유신 몰락의 드라마, 여섯 번째 마당

김 덕 련 1978년 12·12선거 후 박정희 정권은 경제 문제와 관련해 어떤 모습을 보였나. 분노한 민심을 온전히 받아들여 경제 운용의 기조, 큰 틀을 바꿀 만한 정권은 아니었다고 하더라도 어떤 식으로 든 민심을 반영하는 듯한 모양새를 취하지 않을 수 없는 상황 아니 었나.

서 중 석 이 선거 결과가 보여준 대로 박정희는 경제 실정에 책임을 지지 않을 수 없었다. 야당의 공격 때문이 아니라 권력 내부에서 그 것을 요구했기 때문이었다. 중앙정보부와 공화당, 경찰은 정보 보 고에서 공화당이 총선에서 진 건 김정렴 비서실장과 부총리 겸 경 제기획원 장관 남덕우, 재무부 장관 김용환, 농수산부 장관 장덕진 의 경제 정책이 잘못됐기 때문이라고 지적했다. 김정렴, 남덕우, 김 용환은 소위 유신 경제의 3인 체제로 불리던 사람들이다. 박정희는 김정렴을 비서실장에 계속 두려고 했지만, 김정렴 회고에 따르면 경제 시책을 잘못 편 책임을 물어서 이 사람들을 인책해야 한다는 같은 내용의 보고가 3번 올라왔다고 한다.

그러면서 박정희도 더 이상 어떻게 할 수가 없게 됐다. 그러나 경제 쪽만 인책하면 이상하게 보일 수 있으니까 11개 부처 장관을 교체, 개각하는 방식으로 이 문제를 처리했다. 그래서 9년 3개월 만 에 경제통인 김정렴이 비서실장에서 물러나고 9년 2개월 동안 재 무부 장관에 이어서 경제기획원 장관을 맡았던 남덕우도 물러났다.

경제통인 김정렴과 서강학파의 우두머리였던 남덕우가 물러 난 건 박정희 유신 경제 정책이 잘못됐다는 것을 단적으로 보여준 사례였다. 또한 유신 체제 제2기에 들어가면서 고도성장 비판론이 먹혀들어가고 있었다는 것을 보여준다. 성장 제일주의, 고도성장에

1979년 2월 7일 주일 대사에 임명된 김정렴(왼쪽)이 박정희 대통령 앞에서 선서를 하고 있다. 김정렴은 1969년부터 1978년까지 대통령 비서실장으로 있었다. 사진 출처: 국가기록원

대한 비판론이 힘을 얻었다는 정도의 의미를 부여할 수 있다.

민주화 기대 드러낸 12·12선거
고개 내민 선명 야당론

── 이 선거 결과에는 정치권에 변화를 촉구하는 의미도 명확히
담겨 있지 않았나.

유신 경제의 책임을 묻는 것과 함께 12·12선거 결과가 말해주는 아주 중요한 의미는 정치에 대한 참여 의식 또는 현실 정치에 대한 비판 의식과 민주화에 대한 기대, 열망 같은 것이 이 선거에서 나타났다는 점이다.

한 신문은 "국회가 이제 다소나마 정치적 색채를 더 가질 것이다", 이렇게 아주 조심스럽게 표현했다. 이 선거에서 유권자들은 신민당에 건전한 견제 세력의 역할을 기대했다고 쓴 신문도 있다. 심지어 경향신문조차 '야당에 아직도 여당을 견제하라는 기대감이 있다는 것을 이 선거는 보여주고 있다'고 써놓았다. 요즘과 달리 이 당시 경향신문은 서울신문과 함께 어용 신문이었는데도 그랬다. 그러면서 경향신문은 "여야 밀월은 이제 어려울 듯", 그러니까 이철승의 신민당과 유신 체제의 밀월은 이제 어려울 것 같다면서 "정치 활성화 바람이 일는지"라고, 그러니까 그게 일어날지도 모르겠다고 써놓았다. "여야 밀월은 이제 어려울 듯", "정치 활성화 바람"은 대단히 무서운 예언이었고, 그것은 적중했다.

이 선거에 대해 각계 인사들이 평한 것을 보면 한 변호사는 "정치 활성을 바라는 국민의 목마름의 표현"이라고 말했고 한 소설가는 "민주 정치에 대한 국민의 절실한 염원을 읽을 수 있다", 이렇게까지 얘기했다. 외신도 비슷했는데, 예컨대 일본의 요미우리신문은 "현 체제에 대한 불만이 허용된 범위 내에서 분출한 것"이라고 이 선거에 대해 썼다. 문제는 야당이 이 선거를 겪으면서 어떻게 변화할 것인가에 있었다.

── 이 선거 결과에 대해 야당은 어떤 반응을 보였나.

신민당은 이 선거에 대해 "긴급 조치", 이건 긴급 조치 9호를 가리키는데 "관권, 금권 난무 속에 이러한 결과를 주목한다"고 피력하면서 의회 정치 활성화를 위해 노력하고 평화적 정권 교체의 기틀을 마련하겠다고 발표했다. 무엇보다도 야당에서 뭔가를 할 만한 건 김영삼 쪽이었는데, 김영삼이 이 선거를 계기로 당권에 도전할 가능성이 다분히 있다는 평이 나왔다. 김영삼은 "이번 선거는 지나친 금권 선거, 타락 선거이지만 앞으로 할 일은 민주 회복과 평화적 정권 교체를 위한 노력이다"라고 말하면서 민주 회복을 위해 싸우겠다는 의사를 우회적으로 표현했다.

미국·일본·대만 특사도 오지 않은
쓸쓸한 제2기 체육관 대통령 취임식

─ 오늘날 많은 사람은 12·12 하면 전두환 일당의 12·12쿠데타를 우선 떠올릴 것이다. 1978년 12·12총선이 유신 독재 몰락의 문을 연 것과 정반대로, 1979년 12·12쿠데타는 유신의 망령을 변형된 모습으로 다시 한국 사회에 불러들였다. 역사적 의미는 상반되지만 두 개의 12·12 모두 현대사에서 잊을 수 없는 사건이라는 생각이 든다. 다시 돌아오면, 12·12선거 후 박정희는 두 번째로 체육관 대통령에 취임한다. 취임식 분위기는 어떠했나.

국내외에서 박정희 유신 체제에 대한 비판이 한층 강해졌고, 12·12선거에서 민심이 그런 방향으로 드러나고 나서 열린 취임식이었기 때문에도 박정희의 두 번째 체육관 대통령 취임식은 빛바

제9대 대통령 취임식이 있던 1978년 12월 27일 거리 모습(위).
밤에 펼쳐진 불꽃놀이(가운데). 광화문에 내걸린 대형 축하 현수막(아래). 사진 출처: 국가기록원

랜, 스산한 모습을 보여줬다.

12월 27일은 제9대 대통령, 유신 체제로는 제2기 체육관 대통령 취임식이 있는 날이었다. 박정희 정권은 이날을 임시 공휴일로 정하고 야간 통금도 해제했다. 전국적으로 국기 게양을 하도록 했고 고궁, 어린이대공원 같은 것도 무료로 개방했다. 지하철본부에서는 기념 승차권을 발매했고 전매청에서는 기념 담배, 체신부에서는 기념우표, 총무처에서는 기념 메달을 만들어서 돌렸다. 각지에 경축 탑을 세우고 건물마다 경축한다는 대형 현수막도 걸게 했다. 세종문화회관에서는 4일에 걸쳐 경축 공연을 했다. 또 서울에서도, 지방에서도 밤에 불꽃놀이를 하도록 했다.

그렇지만 대통령 취임식에 미국에서도, 일본에서도, 심지어 자유중국(대만)에서도 특사를 파견하지 않았다. 다만 일본에서 기시 노부스케가 한일협력위원회, 한일의원연맹 등에 속한 사람들을 인솔해서 온 것 정도였다. 기시 노부스케를 포함해 12명이었는데, 이 사람들을 외국 축하 사절단이라고 볼 수 있는 것인지 모르겠다. 쓸쓸한 낙조의 모습이었다. 그래서 취임식도 장충체육관에서 40분 만에 딱 끝내버렸다. 40분 만에 모든 걸 끝내버린 이것도 너무 싱겁지 않느냐는 얘기가 나올 만한 분위기였다. 그날 저녁 박정희 신임 체육관 대통령은 자녀들과 함께 세종문화회관에서 열린 축하 공연에 갔는데 거기서 들은 곡 중 하나가 국악 '장춘불로지곡'이었다. 늙지 말고 오래오래 살라는 뜻인데, 그 곡을 들었다.

— '장춘불로지곡'을 들은 지 1년도 안 돼 박정희는 10·26을 맞게 된다. 여러 가지를 생각하게 하는 대목이다. 다시 돌아오면, 박정희 정권에 밉보여 감옥에 간 이들 중 취임식에 맞춰 풀려

김대중의 석방 소식을 전하고 있는 1978년 12월 27일 자 동아일보. 김대중은 "교도소라면 나오지 않았을 것인데 병원이기 때문에 어쩔 수 없이 나왔다"고 밝혔다.

난 사람은 없나.

대통령 취임식 날 김대중이 풀려나는데, 마치 이것이 경축식보다 더 돋보이는 사건인 것처럼 쓴 신문도 있었다. 김대중은 이날 새벽 1시 55분 형 집행 정지로 가석방됐다. 감옥소에 들어간 지 2년 9개월 만인데, 김대중이 1973년 일본에서 납치된 후 박정희 정권이 오래전에 있었던 일을 문제 삼아 선거법 위반이라고 입건한 바 있었다. 그렇게 걸어놓았다는 것이 더 정확한 표현일 것이다. 그러다가 1976년 명동성당 3·1 민주 구국 선언으로 구속돼 서울고등법원에서 징역 5년을 선고받고 대법원에서도 그게 그대로 인정돼 계속 감옥소에 갇혀 있었다. 그 후 미국의 압력 등으로 1977년 12월 서울대병원에 이송됐으나 서울대병원 201호는 특별 감옥이었다. 창문은 모두 폐쇄됐고 24시간 전등이 켜져 있었으며 간수들이 지켜봤다. 새해 들어 두 비서가 세배하게 해달라고 요구하다가 공무 집행 방해죄로 구속됐다. 김대중은 1978년 9월 7일부터 교도소로 다시 보내달라며 단식 투쟁을 벌였다.

김대중은 12월 27일에도 안 나오려고 했다고 한다. 동아일보를 보면 이렇게 쓰여 있다. "교도소라면 나오지 않았을 것인데 병원이기 때문에 어쩔 수 없이 나왔다."* 취임식 전날인 26일 저녁에 '다음 날 새벽 2시에 나가라'고 당국이 이야기하기에 "도둑이 아닌 다음에야 밤에 나갈 이유가 없다"고 하면서 거부했다. 27일 새벽 1시 반쯤 당국은 김대중한테 나가라고 했다. 김대중이 이를 거부하자 당국은 김대중을 강제로 끌어내려 했다. 그런 과정을 거쳐 김대중이 나오게 된 것이다.

─ 이때 김대중을 풀어준 다른 정치적 이유는 없나.

김대중 석방은 박정희가 지미 카터 미국 대통령과 정상 회담을 열기 위해 타협한 결과였다. 사실 박정희 체육관 대통령 취임식 때 풀려난 사람들이 좀 있긴 하지만, 김대중을 빼놓고는 이름이 알려진 재야인사 중에서 석방된 사람은 없었다. 예컨대 이 시기에 김대중과 더불어 대표적인 정치범으로 얘기되던 김지하의 경우 감형은 됐지만 석방되지는 않았다. 정상 회담 성사를 위해 박정희가 김대중을 석방한 것이었는데, 김대중이 다음 해 5월 30일에 치러지는 야당 총재 선거에서 중요한 역할을 할 줄은 이때는 전혀 생각하

● 진주교도소에 수감됐던 김대중은 이때 지병 악화로 서울대병원에서 교도관 감호 아래 치료를 받고 있었다.

유신 몰락의 드라마

지 못하고 있었다. 김대중 석방에 미국은 말할 것도 없고 일본에서도 오히라 마사요시 수상이라든가 언론에서 일제히 환영의 뜻을 표했다.

'선명 야당' 바람 탄 김영삼,
유신 권력의 공작 정치를 꺾다

유신 몰락의 드라마, 일곱 번째 마당

김 덕 련 1978년 12·12선거 결과에는 정치 변화에 대한 시민들의 열망이 담겨 있었다. 그 후 정치권은 어떤 모습을 보였나.

서 중 석 12·12선거 이후 정치권은 조금씩 변화하는 모습을 보였다. 먼저 1978년 '통대'에서 체육관 대통령을 뽑기 전날 발기 대회를 하려고 했던 민주주의국민연합이 1979년 3월 1일 '민주주의와 민족 통일을 위한 국민 연합', 줄여서 민주통일국민연합으로 이름을 바꾸고 새롭게 출범한다. 연대 단체도 가톨릭 정의평화위원회, NCC 인권위원회, 양심범가족협의회, 자유실천문인협의회, 해직교수협의회, 한국교회사회선교협의회 등 16개 단체로 늘어났다. 김대중이 참가해서 윤보선, 함석헌, 김대중이 공동 의장이 됐다. 민주통일국민연합은 유신 체제 철폐 및 1인 영구 집권 종식 투쟁을 전개해나갈 것과 함께 평화적 민족 통일 달성이 지상 목표임을 천명했다.

여기서 민족 통일이라는 말이 강조되는 것을 주목해야 한다. 이 무렵부터 통일을 중시하는 말이 많이 나온다. 학생들의 선언문 같은 데에서나 재야 민주화 운동 단체 같은 데에서 이 말을 많이 쓰게 된다. 그러면서 재야의 가장 중심적인 단체 이름이 이제는 '민주주의와 민족 통일을 위한 국민 연합'이 된 것이다. 1970년대 초 7·4남북공동성명을 전후해 통일 문제가 논의되다가 유신 쿠데타가 난 후 많이 줄어들지 않았나. 장준하가 사적으로 쓴 것을 빼면 그러했는데, 1978~1979년에 가면 통일 문제가 한국에서보다 미국 쪽 등 해외에서 더 제기된다. 그러면서 국내에서도 이렇게 통일 문제가 민주주의와 함께 중요한 투쟁 목표 또는 활동 목표로 제기되는 것을 볼 수 있다.

물론 공동 의장들은 이때도 가택 연금을 당한다. 그래서 윤보선이 집에서 혼자 결성 선언문을 읽었다. 민주통일국민연합은 출범하는 그날부터 연금, 감시, 통제, 조사를 받는 등 심한 탄압에 직면했다. 그러면서 백두진 파동이라고 할까, 백두진 사건이 일어나게된다.

백두진 파동에서 여과 없이 드러난
유신 권력의 오만함과 이철승 신민당의 무기력

— 백두진은 어떤 사람이었나.

1979년 3월 2일 공화당과 유정회에서 국회의장 후보로 백두진을 천거했다는 게 보도됐다. 백두진은 유정회 의장도 지낸 사람이다. 그렇잖아도 유신 체제에서 국회의원의 3분의 1을 대통령이 지명한다는 것에 대한 불만이 정치권이건 일반 국민들 사이에 많았는데, 국민이 선출하지도 않은 유정회 출신을 국회의장으로 한다? 그것도 다른 사람도 아닌 백두진을? 야당의 강력한 반대를 불러올 것이 명백한데도, 박정희의 뜻에 따라 백두진을 국회의장으로 선출하겠다는 결정이 난 것이다.

그러면 왜 백두진을 택했느냐. 백두진은 이승만 정권에서 총리를 지내면서 이 대통령에게 충성을 아끼지 않았는데, 박정희는 백두진이 물불 가리지 않고 유신 체제에 충성을 다할 자라는 걸 잘알고 있었다. 1971년 12월 박정희가 국가 비상사태 선언을 하고 그것의 후속으로 국가 보위에 관한 특별 조치법(국가보위법)을 내놓지않았나. 그 당시 백두진은 국회의장이었는데 박정희에 대한 충성심

1978년 8월 15일 백두진 유정회 의장이 육영수 여사의 묘소를 참배하고 있다. 백두진은 일제 강점기에 조선은행에서 과장 등의 간부로 일했고 이승만 정권에서는 재무부 장관, 국무총리를 역임했다. 박정희 정권 시절에도 유정회 의장, 국무총리, 국회의장 등으로 발탁되었다. 사진 출처: 국가기록원

을 유감없이 발휘했다. 국무총리를 하다가 1971년 7월 국회의장으로 발탁된 백두진은 검은 점퍼 차림을 한 약 500명으로 하여금 국회 제4별관 주위를 에워싸게 했다. 그러한 가운데 1969년 3선 개헌 때와 똑같은 방식으로 제4별관에서 질의와 토론을 생략하고 국가보위법을 단 2분 만에 전격적으로 통과시킨 장본인이었다. 백두진은 일제 강점기에 조선총독부 중앙은행 격인 조선은행에서 과장 등의 간부로 일했고 이승만 정권에서는 재무부 장관, 국무총리를 역

임했다. 그래서 관료 사회에서는 좋은 벼슬을 억세게 많이 했다는 얘기를 듣던 사람이었다.

유신 쿠데타 이후 백두진이 TV에 그렇게 자주 나오더라. 그 시기에 백두진은 관제 의원, 즉 유정회 의원을 대표해 유정회 의장이 됐는데, TV에 자주 나와 박정희와 유신 체제를 거침없이 찬양했다. 그런저런 것들 때문에 유신 쿠데타 이후 내 머릿속에는 백두진 하면 인상이 나쁜 사람, 못된 사람으로 박혀 있다. 백두진은 제2기 유정회 의원으로 다시 낙점됐는데, 이상우가 쓴 글에 의하면 국회의장이 되기 위해 국회의장으로 선출되기 며칠 전부터 아예 부인과 함께 차지철 집에 찾아가서 살다시피 했다고 한다. 반유신 민주화 운동이 격화되고 민심이 박정희를 떠날수록 박정희는 차지철에게 의존했고 파행적인 인사와 정책으로 유신 권력을 지키려 했다.˙

── 김충식 책에 따르면 이 파동이 일어나기 훨씬 전부터 백두진은 국회에서 '경호실장님 전상서'라는 편지를 써서 보내는 차지철의 심복이라는 얘기를 듣고 있었다. 두 사람은 스물여섯 살 차이로 파동 당시 백두진(1908년생)은 71세, 차지철(1934년생)은 45세였다. 그러한 두 사람의 관계를 이렇게 만든 핵심 요인은 차지철이 막강한 실권자였다는 점일 텐데, 그런 면에서도 유신 말기 권력 내부의 기이한 분위기를 보여주는 풍경 중 하나다. 아울러 권력의 양지만 좇은 인사라는 비판을 받던 백두

─────────────────

˙ 유신 쿠데타 이후 9대 국회에서 유정회 의원 백두진은 자신의 부인을 비서관으로 채용해 화제가 되기도 했다. 그 시기에 동생이나 딸 등 가족을 공공연히 비서관으로 두는 경우가 여럿 있었지만, 백두진처럼 부인을 그 자리에 두는 것은 흔치 않은 일이었다.

진을 국회의장으로 낙점한 건 정권의 오만함과 떼어놓고 생각하기 어려운 것 아닌가.

그러한 백두진이 국회의장으로 내정되자 야당이 반발한 건 당연한 일이었다. 야당은 국민을 무시하는 처사라고 주장하고, 국회의장을 선출할 때 본회의장에서 퇴장하기로 방침을 세웠다. 그런데 야당이 얼마나 우스운 야당이었는지를 보여주는 모습이 곧 나타나게 된다. 야당이 퇴장 방침을 정하자 여권에서는 '본회의장 퇴장은 유신 체제에 대한 도전이다', 이렇게 규정하면서 본회의장에 출석해 반대하라고 강요했다. 여당이 반대 방법까지 제시해준 것이다. 신민당 지도부는 이것에 굴복했다. 그래서 '의사 진행 발언 기회를 얻어 백두진 국회의장 선출에 반대하는 이유를 밝히고 투표에는 참여한다. 투표 후 전원 퇴장이 아닌 일부 퇴장은 여권에서도 양해해주겠다', 이런 식의 기이한 절충안이 나왔다.

그렇지만 국회의장 투표가 있었던 3월 17일에 본회의가 열리자, 말도 안 되는 여야 협상에 반발한 신민당 의원들이 거의 다 퇴장해버렸다. 그래서 야당에서는 이철승을 비롯한 최고위원들하고 송원영 원내총무만 참석한 가운데 백두진이 국회의장에 선출됐다.

백두진 국회의장 선출 과정, 이걸 백두진 파동이라고 부르는데 이때 김영삼은 비당권파 의원 16명과 함께 "백두진의 지명은 국민을 능멸하는 처사이며 더욱이 반대 의사의 자유마저 박탈당하는 것은", 앞에서 말한 것처럼 야당이 반대한다는 뜻조차 제대로 펼 수 없었던 것을 가리키는데, "도저히 납득할 수 없다"면서 아예 국회 본회의에 불참해버렸다. 여기서 두 가지 사실을 볼 수 있다.

— 그게 무엇인가.

하나는 60여 명의 신민당 의원 중 김영삼을 따르는 사람이 이 때까지는 16명밖에 안 됐다는 점이다. 그야말로 소수파였다. 다른 하나는, 그렇지만 분위기가 달라지고 있었기 때문에 선명 노선에 기대를 거는 야당 의원이나 당원들이 늘어나고 있었다는 것에서 희망을 찾을 수 있는 면이 백두진 파동에서 나타났다는 점이다.

박정희와 차지철,
신민당 당수 선거에 노골적으로 개입

— 백두진 파동 후, 중도 통합론이라는 이름 아래 사실상 유신 체제에 투항했다는 비판까지 받던 이철승 체제에 도전하는 움직임이 신민당에서 본격적으로 나타나지 않나.

1979년 5월 30일은 신민당 당수 선거가 있는 날이었다. 대개 이철승이 될 것이라고 보기는 했지만, 그러면서도 이 선거가 어떻게 될지 세간의 이목을 끌었다. 김영삼은 이 선거에서 선명 야당의 기치를 명백히 내걸었다. 선거를 1주일 앞둔 5월 23일 김영삼은 기자 회견을 열고 "이번 도전은 당권 도전이 아니라 정권에 대한 도전이다"라고 밝혔다.

그런데 김영삼의 이러한 발언이 나오기 전에 이미 박정희가 김영삼에 대해 이야기한 바가 있었다. "정권에 대한 도전"이라고 김영삼이 강경 발언을 하기 이틀 전인 5월 21일, 박정희는 청와대 출입 기자들에게 다음과 같이 얘기했다. 신민당 당수 선거 출마자 중한 명인 신도환을 자기들 편으로 만드는 공작을 하고 있다는 얘기였는데, 그 이유로 박정희는 "신 씨 지지가 많다고 들었어. 신 씨가 정통 야당의 당수가 되는 것까진 문제가 있겠지만 그가 그 나름의 무언가 있을 것 같아", 이렇게 말했다.

—— 정치적으로 어떤 의미를 담고 있는 발언인가.

신도환이 결선 투표에서 캐스팅보트를 쥘 수 있으면 김영삼 바람을 누르고 이철승 체제를 유지할 수 있다고 보고, 신도환을 자신들이 밀고 있다는 뜻이었다. 박정희가 권력을 잡은 후 야당에 정치 공작을 하는 건 중앙정보부의 '고유한' 업무 아니었나. '고유한' 업무라는 표현이 좀 이상하긴 하지만 그렇게 간주됐는데, 이때는 경호실장 차지철이 그걸 침해하고 전면에 나섰다. 그러면서 신도환 쪽을 포섭하는 작업을 하고 있었던 건데, 그건 박정희의 공작이기도 했다. 그걸 박정희가 기자들한테 얘기한 것이다.

중앙정보부장 김재규도 김영삼한테 협박을 서슴지 않았다. 김재규하고 김영삼은 같은 김녕 김씨였다. 김녕 김씨는 숫자가 얼마 안 된다고 하는데, 그래서 그런지 단결이 잘된다는 말도 있고 그랬다. 어쨌든 김재규 중앙정보부장은 총재 후보에서 사퇴하라고 김영삼을 끈질기게 설득했다. "(총재 선거) 결과가 어떻게 나온다고 해도 선거가 끝나면 100퍼센트 구속합니다", 이런 말까지 하면서 김재규는 김영삼에게 '당신은 절대로 총재가 될 수 없다'고 강조했다.

김재규는 왜 그날
김대중의 외출을 막지 않았을까

—— 신민당 당수 경쟁, 어떻게 전개됐나.

당수 경쟁은 7파전이었는데 여기서 김대중이 중요한 역할을 하기 시작했다. 이 선거에서 김대중은 윤보선과 마찬가지로 김영삼을 지지했다. 김대중은 김재광, 조윤형, 박영록, 이 세 사람을 집으로 불러 전당 대회 전날 총재 후보에서 물러서고 김영삼 지지를 선언하게 하는 데 결정적인 역할을 했다. 세 후보 다 야당에서 이철승, 신도환보다는 선명성을 강조한 사람들이었는데, 김대중의 설득으로 김영삼과 손을 잡게 된 것이다. 이 사람들의 표를 합하면 140표 정도였다고 한다.

그런데 선거 전날 이 세 후보가 사퇴한 것에 더해, 박정희 쪽 기준으로 보면 있을 수 없는 '사건'이 일어났다. 뭐냐 하면 가택 연금 상태였던 김대중이, 이희호의 표현을 빌리면 "어쩐 일인지 그날 연금을 당하지 않아" 김영삼 쪽 단합 대회에 갈 수 있게 된 것이다. 당연히 김영삼이 승리하는 데 중요한 계기로 작용했는데, 이게 어떻게 가능했는지 나로서도 풀리지 않는 수수께끼다.

그때까지 김대중에 대해서는 신문에서도 이름조차 쓰지 못했다. 1978년 12월 김대중이 형 집행 정지로 석방된 후 '형 집행 정지로 출옥한 원외의 모 인사', '당외 인사' 또는 '동교동 모 씨', 이런 식으로 이 사람을 호칭했다. 신문에서 이름 석 자를 쓰지 못했다. 물론 모모 기관들에서 그렇게 하도록 했을 것이다. 그런 상황이었는데, 김대중이 중요한 순간에 그렇게 움직이는 일이 발생한 것이다.

新民 黨權 겨누는 맞수

1979년 5월 29일 자 동아일보. "신민 당권 겨루는 맞수"라는 제목으로 김영삼과 이철승을 비교하고 있다.

중앙정보부에서 이걸 몰랐느냐. 그렇지 않다. '김영삼 쪽에서 아서원이라는 중국집에서 단합 대회를 여는데, 거기에 김대중을 참석시킬 예정이다'라는 정보가 당연하게도 중앙정보부에 들어왔다. 중앙정보부의 각 국장들은 김정섭 차장보를 통해 김재규 부장한테 건의했다. '너무나 당연하지만' 김대중이 가지 못하게 해야 한다는 것이었다. 김영삼 쪽 단합 대회에 김대중이 가세하면 이철승 표가 줄어들 수밖에 없고, 그렇기 때문에 강권을 발동해서라도 김대중의 외출을 막아야 한다는 주장이었다. 그런데 김재규는 이걸 끝내 방치했다.

— 김재규는 왜 김대중의 외출을 막지 않은 것인가.

김재규가 왜 방치했는지에 대해서는 논자에 따라 해석이 엇갈리는데, 이 일 때문에 김재규는 나중에 중앙정보부 사람들한테도 '그 이후의 정치 혼란 상태는 김재규 부장 책임이다', 이런 얘기까지 듣게 된다.

29일 저녁 이철승 쪽은 한일관에서 '이 대표 추대 대연합의 밤' 행사를, 같은 날 같은 시간에 김영삼 쪽은 아서원에서 '민권의 밤' 행사를 열었다. 아서원은 800명이 들어갈 수 있는 규모였는데 1,000여 명의 참석자로 홀 주변 복도까지 입추의 여지 없이 가득 찼다. 김대중과 김영삼은 손을 맞잡고 참석자들 앞에서 손을 높이 흔들었다. 김영삼은 "우리 두 사람의 동지가 7년 만에 함께 연설할 기회를 갖게 된 것은 민주 회복의 진보이며 눈물겨운 일"이라고 말하고는 "이제 이 나라의 민주 회복의 날이 가까이 왔음을 증명하는 것, 내일은 위대한 민권의 승리를 다짐하자"고 열변을 토했다. 김대중도 이 자리에서 1시간이나 열변을 토했다. "김영삼 동지가 이번 경선에서 당선되는 것이 신민당을 살리는 길이고 국민을 살리는 길", "이번에 김 전 총재를 1차 투표에서 압도적으로 당선시키지 못하면 신민당은 민주 회복의 그날 국민의 돌팔매를 계속 맞을 것"이라고 김대중은 역설했다.

선명 야당 내세운 김영삼, 김대중 도움받아 이철승에게 역전승

— 1971년 대선을 앞두고 1970년에 치러진 후보 경선과 마찬가지로 이때도 극적인 승부가 연출되지 않았나.

운명의 날 5월 30일, 오후 3시 45분에 투표 결과가 발표됐다. 이철승 292표, 김영삼 267표, 이기택 92표, 신도환 87표로 어느 누구도 과반수를 얻지 못했다. 1차 투표에서 신도환보다 옛날에 신도환계에 속했던 이기택이 5표나 더 많이 얻었다. 놀라운 일이었다. 박정희 쪽에서는 신도환 표를 100표 정도로 잡고 있었는데 그것보다도 줄어든 수치였다. 거기서도 박정희 쪽이 오산을 했다.

과반수 득표자가 없었기 때문에 2차 투표에 들어갔다. 오후 7시에 개표가 완료됐는데 놀랍게도 김영삼 378표, 이철승 367표로 김영삼이 11표 더 많았다. 재석 대의원(751명)의 과반수가 되려면 적어도 376표를 확보해야 했는데, 김영삼은 그것보다 2표를 더 얻어 총재로 당선됐다. 1971년 대선 후보 경선(1970년 9월)에서 이철승의 지원을 받은 김대중에게 역전패했던 김영삼이 이번에는 김대중의 도움을 받아, 유신 권력이 신뢰하는 이철승에게 역전승을 거둔 것이다.

이렇게 된 큰 요인은 이기택 표가 김영삼 지지로 확 돌아선 것이다. 이기택은 4·19세대에 대한 자부심을 가지고 있었는데, "나도 민주 회복 대열에 서기로 했다"고 하면서 1차 투표 후 김영삼 지지를 선언했다. 또한 이철승이 2차 투표에서 얻은 표는 1차 투표에서 이철승 자신과 신도환이 얻은 표를 합한 것보다 12표나 적었다. 바람 표가 조직 표를 격파했고, 그것에 더해 일부 표가 이동한 것이다. 그렇게 해서, 도무지 될 수 없을 것이라고 봤던 김영삼이 근소한 차이로 과반수를 득표해 총재가 됐다. 그전에는 대표 최고위원이었는데, 단일 지도 체제로 바꿨기 때문에 이제 총재로 부르게 된다.

김영삼의 당선 소식을 알린 1979년 5월 31일 자 경향신문. 김영삼은 김대중의 도움을 받아, 유신 권력이 믿고 있는 이철승에게 역전승을 거두었다.

— 선거 결과가 나온 후 신민당 분위기는 어떠했나.

김영삼 총재 당선이 발표되는 순간 마포의 새 신민당사 안과 밖은 승리의 함성으로 가득 찼다. 만세를 외치며 함성과 박수가 나오는 흥분의 도가니였다고 동아일보에 쓰여 있다. 김영삼은 당선 연설에서 "오늘은 진실로 위대한 민권의 승리의 날"이라고 발언하려 했는데, 발음을 잘못 해서 '위대한'을 '이대한', '민권'을 '민껀'이라고 얘기했다고 한다. 김영삼은 "아무리 험한 길을 가더라도 민주 회복을 위해 몸과 마음을 바쳐 싸울 것을 맹세합니다"라고 굳은 맹세도 했고 "아무리 새벽을 알리는 닭의 모가지를 비틀어도 민주주의의 새벽은 오고 있습니다", 이렇게 연설했다. 그러면서 중요한 말을 또 했다. 뭐라고 했느냐. "나도 사람이기 때문에 지난날 과거에 다 잘했다고는 보지 않으며 용서를 구합니다. 김영삼은 오늘부터 새로운 김영삼으로 출발합니다."

— 과거에 한 일 중 어떤 부분에 대해 용서를 구한 것인가.

이게 뭘 얘기한 것이겠나. 김영삼은 1975년 5월 21일 영수 회담에서 박정희가 눈물을 흘리면서 '민주주의 하겠다. 그러니 조금만 참아라. 그리고 우리 둘만 알고 다른 사람들에게는 이 얘기를 하지 말자', 이렇게 얘기한 것에 홀딱 속아서 그때부터 마치 바보가 된 것처럼 영수 회담에서 무슨 이야기를 했는지 입을 열지 못하고, 그러다가 유신 권력이 비호한 각목 대회를 거쳐 당수직까지 이철승한테 뺏기지 않았나. 바로 그걸 얘기한 것으로 난 보고 있다. 그 잘못을 인정하고, 그러면서 새 출발을 하겠다는 것을 그렇게 얘기한 것이다. 그만큼 김영삼의 결심은 대단했다.

이날 김영삼은 당선 제일성으로 지난번 총선에서 공화당이 득표율에서 신민당에 1.1퍼센트포인트 뒤진 만큼 정권을 내놓아야 한다는 얘기를 꺼내며 박정희를 윽박질렀다. 이날 전당 대회에서 윤보선, 김대중을 상임 고문으로 추대했다. 한 신문은 "(김영삼 당선은) 당외 재야 세력의 지원에 크게 힘입었다"고 썼다. 이건 김대중을 가리킨다. 이 전당 대회가 끝난 후 김영삼이 제일 먼저 찾아간 곳이 동교동 김대중 자택이었다. 라이벌로 계속 싸우던 김대중과 김영삼은 이 전당 대회에서 처음으로 손을 잡았다. 그 후 1979년 10·26 이후에 또 갈라졌다가 '민추협'(민주화추진협의회, 1984년 결성) 때 다시 손잡고 1987년 6월항쟁 이후에는 다시 갈라지지 않나. 이처럼 혼자 힘으로 안 될 것 같으면 손잡고, 혼자 힘으로도 뭔가 될 것 같으면 둘 다 서로 자기가 하려고 하는 모습을 두 정치인은 계속해서 보였다.

김대중은 김영삼이 당선된 날부터 6개월이 넘는 기간 동안 집 밖에 나갈 수 없었다. 박정희가 죽은 이후에도 한동안 못 나갔다. 중앙정보부는 비서들이 동교동에 출입하는 것도 막았다.

차지철의 거듭된 월권에
중앙정보부는 부글부글

— 김영삼 당선 후 유신 권력 내부 분위기는 어떠했나.

5·30 전당 대회에서 공작의 주력을 맡고 있던 사람은 김재규라기보다는 차지철이 아니었느냐고 기자들은 썼다. 박정희 대통령 금고에서 엄청난 돈이 차지철 실장한테 갔을 터인데 돈 가진 사람이 더 힘이 있는 것 아니겠느냐, 이런 뜻이기도 하다. 그런데 일이 이렇게 '잘못'되자 차지철이 모든 책임을 김재규한테 떠넘기는 식으로 돼버렸다. 왜냐하면 형식적으로는 대야 공작이 중앙정보부의 임무로 돼 있었기 때문이다.

김진 기자가 쓴 글에 의하면, 전당 대회가 끝나고 1주일쯤 지나서 김재규는 박정희에게 '책임지고 물러나겠다'면서 사의를 표명했다. 그러자 박정희가 "이봐, 임자 혼자 잘못한 게 아니잖아. 그대로 있어", 이렇게 얘기했다고 한다. 그래서 김재규는 그 자리에 할 수 없이, 김재규 본인이 그렇게 얘기했는데, 있게 된다. 그렇지만 차지철이 이미 백두진 파동 때 나섰던 것에 더해 5·30 전당 대회 때 또 나선 것에 대해 중앙정보부 쪽은 분노했다. 있을 수 없는 월권을 차지철이 계속 저지르고 있다는 생각을 중앙정보부로서는 갖게 된다.

이 5·30 전당 대회 결과가 얼마나 중요한가를 박정희가 그 당시에는 충분히 파악하지 못했을 수 있다. 그렇지만 김영삼은 1975년 5·21 영수 회담 바로 그것 때문에도 박정희와 맞서며 불퇴전의 각오로 강한 투쟁을 벌이게 된다. 박정희의 눈물 연기에 깜빡 속아 그야말로 바보처럼 당했던 김영삼은 배신감, 치욕감에 떨면서 오랫동안 지내지 않았나. 이제 김영삼은 '나를 죽이려고 해도 나는 결코 죽지 않는다'고 울부짖으며 사자처럼 필사적으로, 무섭게 유신 체제를 향해 돌진하게 된다.

유신 권력에 김영삼 당선은 재앙이었다. 그러나 유신 체제 막장의 드라마가 전개된 데에는 박정희 책임이 더 컸다. 독재자는 몰릴 때일수록 냉정해야 하는데, 박정희의 단기短氣는 그럴수록 독한 기운을 내뿜었다.

인권 외교와 충돌한 유신 독재,
'당장 짐 싸라' 펄펄 뛴 카터

유신 몰락의 드라마, 여덟 번째 마당

유신 체제 모순 지적하며
박정희에게 도전한 김영삼

김 덕 련 1979년 5·30 전당 대회에서 신민당 총재가 된 김영삼은 유신 체제를 향해 돌진하게 된다고 이야기했다. 박정희와 김영삼의 대결, 어떻게 전개됐나.

서 중 석 다시 당수가 된 김영삼과 박정희의 첫 번째 대결이라고 할까, 싸움의 제1라운드는 6월 11일 김영삼의 외신 기자 클럽 연설에서 시작됐다. 이 연설은 제목부터 과거에 야당 지도자들이 쓰던 것과 사뭇 달랐다.

뭐냐 하면 〈민중이 역사의 주인이 되는 새 시대를 연다〉, 이것이었다. 1970년대 중반부터 민중 문제가 굉장히 많이 논의되는데, 그러면서 민중이 역사의 주인이 되는 시대가 와야 한다는 주장들이 나오게 된다. 1970년대 중후반에 노동자가 점점 많아지면서 그런 주장들이 나오는 것인데 다른 사람도 아닌 보수적인 야당 총재가, 다른 데도 아니고 외신 기자 클럽에서 하는 연설 제목을 그렇게 강하게 잡은 것이다. 이 제목은 민주, 민족, 민중, 이 세 가지가 우리에게 가장 중요한 지향점이라는 것을 이야기하는 것이기도 했다. 여기서 민족은 통일을 가리킨다.

—— 김영삼은 이 연설에서 어떤 얘기를 했나.

김영삼은 언론 탄압, 인권 탄압 등의 고질적인 정보 정치를 중지할 것을 요구하면서 "민중의 귀와 눈과 입이 한꺼번에 열릴 때

김영삼 신민당 총재의 외신 기자 클럽 연설을 보도한 1979년 6월 11일 자 동아일보. 김영삼은 이날 연설에서 언론 탄압, 인권 탄압 등의 고질적인 정보 정치를 중지할 것을 요구했다.

어떤 사태가 벌어질지 생각해보십시오. 오늘날 이란의 혼란과 보복이 이 땅에(서)도 일어나지 않으리라는 법이 없습니다", 이렇게 얘기했다.[*] 그러면서 이 연설에서, 외신 기자 클럽 연설인 만큼 당연히 해야 할 이야기였던 것인데, "카터 대통령의 방한이 특정 정권을 도와주는 데 그치는 결과를 가져온다면 우리 국민은 크게 실망할 것"이라면서 "카터 대통령이 나와 단독으로 만나 국민이 주장하는 바를 듣는 기회를 갖기를 희망합니다"라고 말했다. 박정희가 싫어할 말만 골라서 한 것이다.

통일 얘기, 남북 관계 얘기도 했는데 이것도 박정희의 약점을 콱 찌르는 얘기였다. "나는 북의 위협을 전적으로 부정하는 것은 아

이란에서는 1979년 2월 반미 이슬람 혁명으로 팔레비 왕조가 무너졌다. 붕괴 전 팔레비 왕조는 '미국 헌병'이라 불릴 정도로 노골적인 친미 노선을 걸었고 많은 석유 이권을 서방에 넘겼다. 그에 더해 사바크SAVAK를 앞세워 불법 체포, 고문, 학살을 자행해 민심을 잃었다. 사바크는 미국 CIA의 도움을 받아 팔레비 왕조에서 창설한 정보 조직으로 국제 사회에서도 악명이 높았다.

닙니다. 가령 그 위협이 크다고 하더라도 그것이 반민주적 현 체제의 존속 근거가 될 수 없다는 점을 분명히 지적하고 있을 따름입니다." 박정희 최대의 아킬레스건이라고 볼 수 있는 지점, 즉 북한의 위협을 핑계 삼아 유신 체제를 수호하고 강화하는 박정희의 행태를 정면으로 공박한 것이다. 그러면서 "야당 세력과 성실한 대화를 할 의지가 없는 정권이 북한과 대화를 통해 통일을 이룩하겠다는 것은 믿기 어려운 일입니다"라고 지적했다.

이 시기에 박정희는 북한의 위협을 쉬지 않고 역설하면서도 다른 한편으로는 '북한과 대화를 통해 통일하겠다'는 모순된 얘기를 했다. 김영삼이 바로 그 부분도 꽉 찔러버린 것이다. 그러고는 그다음에 박정희가 걸고넘어지는 발언을 했다.

— 어떤 발언이었나.

"나는 야당 총재로서 통일을 위해서는 장소와 시기를 가리지 않고 책임 있는 사람과 만날 용의가 있습니다." 앞에서 내가 민중, 통일 같은 게 이 시기에 중요한 화두가 되고 있었다고 지적했는데, 특이한 제목이 붙은 바로 이 연설에서 통일 문제를 제기한 것이다. 박정희만이 누구를 만나도 만난다고 해야 하는 때였는데, 김영삼이 '내가 만나겠다'고 나선 것이다.

상당히 긴 연설이었는데, 연설 후 외신 기자들한테 질문을 받았다. 기자가 "책임 있는 사람에 김일성도 포함되는가"라고 물었다. 김영삼은 대뜸 "그렇다"고 답했다. 오직 박정희만이 말할 수 있었던 성역을 거듭해서 건드린 것이다.

— 유신 정권 쪽에서는 어떤 반응을 보였나.

물론 공화당과 유정회는 가만있지 않았다. 혹세무민의 무책임한 선동을 하고 있다고 김영삼을 공격했다. 그리고 김영삼 발언과 관련해 박정희 정권 쪽이 걸고넘어지기 좋은 빌미를 북쪽에서 줬다. 김영삼 발언이 있은 지 1주일 후인 6월 18일 북한 부주석 김일은 "환영한다"는 담화를 내고 신민당과 조선노동당 대표 간 예비 접촉을 하자고 제의했다. 그러자 대한상이군경회 및 반공청년회원으로 자처하는 120여 명이 21일 마포 신민당사를 1시간 동안 점거하고, 당원들을 폭행하고 당기를 찢었다. 그에 더해 상도동 김영삼 집으로 몰려가 협박하고 난동을 부렸다.

코리아게이트, 인권 문제, 미군 철수 문제
이래저래 불편한 관계였던 박정희와 카터

— 김영삼이 이러한 연설을 한 바로 그달 카터 미국 대통령이 방한하지 않나.

6월 29일 카터가 한국을 방문하기로 돼 있었다. 이 무렵 한미 관계는 매우 좋지 않았다. 코리아게이트가 미국 언론에서 상당히 장기간에 걸쳐 굉장히 중요한 이슈였을 뿐만 아니라, 1977년 1월 대통령에 취임한 카터가 인권 정책과 주한 미군 철수 정책을 내세우면서 박정희 정권을 몹시 난처하게 만들지 않았나. 그만큼 한미 관계는 악화돼 있었다. 김정렴 회고에 따르면 박정희는 1978년경

코리아게이트에 대해서는 총리 등의 보고조차 받으려 하지 않았다. 박정희는 불쾌감을 감추지 않았다.

박정희는 카터가 당선될 때부터 불안하다는 생각을 가졌다고 할까, 불만을 품고 있었다. 카터가 대통령에 취임할 때에 쓴 일기에서도 그러한 모습을 엿볼 수 있다. 박정희 일기(1977년 1월 12일)에는 이렇게 쓰여 있다. "밤늦은 시간에 어제 취임한 미국의 새 대통령의 의기양양하고 즐거워하는 표정을 봤다." 박정희의 불편한 심기가 잘 담겨 있다. "나의 눈에는 포드 전 대통령이 훨씬 행복하게 보인다."

카터는 대통령에 취임하자마자 두말할 것도 없이 박정희 정권의 인권 문제를 비판했다. 박정희는 매우 불쾌하다는 반응을 보였다. 1977년 3월 4일 대통령의 비공개 어록이라고 김충식 책에 쓰여 있는 것을 보면 이렇게 나와 있다. "남의 나라 일에 이래라저래라 할 수 있는 것인가. 인권 문제만 해도 왜 북한에 대해서는, 또 크메르와 월남의 인권은 말하지 않는 건가." 이렇게 두 사람은 그야말로 앙숙이라고 할 만한 사이였다. 그러나 둘 다 대통령이기 때문에 '한미 관계를 이대로 둘 수는 없다'는 생각을 안 할 수 없게 된 것이다.

— 살아온 과정을 봐도 그렇고 갖고 있던 생각이라는 면에서도 영 맞지 않는 박정희와 카터의 정상 회담, 어떻게 성사됐나.

1978년 7월 윌리엄 글라이스틴이 신임 주한 미국 대사로 오게 된다. 글라이스틴이 쓴 책에는 자신이 대사로 올 때쯤인 "1978년 중반에 이르러 한국과의 마찰은 거의 해소돼 있었다. 코리아게이트 조사도 거의 종결 단계에 이르러 11월의 의회 중간 선거가 끝나면 신문 지면에서도", 다시 말해 그렇게 한국을 비판했던 신문들의 지면에서도 "사라질 것으로 기대됐다"고 돼 있다. 그러면서 1년 전만 해도 꿈도 못 꿨던 생각을 하게 됐다는 것이다. 뭐냐 하면 1979년에 정상 회담을 해서 불편했던 관계를 일소하고 새로운 한미 관계를 열자는 것이었다.

글라이스틴은 서울에 부임하면서 이런 의견을 사이러스 밴스 국무부 장관한테 얘기했다고 한다. 한국 쪽에 의사를 타진하자, 박정희도 이 정상 회담에 대해 대단히 적극적으로 나왔다고 한다. 정상 회담이 자신한테도 유리하게 작용할 것으로 봤기 때문이다. 미국 쪽에서는 1978년 10월 박정희에게 미국 측 의사를 전달했고, 박정희는 긍정적인 반응을 보였다. 그러면서 1979년 4월 10일 '카터 대통령이 일본을 6월 말에 방문한 후 서울을 방문한다는 데 동의하라'는 훈령이 주한 미국 대사관에 오게 된다.

정상 회담을 앞두고 미국 측은 오랫동안 요구해온 긴급 조치 9호 해제, 구금자 석방 외에도 김지하 같은 정치범 석방을 요구했다. 어느 하나도 들어주지는 않았다. 지난번에 이야기한 것처럼 박정희 정권은 김대중의 경우 1978년 12월 형 집행 정지로 석방해줬지만, 김지하는 풀어주지 않았다. 어쨌건 미국은 그런 걸 요구했고 그런 속에서 정상 회담을 열게 된다.

박정희 얘기에 속 뒤집힌 카터, '당장 짐 보따리 싸라' 노발대발

— 카터는 한국에서 어떤 모습을 보였나.

1979년 6월 30일 미국 대통령 카터가 주한 미군 2사단 대원들과 조깅을 하고 있다. 카터는 김포공항에서 열린 환영 행사가 끝나자마자 헬기로 동두천에 있는 주한 미군 2사단 캠프 케이시로 날아가 첫날을 거기서 보냈다. 사진 출처: 국가기록원

1979년 6월 29일 카터는 도쿄에서 열린 서방 7개국 정상 회담에 참석하고 미국으로 돌아가는 길에 한국에 들르게 된다. 그런데 한국에 들어올 때부터 카터는 대단히 특이했다. 그 이전에 미국 대통령들이 들어온 것과는 다른 방식이었다.

김포공항에 도착한 카터는 굳은 표정으로 특별기 트랩을 내려왔다. 많은 사람이 카터 하면 함박웃음을 떠올리는데, 그날 카터는 함박웃음은 고사하고 미소도 짓지 않았다. 공식 방문인데도 도착 성명조차 내지 않았다. 마중 나간 박 대통령하고는 악수 하나로 끝마쳐버렸다. 그리고 김포공항에서 열린 환영 행사가 끝나자마자 카터는 헬기로 동두천에 위치한 주한 미군 2사단 캠프 케이시로 날아

1979년 6월 30일 박정희와 카터가 청와대에서 악수를 하고 있다. 배석했던 홀부르크 국무부 차관보는 "당시 양국 정상 사이의 대면은 동맹국 정상 간의 회담이라고 도저히 상상할 수 없을 정도로 끔찍했다"고 회고했다. 사진 출처: 국가기록원

가 첫날을 거기서 보냈다. 다음 날에는 한국군 기지 시찰 일정이 잡혀 있었는데, 카터는 날씨가 나쁘다면서 예고도 없이 시찰을 취소해버렸다. 그날 아침 미군 병사들과 함께 조깅까지 하고 병사들에게 일장 연설을 했는데도 그렇게 한 것이다.

이런 분위기에서 6월 30일 박정희-카터 회담이 열리게 된다. 이 회담에 대해 써놓은 책이 여러 권 있는데 여기서는 김충식과 오버도퍼의 책을 중심으로 살펴보려 한다. 내용은 오버도퍼, 김충식, 글라이스틴이 쓴 책이나 다른 사람들의 책이나 다 비슷비슷하다.

유신 몰락의 드라마

1979년 6월 30일 박정희와 카터가 카퍼레이드를 하고 있다. 사진 출처: 국가기록원

—— 정상 회담 분위기는 어떠했나.

두 사람 간 1차 회담이 열리고 나서 휴식 시간을 마련했는
데, 글라이스틴 대사가 최광수 청와대 의전수석한테 연락을 해왔
다. '큰일 났다. 카터 대통령이 크게 화를 내면서 오늘 당장 미국으
로 가겠다고 한다'는 내용이었다. 왜 그런 거냐고 최광수가 물었더
니만 주한 미군 문제, 인권 문제에 관한 박정희 얘기에 속이 뒤집힌
카터가 짐 보따리를 싸라면서 펄펄 뛰고 있다는 답이 돌아왔다.

박정희는 회담 전 미국 측으로부터 철군 문제는 매우 미묘하기 때문에 자칫 말을 꺼내 간신히 구슬려놓은 카터를 자극하지 말도록 부탁을 받았다. 그러나 박정희는 전혀 개의치 않고 철군 문제를 장황하게 얘기했다. 최광수가 이날 회담에서 쭉 통역을 한 모양인데, 최광수 얘기를 들어보자. "박 대통령은 정상 회담에서 먼저 발언하게 돼 있었다. …… 박 대통령은 '군이 가겠다면 빼내가라'", 이건 주한 미군을 가리키는 건데, "'그러나 미군의 무기와 장비는 남기고 가면 좋겠다. 그냥 주면 좋지만 돈을 달라고 하면 주겠다'", 이런 식으로 30여 분간 강하게 얘기했다고 한다. 최광수가 톤을 낮춰 통역해보려고 노력했지만, 부드럽게 전하는 데는 한계가 있었다고 한다. 인권 문제에 대해서도 박정희는 '인권 문제는 내가 먹여 살리는 내 국민인데 내가 더 잘 안다. 간섭하지 말라', 이런 식으로 얘기했다고 한다.

카터의 턱 근육이 씰룩거렸다. 박정희는 손가락으로 탁자를 치며 탁탁 소리를 냈다. 두 사람 다 스트레스를 받으면서 나오는 모습이었다. 박정희가 쉬지 않고 길게 얘기할 때 카터는 밴스 국무부 장관과 브라운 국방부 장관에게 메모를 전달했다. "박정희가 계속 이런 식으로 나온다면 미군을 전원 철수시키고 말겠소." 카터는 그 자리에서 반론을 제기하는 대신 휴식을 가지며 옆방으로 옮겼다. 배석했던 홀부르크 국무부 차관보는 "당시 양국 정상 사이의 대면은 동맹국 정상 간의 회담이라고 도저히 상상할 수 없을 정도로 끔찍했다"고 회고했다.

— 아무리 화가 났다고 하더라도 바로 돌아간다는 건 생각하기 어려운 일이고, 실제로 일정을 앞당겨 돌아가지도 않았다. 정상 회담 결과는 어떠했나.

그다음에는 조금씩 누그러지기 시작했다. 어쨌건 대통령이라는 건 성질만 내면 안 되는 자리이고, 두 정상 모두 서로 해야 하는 이야기가 있는 것 아닌가. 설전은 하면서도 이제는 상당히 신사적으로 얘기하게 된다.

카터는 인권이 미국의 대한 정책에서 가장 심각한 문제라고 하면서 긴급 조치 9호를 해제하라고 얘기했다. 그러자 박정희는 '긴급 조치 9호를 해제하는 건 어렵겠지만 지금 한 말씀에는 유의하겠다', 이렇게 답변했다. 카터는 경제적으로 훨씬 부강한 한국이 왜 군사적으로는 북한을 따라잡지 못하느냐고 묻기도 했다. 박정희와 회담을 끝내고 돌아갈 때 차 안에서 카터는 분노한 육성으로 주한 미군 철수를 강행하겠다고 말했다. 그렇지만 카터는 결국 첫째 남한 군사력을 증강시켜야 하고, 획기적인 인권 개선 조치를 마련해야 한다는 조건으로 철수 계획을 재고하겠다고 나왔다.

그렇게 분위기가 좀 누그러지면서 밴스 국무부 장관하고 글라이스틴 대사가 박정희를 방문하니까 박정희는 '방위비 지출을 GDP의 6퍼센트 이상으로 올리겠다. 그리고 인권에 대한 카터 대통령의 생각을 이해한다. 가능한 한 조속히 민주화 조치를 취하겠다'고 말했다. 카터 대통령도 만족을 표하고, 한국 측의 주한 미군 2사단과 연합사령부 계속 주둔 요구를 염두에 두면서 '그 부분에 대해서는 만족할 만한 결실을 얻을 수 있을 것'이라고 얘기했다. 그것에 대한 확답은 7월 20일 즈비그뉴 브레진스키 백악관 안보 담당 보좌관의 입을 통해 나왔다. 주한 미군 전투 부대의 추가 철수를 1981년까지 연기한다는 것이었다.

이렇게 서로 신경전을 벌인 것에서 가장 큰 건 인권 문제였는데, 카터는 한국의 인권 문제를 결코 잊지 않았다. 사실 유신 반대 세력은 카터 방한을 반대했다.

— 반대한 이유는 무엇인가.

　　이미 5월 1일에 윤보선, 함석헌, 김대중이 공동 의장으로 있는 민주통일국민연합이 "과거에 미국 대통령의 내한이 독재 정치의 전면적인 지원이라는 결과만을 초래했다"고 지적하면서 카터 대통령의 방한을 반대한다는 뜻을 분명히 밝혔다. 6월 11일에는 구속자 가족들과 청년들이 '미국 대통령이 독재자와 대화를 나눠서는 안 된다'는 내용의 플래카드를 들고 광화문에 있는 주한 미국 대사관 앞뜰에서 카터 방한 반대 시위를 했다. 6월 23일 정오에는 윤보선을 비롯해 목사, 해직 교수, 문인, 정치인 등 12명이, 25일에는 고려대생 1,000여 명이 카터 방한을 반대하는 시위를 벌였다.

　　박정희 정권은 6월 13일, 카터 방한 선발대가 서울에 온 그날부터 민주화 운동 및 인권 운동 세력, 그러니까 정치인이건 목사건 신부건 전직 교수건 여러 활동가들이건 그런 사람들에게 그림자처럼 붙어 다니거나 연금 조치를 취했다. 기독교회관에서 매주 열린 금요 기도회, 이때는 6월 15일에 열렸는데 여기에도 참석하지 못하도록 막아버렸다. 6월 18일에 열릴 예정이던 민권 운동 관련 강연 같은 것도 금지했다. 카터 방한이 끝날 때까지 미행, 감시, 연금을 통해 재야인사, 활동가 등의 발을 꼼짝 못하게 묶었다. 그런 속에서 카터는 박정희와 싸우면서 박정희가 싫어하는 사람을 계속 만나게 된다.

한국 인권 문제에 관심 보인 카터
김영삼·김수환 만나고 김대중 못 만나

— 누구누구를 만났나.

6월 11일 외신 기자 클럽 연설에서 김영삼이 '카터와 단독 대좌하게 해달라'고 요구하지 않았나. 카터가 국회를 방문하는 형식으로 만나는 것에 박정희 쪽에서 동의해줬다. 그래서 카터는 여야 의원을 만나는 형식으로 국회에 가서 실질적으로는 김영삼을 만나게 된다.

김영삼은 "귀하가 유엔 연설에서 '인권 간섭은 내정 간섭이 아니다'라고 말했는데 나도 동감이며 충분한 영향력을", 이건 한국 정부에 대한 영향력을 말하는데, "행사해야 한다"고 역설했다. 23분간이나 얘기할 정도로 두 사람의 만남이 길어져서 글라이스틴 대사가 그걸 끊으려고 했다고 한다. 김영삼이 짧은 시간에 하고 싶은 말을 많이 했다고 볼 수 있다.

카터는 재야 종교계 지도자도 만났는데, 이것은 각계 종교의 대표적인 지도자 12명을 접견하는 방식으로 이뤄졌다. 강원용, 한경직, 김수환 등 여러 사람을 만났다. 나중에 김수환 추기경과 단독으로 얘기하고 싶다고 나오는데, 이건 주한 미국 대사관에서 하는 것으로 박정희와 타협한다. 그래서 자리를 옮겨 김 추기경하고만 10분간 또 요담을 했다. 다만 카터는 한 가지는 못했다.

— 무엇을 하지 못했나.

카터는 김대중을 만나고 싶어 했다. 밴스 국무부 장관한테 성난 어조로 "박 대통령과의 일정을 취소하는 한이 있어도 김대중을 만나겠다"고 말할 정도였다. 그렇게까지 나왔는데 끝내 김대중을 만나지는 못하고 미국으로 돌아가게 된다.

어쨌건 카터는 나름대로 한국의 인권 문제에 대해 강한 관심을 보여줬다.* 그렇기 때문에, 카터 방한이 유신 정권과 반유신 세력 중 어느 쪽에 유리했느냐 하는 것은 그리 간단하게 평가할 수가 없게 돼버렸다. 그런 속에서 유명한 YH사건이 일어나게 된다.

---

* 이로부터 15년 후 카터는 한반도 평화에 상당한 기여를 하게 된다. 1차 북핵 위기로 전쟁 분위기가 고조됐던 1994년 6월 카터는 북한을 방문, 김일성을 만나 핵 위기를 중재했다. 카터의 방북은 전쟁 직전까지 치달았던 북핵 위기를 누그러뜨리는 데 많은 도움이 됐다. 한편 카터는 대통령에서 물러난 후 저소득층을 위한 해비타트 운동에 참여하며 '퇴임 카터가 재임 카터보다 낫다'는 얘기를 듣기도 한다.

"거리로 내쫓으면 어디로 가란 말이냐"
유신 경제 허구성 드러낸 YH사건

유신 몰락의 드라마, 아홉 번째 마당

유신 체제의 총체적 허구성이
고스란히 담긴 YH사건

김 덕 련 1979년 YH사건은 유신 체제의 몰락을 얘기할 때 빠지지 않고 거론된다. 그 이유는 무엇인가.

서 중 석 요즘 사람들, 특히 젊은이들은 대부분 YH사건이 왜 그토록 중요한 사건, 큰 사건이라고 내가 얘기하는지 이해가 안 갈 것이다. 그러나 그 당시 사람들은 김영삼이건 박정희건 기자들이건 학생들이건 '이건 굉장한 사건이다. 정말 큰 사건이다'라는 걸 잘 알고 있었다. 김영삼과 박정희의 극한 대립이 얼마간 완화되는 것 아니냐 하는 순간에 터진 대형 사건, 김영삼과 박정희의 관계를 더 이상 타협적으로 만들 수 없게 한 결정적 사건이 바로 YH 여성 노동자 신민당사 농성 사건이다. 이 점에서도 이 사건은 중요하다.

YH사건과 부마항쟁은 박정희 유신 체제를 파국으로 몰고 간 양대 사건이다. 둘 다 박정희 유신 경제 정책으로 말미암은 사건이라는 것이 공통점이다. 유신 체제가 결국 유신 경제로 인해 파국을 맞게 됐다는 걸 이 두 사건은 얘기해준다.

— YH사건의 역사적 의미는 무엇인가.

YH사건은 단순한 노동자 관련 사건이 아니었다. 특정한 업체에서 일한 여성 노동자의 투쟁만 가리키는 게 아니라 유신 체제의 성격이 고스란히 담겨 있는 중대한 사건이었다. 사회의 여러 층에 엄청난 충격을 줬다.

특히 학생들한테 준 영향이 대단했다. 1979년 10월 15~16일 부산대에서 나온 학생들의 선언문이 말해주듯이 이 사건은 학생들이 부마항쟁을 일으키는 하나의 중요한 계기였다. 그리고 학생들이 나중에 노학 연대를 하고 1980년대에 노동자와 함께 노동 운동을 거세게 펼쳐나가는 데에도 전태일 분신 사건과 함께 이 사건은 큰 추동력이 됐다.

1960~1970년대 경제 발전 또는 경제 성장의 주역이 어떻게 박정희 유신 체제에서 극한 상황에 내몰려 사회의 변방으로 소외되고 그들의 노동 운동과 생존권 운동이 박정희 유신 권력의 폭압에 짓밟혔는지를 극명히 보여준 것이 이 사건이기도 하다. 한마디로 유신 체제의 모순, 유신 체제의 총체적 허구성이 이 사건에 고스란히 담겨 있다. 그러한 점에서 박정희 근대화 노선의 파탄, 박정희 경제 정책의 파탄을 극명하게 보여준 사건이기도 하다.

큰돈 빼돌린 YH 사업주,
길바닥에 나앉게 된 노동자들

— YH사건을 찬찬히 짚어봤으면 한다.

먼저 이 사건에 대해 그 당시 신문에서도 그렇고 지금까지도 많은 사람이 YH 여공 사건이라고 부르는데, 이 당시 또는 1980년대까지도 일반적으로 사용된 여공이라는 말이 과연 적합한 말인가를 생각해볼 필요가 있다.

일제 때 나온 《여공애사女工哀史》(호소이 와키조 지음)라는 책이 있다. 일본 여성 노동자들이 공장에서 가혹하게 당하던 실상을 잘 담아 일본인들과 한국인들에게 영향을 준 책이다. 그《여공애사》의 여공이라는 말이 50년 넘게 변함없이 사용된 것인데, 사실 이 말은 여성 노동자를 좀 깔본다고 할까 낮춰 보는 말이다. 그렇기 때문에 YH 여공 사건이라는 그 당시 표현을 그대로 쓰는 것은 적절치 않다. 그렇다고 YH 여성 노동자 신민당사 농성 사건이라고 매번 쓰면 너무 길어지는 느낌도 들고 해서, 여기서 나는 대개 YH사건이라고 표현하고자 한다. 어쨌건 YH 여공 사건이라는 말이 정확한 표현은 아니라는 점은 짚고 넘어갈 필요가 있다.

YH 여성 노동자들의 신민당사 농성 사건을 얘기하기 전에 YH 무역에 대해 간단히 얘기하고 넘어가자. 한국에서 1960년대에서 1970년대까지 가발 기업이라는 건 수출 산업의 총아였다. 그렇게 된 데에는 1964년 중국이 핵 실험을 한 것이 하나의 계기가 됐다.

— 이 대목에서 중국 핵 실험 얘기가 나오는 건 의외라고 느낄 독자가 적지 않을 것 같다.

한국 가발이랑 중국 핵 실험이 도대체 무슨 상관이냐고 의문을 품는 사람들도 있을 것 같은데, 이렇게 된 데에는 당시 국제 관계가 작용했다. 중국이 핵 실험을 하면서 강대국으로 부상하자 미국은 중국 포위 정책 또는 봉쇄 정책을 훨씬 강화했다. 그러면서 중국 원산지로 돼 있는 것에 대해 제재를 가하게 된다. 그래서 중국제 원료를 사용해 미국 시장의 90퍼센트를 장악하고 있던 이탈리아 가발 산업이 몰락한다.

여기에 재빠르게 대응한 인물이 당시 뉴욕의 한국 무역관 부

관장이던 장용호다. 이 사람은 1966년 왕십리에 노동자 10명이 일하는 작은 가발 공장을 차렸다. 장용호의 용Yong 자와 호Ho 자에서 한 글자씩 따서 YH무역이라고 이름을 붙였다.

— YH무역 규모, 어느 정도였나.

가발은 그야말로 잘 팔렸다. 1970년에는 노동자 숫자가 4,000명을 넘어섰다. 노동자 10명으로 시작한 지 불과 4년 만에 그렇게 된 것이다. 국내 최대 가발 업체가 됐고, 전체 기업들의 수출 순위에서 15위를 기록했다. 그래서 1970년 수출의 날에 장용호는 철탑산업훈장도 받았다. 이때 같이 훈장을 받은 사람이 대우 김우중이다. 이 시기에 장용호와 YH무역이 어느 정도로 잘나갔는가를 단적으로 말해주는 사례다.

그런데 그렇게 되니까 여기저기서 가발 공장을 많이 세웠다. 서로 과당 경쟁을 하면서 가격이 엄청나게 떨어졌고, 그러면서 사양 산업이 돼버렸다. 그뿐 아니라 장용호가 미국에 건너가 차린 백화점에 300만 달러(당시 15억 원) 상당의 상품을 외상으로 보냈는데, 그 돈도 오지 않았다. 거기다가 YH무역 사장은 회삿돈을 유용했다. 은행 빚이 눈덩이처럼 쌓였다.

여기서 당시 적지 않은 기업들이 YH무역 경영자와 비슷한 짓을 했다는 점을 특별히 눈여겨봐야 한다. 미국에 돈 빼돌린 것도 그렇고 회삿돈을 자신의 쌈짓돈처럼 빼 쓴 것도 그렇다. 그러니 많은 기업에서 노동자들만 죽어났다.

— 노조는 언제 결성돼 어떤 활동을 했나.

1979년 8월 YH무역이 '퇴직금, 해고 수당은 8월 10일까지 지급되며 미수령할 시에는 법원에 공탁한다'고 하자 경찰들이 지켜보고 있는 가운데 노동자들이 퇴직금을 받아가고 있다.

　　그런 상태에서 1975년 YH무역에 노조가 설립됐다. 그때는 노동자 숫자가 2,000명이 채 안 됐다고 하는데, 그중 900명 정도가 노조에 들어왔다. 노조의 첫 활동은 성과를 거뒀다. 상여금 문제였다. 회사는 그때까지 관리직 사원들한테는 상여금을 100퍼센트 지급했지만 생산직한테는 한 푼도 주지 않았다. 노조가 그것에 맞서 싸워서 회사 창립 이래 처음으로 50퍼센트 상여금을 쟁취했다.

　　YH무역은 노동자 숫자를 계속 팍팍 줄여버렸다. 1978년에는 550명으로 줄었다. 이렇게 했는데도 YH무역은 1977년에 여전히 100대 기업에 들어갔다. 어떻게 해서 이게 가능했느냐. 본공장의 경우 휴업 같은 걸 통해 노동자들을 대거 나가게 하는 등의 방식으로 인원을 계속 줄이면서 하청 공장으로 작업 물량을 빼돌린 것이다. 기업들이 항상 하던 수법, '갑질'을 여기서도 한 것이다. 그런 가운데 빚은 계속 불어났다. 다른 기업들과 똑같이 YH무역도 이런저런 사업으로 무리하게 막 확장했는데, 그게 실패했기 때문이다. 그렇게 되니까 회사는 결국 1979년 3월 30일에 '4월 30일 자로 폐업하겠다'는 공고문을 붙였다.

─── 하루아침에 길바닥에 나앉게 된 노동자들로서는 가만있을 수 없는 것 아닌가.

노조에서는 회사를 살리기 위해 여러모로 노력하는 동시에 폐업에 맞서 강경 투쟁을 벌였다. 농성도 하고 그랬는데, 그러다가 여성 노동자들은 두들겨 맞기도 하고 머리채도 잡히는 등 고초를 겪으며 어려운 투쟁을 이어갔다. 이렇게 싸우자 정부와 회사가 일단 한 걸음 물러서는 듯했다. '4월 30일 자 폐업' 방침을 조금 변경하는 식으로 나왔다.

그렇지만 결국 노동자들을 속인 노동청과 경찰서, 무책임한 회사 때문에 여성 노동자들은 거리로 쫓겨날 상황에 놓이고 말았다. 노동자들은 7월 30일 또다시 농성에 들어갔다. 그러자 8월 6일 회사는 폐업을 하겠다고 다시 공고했다. 8월 7일에는 '기숙사 식당을 8일까지만 운영한다. 퇴직금, 해고 수당은 8월 10일까지 지급되며 미수령할 시에는 법원에 공탁한다'고 공고했다. 8월 8일부터는 전기도 끊고 물도 끊고 식사 제공도 중지하겠다고 통보했다. 그에 더해 8월 9일에는 기숙사를 폐쇄하겠다며 노동자들을 윽박질렀다.

박정희 경제 파탄의 민낯
"배고파 못살겠다" 절규한 여성 노동자들

—— 신민당사에는 어떻게 해서 가게 된 것인가.

여성 노동자들은 이런 상황에서 어떻게 할 것인가를 여러 가지로 논의했다. 농성장을 옮겨 계속 싸우기로 했는데 어디로 갈 것인가, 그게 문제였다. 주한 미국 대사관이나 공화당사도 생각해봤지만, 거기는 들어가기가 힘들었다. '그러면 신민당에 가보자. 기댈 곳이 거기밖에 없지 않느냐', 이렇게 결정한 것이다. 외부 인사들의 조언도 들었다.

그래서 8월 9일 노동자들이 면목동에 있던 YH 공장에서 마포에 있던 신민당사로 몰래 옮겨 갔다. 여성 노동자들은 그날 오전 9시 30분에 신민당사에 들어가기 시작했다. 신민당사에 간 여성 노동자 숫자가 자료에 따라 170여 명, 180여 명, 200여 명 등으로 조금씩 다르게 나오는데, 처음에 들어간 숫자는 170여 명 같다. 일부 노동자만 온 것이다. 신민당사 강당이 좁기도 했지만, 신민당사에 들어가면 감옥에 갈지도 모른다고 해서 주로 언니들이 왔다고 한다. 노동자들은 신민당사 4층 강당으로 올라갔다.

YH 여성 노동자들이 신민당사로 옮겨 가고 있을 때 문동환, 고은, 이문영 같은 분들이 상도동에 있는 김영삼 신민당 총재 집에 찾아갔다. 동시에 일어난 일이다. 이 사람들이 찾아와서 YH 여성 노동자들을 도와달라고 하자 김영삼은 시원스럽게 답했다. "당사나 우리 집은 누구에게나 개방돼 있으므로 찾아오면 이야기를 듣고 선처하겠습니다." 그런데 이때 김영삼은 신민당사가 농성 장소가 될

신민당사에서 농성 중인 YH 노동자들. 노동자들은
'그러면 신민당에 가보자. 기댈 곳이 거기밖에 없지
않느냐' 하는 생각으로 신민당으로 갔다고 한다.

아홉 번째 마당   **139**

지는 몰랐다고 한다. 그냥 호소하러 오는 것이라고 생각하고 시원하게 말을 한 건데 알고 보니 당사에 농성하러 온 것이었다, 이 얘기다. 신민당은 YH 여성 노동자들을 강당에서 자게 하고 모포 같은 것도 사주고 설렁탕, 비빔밥도 시켜서 끼니를 해결해줬다고 한다. 당시 YH 노동자들의 절박한 심정은 신민당사 농성 다음 날에 나온 호소문에 잘 드러나 있다.

— 호소문엔 어떤 내용이 담겼나.

"거리에 내쫓긴 저희들은 어디로 가란 말입니까! 배고픔과 무서움에서 벗어날 수 있는 길은 정녕 없다는 말입니까? …… 배우지 못했다고 사회에서 천대를 받고 멸시를 당하면서도 못 배운 저희들만 원망하며 저희 동생들이 나 같이는 되지 않게 하기 위해서 조금의 월급이나마 용돈을 줄여가며 저축하면서 동생들의 학비를 보태주고 또 부모님들의 생계와 약값에도 보탠다는 뿌듯한 기쁨으로 신념과 긍지를 가지고 일해왔습니다. …… 저희들은 부당한 것을 원하고 요구하지는 않습니다. 다만 우리가 일할 수 있는 일자리만 주시어 생계를 이어갈 수 있게만 해달라는 것입니다. …… 해결이 아니면 우리는 여기서 죽어나갈 수밖에 없습니다. 저희들의 이 호소가 꼭 이루어지기를 간절히 바랍니다."

8월 9일 신민당사에 들어가기 전에 국민과 사회 각계를 대상으로 한 '호소문'은 왜 자신들이 길가에 나앉게 됐는가에 대해서 자초지종을 자세히 썼기 때문에 이 호소문보다 훨씬 길다. 그런데 이 호소문의 부제는 '정부와 은행은 근대화의 역군을 윤락가로 내몰지 말라'이다. 회사가 폐업해 길가에 나앉게 되면 영화 〈영자의 전성시

　　　　　　　　　　　　유신 몰락의 드라마

대)의 영자와 똑같이 빚 때문에, 또 먹고살기 위해, 동생 학비와 부모 약값 때문에 술집이나 사창가로 팔려가게 될지도 모른다는 가슴을 에는 호소문이었다.

— 농성장이 된 신민당사 분위기는 어떠했나.

YH사건에 대해서는 당시 동아일보가 보도를 잘했다. 사실 민주 노조의 활동에 대해 언론들은 이 사건 이전에도 그랬고 이 사건 이후에도 그러는데 당국과 마치 짠 것처럼, 정권이 하라는 대로 왜곡해서 아주 나쁘게만 기사를 썼고, 대부분은 눈 딱 감고 아예 안썼다. 그 점은 동아일보도 마찬가지였다.

그런데 동아일보가 놀랍게도 1979년 8월 11일 자하고 13일 자는 잘 썼다. 기사도 그렇고, 강제 진압이 있었던 8월 11일 자에 실린 두 장의 사진도 몹시 인상적이었다. 11일 자 1면하고 7면 사회면에 실린 그 두 장, 그중에서도 특히 끌려가면서 닭장차에서 울부짖는 여성 노동자들의 모습을 담은 7면 사진 그건 영원히 잊을 수 없다고 나는 생각한다. 정말 많은 사람한테 대단한 울림, 깊은 인상을 준 사진이었다. 그 점에서 동아일보가 우리 언론사에서 잊을 수 없는 보도를 이 이틀 치에서 했다고 본다.

YH 여성 노동자들의 신민당사 농성에서 강제 해산까지 상황을 당시 동아일보 기사를 중심으로 살펴보자. 9일 오전 신민당사 4층에 올라간 여성 노동자들은 "배고파 못살겠다 먹을 것을 달라", "우리를 나가라면 어디로 가란 말이냐", 이런 플래카드를 내걸고 노래를 부르고 눈물을 흘리면서 폐업 조치 철회를 요구했다. 10일 밤 10시 40분경 노동자들은 농성장에서 긴급 총회를 열고 "경찰이 강

警察 농성女工 강제해산

새벽2시 新民黨舍進入 議員구타 代辯人重傷
通告와함께 들이닥쳐 172명 連行 일부 負傷

1979년 8월 11일 자 동아일보 1면과 7면. 경찰에 의해 강제 해산되는 노동자들의 모습을 보도했다.

유신 몰락의 드라마

제로 해산시키려 한다면 최후의 한 사람까지 모두 죽음으로 맞서겠다"는 결의문을 채택했다.

── 유신 정권은 여성 노동자들의 호소에 귀를 기울일 생각이 전혀 없지 않았나.

사실 8월 10일 이날 오전에 이미 박정희 정권은 청와대에서 강제 해산을 결정한 상태였다. 동아일보 기사에 따르면, 10일 밤 긴급 총회가 끝난 후 '투신조'와 '할복조'로 나뉜 여성 노동자들은 일제히 울음을 터트리고 비명을 지르며 창틀에 매달리거나 사이다병을 깨서 들고 창밖을 향해 "정부 측은 뭣 하느냐", "우리를 나가라면 어떻게 살란 말이냐" 등의 구호를 외쳤다. 이때 감정이 격앙된 여성 노동자들 중에는 기절한 사람들도 있었다. 기절한 노동자들은 병원으로 실려 갔다. 창틀에 올라선 여성 노동자들 중에는 바깥에 있는 사복 경찰들을 향해 "물러가지 않으면 뛰어내리겠다"고 소리치는 이들도 있었다.

그래서 김영삼 총재 등이 설득했다. 김영삼 총재는 여성 노동자들을 창틀에서 내려오게 한 다음에 "내 이름 석 자와 신민당의 이름을 걸고 조속히 여러분의 정당한 요구를 관철시키겠다"고 이야기해서 여성 노동자들의 환호와 박수를 받았다.

"까불면 다 죽인다"
무지막지한 강제 진압으로 희생된 김경숙

— 이 사건에 관한 자료를 읽을 때마다 개인적으로 떠오르는 단어가 있다. 르포 작가 박수정이 쓴《숨겨진 한국 여성의 역사》중 최순영(사건 당시 YH 노조 지부장) 인터뷰 부분에 나오는 '빵계'다. YH 노동자들은 밤 10시까지 일하면 야식으로 '보름달' 빵을 하나씩 받았는데, 그 빵을 모아 시골에 있는 가족에게 소포로 부쳐주는 계가 '빵계'였다. 장시간 노동으로 매일매일 몸이 파김치였을 텐데, 야근으로 배고픔이 밀려왔을 텐데 그 빵을 아껴 고향에 보내는 마음을 지닌 이들이었다. '빵계'를 모든 YH 노동자가 한 것은 물론 아니지만, 표현 형태는 다를지라도 그 마음은 그리 다르지 않았던 것 같다.

이 시기에 YH만이 아니라 다수의 여성 노동자들은 가난한 집안 살림에 입 하나 덜고자, 남자 형제들을 공부시킬 수 있도록 한 푼이라도 보태고자, 또는 몇 년간 돈을 벌어 집안 형편 때문에 제대로 하지 못한 공부를 다시 하고자 시골에서 올라온 10대, 20대들이었다. 그것을 위해 병영 같은 공장에서 철야와 야근을 버텨낸 이 사람들을 빼놓고는 한국의 고도성장을 말할 수 없다.

그렇지만 이들에게 돌아온 건 쥐꼬리만 한 임금과 '공순이'라는 비하였다. 그것에 더해 YH무역에서는 여성 노동자들의 피땀을 바탕으로 부를 축적한 자본가가 그걸 빼돌리고, 말로는 '수출 역군', '산업 전사'라고 치켜세우던 국가는 여성 노동자들을 핍박하는 일이 벌어졌다. 그로 인해 거리에 나앉게 된 상황에서 결국 신민당사까지 오게 된 YH 여성 노동자들은 그곳에서 달을 보며 어떤 생각을 했을까? 당시 신문에서는 '투신조'와 '할복조'라는 무시무시한 느낌을 주는 말을 썼지만, 이 여성 노동자들이 얼마나 절박한 심정이었을까를, 무엇이 이들을 이렇게 내몰았는가를 살피는 것이 우선이라는 생각이 든다. 다시 돌아오면, 박정희 정권은 YH 여성 노동자들의 호소에 어떻게 응답했나.

드디어 11일 새벽 2시경, 철제 방패와 방망이로 무장한 수백 명의 기동 경찰이 들이닥쳤다. 이들은 먼저 2층에 올라가서 총재실 문을 부수고 비서실 문을 파괴했다. 그리고 김영삼 총재 등이 있는 회의실 문을 박차고 들어가서, 그 자리에서 대책을 숙의 중이던 김 총재 등을 회의실 한쪽으로 몰아붙이고 방망이를 휘두르며 한 명씩 멱살 같은 걸 잡고 끌어냈다.

진압 경찰은 무지막지한 폭력을 휘둘렀다. 현역 의원이자 신민당 대변인이던 박권흠은 머리와 얼굴을 방망이로 맞아 피투성이가 됐다. 나중에 이 모습이 사진으로 크게 나오기도 한다. 황낙주 신민당 원내총무는 다리와 어깨를 얻어맞았다. 국회의원만 두들겨 맞은 게 아니었다. 진압 경찰은 국회의원뿐만 아니라 취재 기자, 당원 등을 가리지 않고 주먹으로 때리거나 발로 옆구리 등을 찼다. 이때 두들겨 맞아 다친 기자가 12명이나 됐다. 그러면서 경찰은 심한 욕설과 "까불면 다 죽인다" 등 폭언을 마구 퍼부었다.

그렇게 2층을 짓밟은 경찰은 여성 노동자들이 있던 4층으로 막 밀어닥쳤다. 절박한 심정으로 창틀에 올라섰다가 김영삼 총재의 설득으로 행동을 중지했던 여성 노동자들은 경찰이 밀어닥치자 사

진압 경찰들은 노동자들에게 무지막지한 폭력을 휘둘렀다. 불과 10여 분 사이에 경찰은 여성 노동자들을 모두 당사 밖으로 끌고 나갔다.

이다병을 들고 일제히 울부짖으며 저항했다. 이때 여성 노동자들 중 일부는 깨진 유리창 조각이나 사이다병으로 자살을 기도하려 했다고 당시 보도됐다. 또한 일부 여성 노동자들은 창문을 주먹으로 깨고 뛰어내리려 했으나 경찰에 막혔다. 그러면서 불과 10여 분 사이에, 어떤 글에는 작전 개시에서 끝날 때까지 23분 걸렸다고 돼 있기도 한데, 경찰은 여성 노동자들을 모두 당사 밖으로 끌고 나갔다.

—— 안타깝게도 이 과정에서 희생자도 발생하지 않았나.

경찰의 강제 진압 과정에서 한 여성 노동자가, 김경숙 양인데, 중상을 입고 인근 병원에 옮겨졌지만 바로 숨졌다. 김경숙 양의 죽

YH 노동자들이 강제 연행된 뒤 농성장에 남겨진 머리띠와 신발들. 머리띠에는 '안 되면 죽음이다'라고 쓰여 있다.

음에 대해 경찰은 '스스로 동맥을 끊고 투신자살했다'고 발표한 것으로 신문에 보도됐다.

　　그러나 2008년 진실·화해를 위한 과거사 정리 위원회는 김경숙의 부검 보고서와 시신 상태 등을 근거로 해서 손목에서는 동맥을 끊고 자해한 흔적이 발견되지 않았으며, 추락 장소도 '건물 뒤편 창문 아래 지하실 입구'라는 경찰 발표와 달리 '창문이 없는 건물 왼편 비상계단 아래'였다고 밝혔다. '창문이 없다'는 발표가 주목된다. 또 곤봉과 같은 둥근 물체로 가격당한 상처가 손등에 있었으며 머리 뒤편에서 치명적인 상처가 발견됐다고 발표했다. 이 위원회는 "따라서 (경찰은) 사망 시각, 자해 여부, 추락 장소 등을 은폐, 왜곡했을 뿐 아니라 조작한 것으로 판단된다. 나아가 김경숙의 후두정부

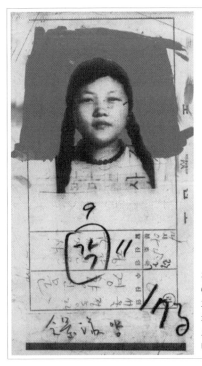

경찰의 강제 진압 과정에서 숨진 김경숙의 어린 시절 사진. 2008년 진실·화해를 위한 과거사 정리 위원회는 곤봉과 같은 둥근 물체로 가격당한 상처가 김경숙의 손등에 있었으며 머리 뒤편에서 치명적인 상처가 발견됐다고 발표했다.

상처와 왼쪽 손목의 둥근 상처는 오히려 폭력적이고 위법적이었던 진압 과정의 증거로 보인다"고 결론 내렸다. 명백히 경찰의 책임을 물은 것이다.

─── 김경숙은 어떤 사람이었나.

당시 21세였던 김경숙은 소녀처럼 유난히 앳되게 보이는 여성이었다. 김경숙은 여덟 살에 아버지를 잃고 날품팔이하는 어머니와 함께 광주 '배고픈 다리' 부근에 살았다. 국민학교 졸업 직전 무허가 장갑 공장에 들어갔다. 이듬해인 1972년 서울에 올라와 여러 공장을 전전하다 1976년 큰 공장에 속하는 YH무역에 들어왔다. 김경숙은 월급을 쪼개고 또 쪼개 동생 학비를 보냈고 어머니도 도왔다. 언제나 향학열이 뜨거웠던 김경숙은 야학도 다녔고 YH 노조 일에 아주 열성이었다. 1979년경에 자신이 살아온 과정을 써놓았는데, 일부만 옮기자.

"커다란 포부로 꿈을 안고 서울에 왔으나 와서 보니 별것이 아니었다. …… (중학생 나이에) 하청 공장에 취직을 하여 말만 듣던 철야 작업을 밤낮 하면서 약 2개월을 나의 코를 건들지도 못했다. 너무나 피곤하다 보니까 끊임없이 코피가 나는 것이다. 나의 몸은 더욱 약해지고 얼굴은 창백해졌다. 어떤 회사에서는 봉급을 약 3개월 치를 받지 못했다. 헐벗고 굶주리며 풀빵 5원짜리 30원어치로 추위에 허덕이며 생계를 이어가기도 했다. 이렇게 사느니 차라리 자살이라도 해버리려고까지 마음을 먹었으나 (어머니, 동생이 사는) 고향이 그 길을 막았다. 하청 공장에서는 작업 관계로 일요일이 없었다. 그리하여 어쩔 수 없는 경영 부실로 인해 여러 차례 회사를 옮기게 되었다. …… 혼탁한 먼지 속에 윙윙대는 기계 소리를 들으며 어언 8년 동안 공장 생활 하는 나 자신을 볼 때 남은 것은 병밖에 없다. 몸은 비록 병들었지만 마음은 상하지 않은 인간으로서 올바른 삶을 살리라 다짐한다."

김경숙은 신민당사에 들어가기 직전 기숙사에서 농성하면서 어머니와 남동생에게도 편지를 썼다. 이 편지에서 김경숙은 물가 상승으로 옷들이 팔리지 않아 실업자들이 날마다 늘어나고 있어 다른 직장으로 갈 수도 없다면서 "나이 어린 여러 근로자들을 위하여 끝까지 단결하여 저희들은 꼭 승리하고 말 겁니다"라고 다짐했다. 그리고 남동생을 끝까지 도와주겠으며, 회사 문제가 해결되면 어머니를 다시 찾아뵙겠다고 썼다.

1979년 8월 11일 경찰에 의해 난폭하게 끌려 나간 여성 노동자들은 기동 경찰 버스 안에서도 창문을 부수고 울부짖으며 연행되지 않으려고 안간힘을 썼다. 당시 사진에 담긴 유명한 장면이다. 한편 여성 노동자들의 농성을 강제 해산시킨 정부와 여권은 '여공들의 신민당사 농성 배후에 불순 세력이 있다'면서 그걸 규명하겠다고 목소리를 높였다.

"말기적 발악"에 경악한 신민당
"국민의 분노가 무섭지 않은가"

—— 당사를 침탈당한 야당은 어떤 반응을 보였나.

야당은 분노했다. 박용만 의원 같은 사람은 "국회의원이 경찰한테 구둣발로, 몽둥이로 두들겨 맞는 처지에 더 이상 국회의원을 할 수 없다"고 분노하면서 의원직 사퇴서를 내기도 했다. 신민당은 YH 사태를 "국기를 뒤흔드는 전대미문의 폭거"로 규정했다. 신민당 의원들은 바로 농성에 들어갔다. 4층 강당 연단에 "8·11 폭거는 말기적 발악이다", "국민의 분노가 무섭지 않은가" 같은 대형 플래카드를 붙이고 당사 현관 입구에는 검은 천을 길게 늘어뜨려서 이 사태에 조의를 표했다. 당사 정면에는 "신민당 의원들은 지금 이 시간 박정희 정권의 온갖 탄압과 폭거에 항거하여 농성 중이다", "밤이 깊을수록 새벽이 가깝다" 같은 커다란 플래카드도 내걸었다. 이러한 농성에 참여한 의원이 42명이나 됐다. 신민당 전체 의원의

유신 몰락의 드라마

3분의 2나 참가한 것이다. 대단한 숫자였다. 서울뿐만 아니라 대구, 광주에 있는 신민당원들도 농성에 들어갔다.

미국도 박정희 정권의 강제 진압을 비판했다. 8월 14일 미국 국무부 대변인은 YH 여성 노동자들의 농성을 강제로 해산시킨 것에 대해 "한국 경찰의 지나치고 잔인한 폭력 사용을 개탄하며 적절한 문책을 바란다"고 논평했다. 그러자 바로 박정희 정권은 '이거 내정 간섭 아니냐'고 반발했다. 신민당 농성은 강제 해산 18일째이던 8월 28일 의원 총회와 고 김경숙 양 추도식으로 막을 내렸는데, 18일 농성은 그때까지 의정 기간 중 최장기간이라고 한다.

중앙정보부 직접 개입한 똥물 테러에도
몸으로 맞서 싸운 동일방직 여성 노동자들

유신 몰락의 드라마, 열 번째 마당

노동의 권리와 민주주의 위해
폭압에 온몸으로 맞선 여성 노동자들

김 덕 련 YH 노동자들이 겪은 일은 YH에 한정된 것이 아니라 다른 여러 업체의 민주 노조 구성원들도 피하기 어려웠던 게 당시 현실 아니었나.

서 중 석 YH 여성 노동자들의 신민당사 농성 사건은 다른 수많은 기업에서도 똑같이 일어날 수 있는 일이었다. YH무역 노조는 민주 노조로 불렸는데, 민주 노조에 대해 간단히 살펴보자. 민주 노조는 대개 여성 노동자들이 많은 방적, 방직, 모방, 스웨터, 봉제 산업, 가발, 전기·전자 산업, 식품, 제약 등에 있었는데 대부분 수출 산업이었다. 여기에 민주 노조가 만들어졌다. 1970년대에 있었던 민주 노조에는 몇 가지 특징이 있었다.

—— 어떤 특징이 있었나.

우선 노조 민주주의를 실현하려고 무척 애를 썼다. 어용이라는 비판을 받던 기존 노조와 달리 조합 내에 소모임을 만들어 활성화한 것도 노조 민주주의를 실현하기 위한 하나의 방법이었다. 소모임 활성화가 말해주듯이 조합원 교육에도 많은 힘을 썼는데, 그 점도 기존의 다른 노조와 크게 다른 점이었다. 또 하나의 큰 차이는 이들 민주 노조의 조직이나 형성 과정, 그리고 소모임 등 일상 활동, 투쟁 과정에서 산업선교회, 그리고 '지오세JOC'라고 하는 가톨릭 노동청년회 등 종교계와 지식인들로부터 지원을 받았다는 점이다.

1977년 반도상사 노조원들이 점심시간에 공장 옥상에 올라 임금 인상 투쟁을 벌이고 있다. 이 시기에 민주 노조들은 권력과 자본, 상급 노조의 끊임없는 탄압에 과감하게 저항했다.

이 시기에 여러 민주 노조가 임금 인상 투쟁, 노동 조건 향상 투쟁을 해서 상당한 성과를 거뒀다. 노동 전문가 이원보는 유신 체제에서 단체 교섭권과 단체 행동권이 사실상 금지돼 있는 상황이었는데도 민주 노조들은 단체 행동을 통해 요구 조건을 쟁취하면서 조합원들의 지지와 신뢰를 확보했다고 썼다. 그러한 조직력을 바탕으로 민주 노조들은 권력과 자본, 상급 노조의 끊임없는 탄압에 과감하게 저항했다.

대표적인 사례로 1974년 원풍모방 노조의 민주화 투쟁과 회사 재건 투쟁, 1977년 9월에 있었던 유명한 청계피복노조의 노동 교실 사수 투쟁, 그리고 1976년부터 1978년까지 집중적으로 이뤄진 동일 방직 노동자들의 노조 수호 투쟁, 1974년 반도상사 노동자들의 노조 결성 투쟁과 임금 인상 투쟁, 그리고 1979년 YH무역 노조의 폐업 반대 투쟁 등이 있었다. 이 가운데 청계피복노조의 노동 교실 사

유신 몰락의 드라마

수 투쟁은 죽음의 투쟁이라고도 불렸다.

이러한 민주 노조들은 상급 노조로부터 극심한 견제, 탄압을 당했다. 민주 노조의 투쟁이 한국노총과 산별 노조에는 위협 요소였기 때문이다. 그래서 민주 노조는 정부와 회사뿐만 아니라 상급 노조와도 격렬하게 투쟁하지 않을 수 없었다. 민주 노조들은 서로 긴밀한 관계를 맺고 있어서 한 조직에서 문제가 발생하면 공동으로 해결책을 찾으려는 노력도 했다. 1970년대 후반에는 연대 투쟁, 정치 투쟁을 시도하기도 했다. 여기서 1970년대 민주 노조 운동 사례 중 하나인 동일방직 투쟁을 살펴보자.

노조 민주화 후 나체 시위까지
가시밭길 걸어야 했던 동일방직 노동자들

— 동일방직 투쟁, 어떻게 전개됐나.

동일방직 인천 노조의 투쟁은 1976년에서 1978년까지 집중적으로 전개됐다. 동일방직 공장이 다른 곳에도 있었기 때문에 이렇게 이름이 동일방직 인천 노조로 돼 있는데, 일반적으로 동일방직 투쟁 하면 동일방직 인천 노조의 투쟁을 가리킨다. 나도 그렇게 사용할 것이다.

동일방직 인천 노조의 투쟁은 국가 권력, 자본, 상급 노조라는 세 권력이 합작해 엄청나게 벌인 노조 파괴 공작에 정면으로 맞서 싸운 1970년대 후반의 대표적인 노동 투쟁의 하나로 꼽힌다. 동일방직의 노조 수호 운동을 통해 그 당시 민주 노조가 어떠한 조건에서 노조 활동을 했는지를, 그리고 그것에 대해 중앙정보부를 중심으로 한 유신 권력과 사주, 상급 노조는 어떤 태도를 취했는지를 잘 살펴볼 수 있다. 이것에 대해서도 여러 책에서 퍽 많이 썼지만 여기서는 김정남의 책과 내 제자 장숙경 박사의 책을 중심으로 살펴보겠다.

동일방직에서는 1966년경부터 가톨릭노동청년회, 그리고 인천산선이라고 불린 인천산업선교회 쪽의 도움을 받으면서 노동자들의 소그룹 운동이 전개됐다. 인천산선이 동일방직에 직접 뛰어들게 된 건 1966년 조화순, 목사로 활동하게 되는 이분이 동일방직에서 6개월간 노동 체험을 하면서부터다. 동일방직 노동자들은 1972년 한국에서 처음으로 여성 노조 지부장을 선출하면서 민주 노조를 탄생시켰다.

이렇게 여성 집행부 중심의 민주 노조가 탄생하자 사측은 탄압을 계속했다. 노조원들을 표적으로 삼아 출근 정지, 부서 이동, 사표 강요 등을 하고 말을 듣지 않으면 막 해고도 했다. 그런 탄압 속에서도 동일방직 노동자들은 1975년 제2기 여성 지부장으로 이영숙을 선출했다. 그러자 회사 쪽에서는 노조 집행부 교체 공작, 즉 회사에 고분고분한 남자로 지부장을 바꾸려고 하는 공작 또는 민주 노조 파괴 공작을 아주 집요하게 전개했다.

— 동일방직 하면 많이 거론되는 것 중 하나가 이른바 나체 시위다. 어떻게 해서 그런 일이 벌어진 것인가.

1976년 7월 민주 노조를 사수하려는 여성 노동자들하고 회사와 한편이 된 남성 직원들 사이에 심한 싸움이 벌어지는데 이때 경찰은 지부장 이영숙, 총무 이총각을 연행했다. 남성 조합원들이 경영진의 지원을 받으면서 자기들끼리 대의원 선거를 치를 수 있도록 한 것이다. 그러자 800여 명의 노동자가 전면 파업에 들어갔다. 곧바로 완전 무장을 한 전투 경찰이 이 노동자들을 에워쌌다. 겁에 질린 여성 노동자들은 마지막 수단으로 옷을 벗고 저항했는데, 이게 나체 시위 사건으로 알려진 사건이다. 그렇지만 경찰은 사정없이 폭력을 써서 이들을 연행했다.

이와 관련해 노조가 당시 낸 호소문을 보자. "우리는 끌려가면 안 된다는 생각에 모두 옷을 벗고 반나체로 저항을 했습니다. 경비와 사원들, 경찰들이 휘두른 몽둥이에 맞고 넘어지고 구둣발에 채이고 머리카락이 뽑히고 차에 실려서도 유리창을 깨며 뛰어내리려고 저항을 해봤고 바퀴 밑에 뛰어들어 차를 정지시키려고도 해봤습니다." 이때 72명이 연행되고 50여 명이 충격으로 졸도했고 부상자 70여 명 중 14명이 병원에 입원했다.

있을 수 없는 야만, 똥물 테러
"우리도 인간이라고 외친 게 잘못인가요?"

── 동일방직 여성 노동자들에게 나체 시위에 대한 폭력보다 더 큰 충격을 준 사건이 또 일어나지 않았나.

1977년 4월에는 이총각 총무를 제3대 여성 지부장으로 선출했는데 그러면서 시련은 더 커졌다. 1978년 2월 21일, 노조 대의원 선거가 예정된 이날 새벽 정말 있을 수가 없는 일이 벌어졌다. 회사

측 남성 노동자들이 투표하러 오는 여성 조합원들의 얼굴과 옷에 닥치는 대로 똥을 발랐다. 탈의장에 벗어놓은 옷에도 똥을 뿌렸다. 그런데도 경찰들은 구경만 하고 있었다.

이 사건에 대해 이 노동자들의 호소문에는 이렇게 돼 있다. "배우지 못해 아는 것은 없지만 불의와 타협할 수 없었고 가난하게 살아왔지만 똥을 먹는 것까지 참을 수는 없었습니다. 추운 겨울날 눈, 코, 귀, 입속으로 스며드는 똥물을 뱉으며", 그렇게 눈, 코, 귀, 입에까지 똥을 집어넣었다고 하는데, "우리는 부둥켜안고 가슴 아프게 울었습니다. 이 넓고 찬란하다는 사회를 향해 순수한 꿈을 키우는 어린 나이의 저희들이 우리도 인간이라고 외친 것이 똥을 뒤집어써야 할 만큼 큰 잘못인가요?"

이런 있을 수 없는 사건이 일어나자 노조 측에서는 산업선교회의 조화순한테 이 사실을 알렸다. 산업선교회 관계자들 그리고 공덕귀, 김찬국, 이우정 같은 사람들이 바로 현장에 달려왔다. 다음 날 아침 여성 노동자들이 회사에 갔을 때 지부 사무실을 점거한 남성 노동자들은 "외부 세력 이총각 물러나라", "산업선교는 물러나

이총각은 르포 작가 박수정과 한 인터뷰에서 이렇게 증언했다. "똥물 뿌릴 거라고는 상상도 못했어요. 그러나 그들이 분명히 폭력 행위를 할 거라고 생각해서 닷새 전에 동네 파출소에다가 보호 신청을 해놨죠. …… 새벽 5시 50분에 문이 확 열리더니 남자 대여섯 명이 '너 이년들, 오늘 투표 하나 보자' 그러면서 고무통에 똥을 담아 온 거야. 그때는 고무장갑이 없었으니까 가죽 장갑을 끼고 그냥 뿌려요. 처음에는 우리한테 정면으로 뿌리지는 못하고 사무 집기에 막 똥을 뿌리는데, 그것도 모르고 현장 노동자들은 투표한다고 달려오는 거예요. 그런 애들한테 '니들이 투표를 해' 하며 똥을 뿌리고, 도망가는 사람들을 쫓아가서 똥을 바가지째 뒤집어씌웠죠. 거기에는 담당 형사가 두 명 있었고 파출소에서 나온 경찰 두 명, 관리자가 있었는데 다들 멀찌감치 서서 구경만 했습니다. 섬유본부 조직국장은 조직 선동대장으로 와 있었어요. 그 사람들이 데려온 깡패들하고 지켜보고 있었죠."《숨겨진 한국 여성의 역사》, 34쪽) 똥물 테러 현장에서 형사와 경찰은 "야! 이 XX아! 가만있어, 이따가 말릴 거야"라며 수수방관했다.

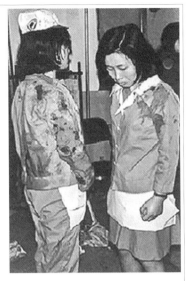

동일방직 노동자들은 1972년 한국에서 처음으로 여성 노조 지부장을 선출하면서 민주 노조를 탄생시켰다. 1977년 4월에는 이총각 총무를 제3대 여성 지부장으로 선출했다. 노조 대의원 선거가 있던 날인 1978년 2월 21일 회사의 사주를 받은 남성 노동자들이 여성 조합원들의 얼굴과 옷에 닥치는 대로 똥을 발랐다(오른쪽). 왼쪽 사진은 조합원들이 "우리는 똥물을 먹고 살 수 없다"고 외치며 농성하고 있는 모습.

라", "때려잡자 조화순! 무찌르자 이총각!" 등의 구호를 써 붙이고 산업선교회와 여성 집행부를 맹렬히 공격했다.●●

— 동일방직 여성 노동자들은 솜먼지가 흩날리는 공장에서 눈에 수북이 쌓인 먼지를 스펀지로 털어내면서 매일 작업복이 땀에 흠뻑 젖을 정도로 일해야 했다고 한다. 이들은 한겨울에도 25~26도를 오르내리는 한증막 같은 더위도, 귀청 떨어질 것 같은 기계들의 소음도 하루하루 견뎌내며 경제 성장에도 크게 기여했다.

그렇지만 민주 노조를 중심으로 노동자 의식과 인간으로서 자존감을 고양하는 순간 이들은 정권과 자본, 그리고 일부 못난 남성 노동자들로부터 불순분자 또는 용서받지 못할 '계집애들'로 낙인찍혔다. 당시 사회가 어떠했는지 뿐만 아니라, 각종 비정규직을 비롯한 노동자들이 노동자 의식을 지니고 자존감을 높이는 것을 다양한 방식으로 가로막는 오늘날 현실도 돌아보게 하는 풍경이다. 다시 돌아오면, 똥물 사건에 대해 상급 노조는 어떤 태도를 취했나.

상급 노조인 섬유노조 측은 즉시 동일방직 지부를 사고 지부로 규정하고 집행부를 즉각 해산 조치하도록 했다. 섬유노조 위원장 김영태는 "산업선교회는 빨갱이 단체이며 동일방직 노조 집행부는 그 새끼", "조화순이와 관련이 있는 자, 신부와 관련이 있는 연놈들은 박살을 내겠다"며 동일방직 노조 집행부 전원을 제명 처분했다.

그러나 동일방직 노동자들은 굴복하지 않았다. 1978년 3월 10일 근로자의 날에 다시 투쟁을 벌였다. 이때는 5월 1일을 노동절,

●● 왜 똥물 테러라는 기괴한 방식으로 일을 저지른 것일까? 역사학자 홍석률은 이렇게 진단했다. "당시 여성 노동자들은 경제 개발, 수출 전선에 나선 한국 사회의 가장 밑바닥에 위치한, 천대받는 존재들이었다. 그녀들은 못 배웠고, 어렸으며, 가난했고, 촌뜨기였고, 게다가 여성이었다. 그런데 그녀들이 갑자기 제대로 선거하는 법을 배워 노조를 장악했다. 당시 국가 권력, 회사, 섬유노조, 남성 노동자들은 혼연일체가 되어 이들을 탄압했다. 그러나 시간이 갈수록 그들은 갑자기 똑똑해지고, 자신감 있고, 지식의 근본적인 가치와 세상에 대해 자각해가는, 그리하여 세상의 중심에 진입해가는 그녀들을 보게 되었다. 유신 체제 하의 정치 권력자와 기업주, 섬유노조의 간부들, 남성 노동자들은 현격하게 달라진 그녀들의 모습을 보며 무엇을 느꼈을까? 두렵기도 하고 열등감도 느꼈을 것이다. 그녀들이 보여준 지식 그 자체에 대한 열망과 애정, 여기서 열리는 더 근본적인 인간 해방의 가능성을 두려워했기에, 한편으로 시기심이 발동하고 짜증나고 신경질이 나서, 그것을 절대로 보이지 않게 확실하게 가려야 했기에, 똥칠을 했던 것이다." (《역사비평》 2015년 가을호, 249쪽)

유신 몰락의 드라마

메이데이로 한 게 아니라 대한노총 창립일인 3월 10일을 근로자의 날이라고 했다. 이승만 정권 때 3월 10일을 근로자의 날로 지정해 놓고 계속 그날 행사를 열고 있었다. 이것도 정말 어이없는 일인데, 노동자라는 말도 함부로 쓸 수 없었다. 근로자 또는 종업원이라고 불러야 했다.

3월 10일 이날 근로자의 날 행사가 장충체육관에서 열렸다. 최규하 총리가 참석한 가운데 정동호 한국노총 위원장이 개회사를 읽고 있을 때 동일방직 여성 노동자들이 현수막을 높이 쳐들고 "섬유노조 위원장 김영태는 물러가라", "우리는 똥을 먹고 살 수 없다"는 구호를 외쳤다. 한국노총 행동대가 여성 노동자들에게 막 발길질을 하고 머리채를 잡아 밖으로 끌고 나갔다. 그런 와중에 기념식이 3분간 중단됐고 생방송되던 것이 3번이나 끊겼다.

여성 노동자 31명이 경찰서로 연행돼 구류 25일 등의 처분을 받았다. 그 자리에서 쫓겨난 노동자들은 바로 명동성당으로 달려갔다. 저녁 미사를 올리는 자리에서 김수환 추기경에게 '지오세'와 산업선교회가 빨갱이인지 아닌지 공식적으로 밝혀달라고 요구하면서 농성에 들어갔다. 그렇지만 어떤 언론사도 이 사건을 제대로 보도하지 않았다. 침묵으로만 대응했을 뿐이다.

**똥물 테러에 깊이 개입한 중앙정보부,
블랙리스트로 노동자 밥줄 끊은 섬유노조**

— 섬유노조와 한국노총, 그리고 언론사들의 그러한 모습은 유신 권력의 태도와 떼어놓고 생각하기 어렵다. 대통령 직속 기관인

중앙정보부를 중심으로 한 국가 권력은 은밀히 조종하는 수준을 넘어 동일방직 문제에 직접 개입했다.

당시 중앙정보부 경기지부 요원으로서 노사 문제를 담당했던 최종선(1973년 중앙정보부에서 억울하게 목숨을 잃은 최종길 교수의 동생)은 섬유노조가 중앙정보부 경기지부 차원이 아니라 서울의 본부 차원에서 지시와 조종을 받아 동일방직 노조를 탄압했다고 2001년 증언했다. 이와 관련, 한겨레 2013년 7월 21일 자에 따르면 1978년 2월 초 인천의 한 뒷골목 여관에 들락거리는 수상한 자들에게 최종선이 정체를 묻자 "정말 우리가 누군지 몰라서 묻소? 위(중앙정보부 제2국)에서 다 알고 있는데, 우리는 동일방직 노조를 깨부수러 왔소이다"라는 답이 돌아왔다고 한다. '중앙정보부에서 직접 관여하지 않는 것이 좋겠다'는 보고를 올렸으나 상부에서는 '경기지부는 빠져라'라는 답이 내려왔고 그 직후 똥물 사건이 발생했다고 최종선은 증언했다.

진실·화해를 위한 과거사 정리 위원회(진실화해위)도 2010년 "동일방직 똥물 테러 사건의 배후에는 중앙정보부(현 국가정보원)가 깊숙이 개입해 있었다"고 밝혔다. 그에 앞서 '국가정보원 과거사 진실 규명을 통한 발전 위원회'의 진실 규명 과정에서 동일방직 노조 간부 이총각이 대의원 대회 회의록을 인쇄한 업체 대표와 나눈 대화 내용을 중앙정보부 요원이 정리해 보고한 문건이 공개되기도 했다.

이처럼 개별 기업의 노사 문제에 정권 차원에서 깊이 개입한 것은 이 시대가 어떤 시대였는지를 꾸밈없이 보여준다. 다시 돌아오면, 1978년 '근로자의 날' 투쟁 이후 상황은 어떠했나.

중앙정보부는 노동 문제에 유신 수호의 입장에서 깊이 개입했고, 동일방직 사건에서 처음부터 끝까지 일일이 다 작전을 짜고 지시를 내렸다. 국정원 과거사위원회는 똥물 사건에 대해 이렇게 요약했다. "인분 사태는 노조 파괴를 위한 중정 공작의 정점이 되는 사건이었다. 이 사태는 섬유노조 조직국장 우종환과 조직 행동대 맹원구가 주도한 것으로 알려졌으나, 중정이 배후에서 핵심적인 역할을 하였던 것으로 확인되었다." 중앙정보부는 똥물 사태 이후 동일방직 여성 노동자들이 근로자의 날이나 명동성당에서 전개한 투쟁, 부활절 연합 예배에서 벌인 투쟁 등 모든 활동에 어떻게 대처하고 처리해야 하는가에 대해 하나하나 전부 지침을 내렸다.

동일방직 여성 노동자들의 투쟁은 끝이 없었다. 동일방직, 방림방적, 원풍모방 등 5개 업체의 여성 노동자 6명은 1978년 3월 26일 여의도에서 열린 부활절 연합 예배 때 단상을 점거하고 "우리는 똥은 먹고 살 수 없다", "우리도 인간이다", "노동 3권 보장하라" 등의 구호를 외치다가 구속됐다.

동일방직 사측은 4월 1일 자로 126명의 노동자를 해고했다. 4월 1일의 해고 조치에 맞춰 섬유노조 위원장 김영태는 전국 사업장에 공문을 보냈다. 해고 노동자 126명의 명단, 주민등록번호, 본적 등을 기재해 통보하고 '이 사람들을 일절 받아주지 말라'고 한 것이다.

그전에도 블랙리스트 비슷한 게 있긴 했지만, 해고 노동자들의 밥줄을 끊는 블랙리스트가 본격적으로 나타난 것은 바로 이 동일방직 때부터라고 이야기한다. 1983~1984년에 가면 이런 블랙리스트가 또다시 대거 나오게 된다.*

블랙리스트가 전국적으로 통용되는 위력을 발휘한 것은 일개 섬유노조 위원장의 망나니 칼춤 때문이 아니었다. 중앙정보부가 개재했기 때문에 그렇게 무서운 힘을 발휘한 것이다. 중앙정보부와 김영태가 빨갱이 등으로 집중 공격한 인천산업선교회 총무였던 조화순 목사는 2006년 진실화해위원회에서 이렇게 말했다. "얘들(동일방직 노동자)이 블랙리스트로 많이 해고당하고 했어. 블랙리스트로 당한 애들이 너무 많아. 얘들이 지금도 그 얘기만 나오면 부르르 떨어. 그중 한 아이는 아직도 시집 안 간 애가 있어. 왜 그렇게까지 했는지, 시골까지 쫓아가서 주변에 말을 돌려서 글쎄, 결국 사람들 속에서 살지 못하는 거야. 빨갱이라고. 어디 오지에 가서 혼자 산대."

동일방직 지부장이었던 이총각도 같은 시기에 진실화해위원회에서 이렇게 말했다. "저도 주안 공단에 있었던 원풍물산이라는 봉제 공장에 재취업을 했었어요. 좋아라 하고 출퇴근했었는데, 어느 날 공장장이 저를 불러요. 그러고 나서 제가 사문서 위조로 쫓겨났어요. 가톨릭노동청년회원들이 주안 공단 봉제 공장에 많이 취업해 있었는데, 저로 인해서 모두 해고당했어요." 블랙리스트 때문에 해고 노동자 중 한 사람은 어떤 병원 식당에서 막일을 하다가 바로 해고됐다.

그러한 블랙리스트까지 뿌린 후 김영태는 부산에서 통일주체국민회의 대의원으로 입후보했다. 그러자 그해 5월 동일방직 해고 노동자 15명이 부산에 내려가서 김영태의 죄상을 폭로했는데, 그게

● 블랙리스트 문제도 중앙정보부와 깊은 관련을 맺고 있었다. 2010년 진실화해위는 "1970~1980년대 블랙리스트의 광범위한 작성과 취합, 배포에 경찰, 노동부, 중앙정보부 및 국가안전기획부 등이 개입했음을 확인했다"고 밝혔다. 블랙리스트는 오랫동안 해고자들을 괴롭혔다. 예컨대 동일방직 출신이라고 밝히면 면접에서 단번에 떨어졌고, 동일방직 출신임을 밝히지 않아도 한두 달이면 블랙리스트로 인해 이력이 드러나 해고됐으며, 때로는 빨갱이라는 욕설을 들으며 질질 끌려 나오는 일도 겪어야 했다.

문제가 돼서 그중 7명이 선거법 위반으로 구속됐다.••

••2004년 3월 한나라당의 새 대표로 선출된 박근혜 의원에게 동년배의 한 여성이 공개편지를 띄웠다. 편지를 쓴 사람은 YH사건 당시 노조 지부장이던 최순영 민주노동당 부대표, 제목은 〈'공순이' 최순영이 '영애' 박근혜에게〉였다. 경제 개발과 노동자의 관계, 고도성장 또는 산업화의 주역, 박정희 신드롬, 아울러 역사를 어떻게 바라볼 것인가 등의 문제에 대해 여러 가지로 생각할 거리를 담은 글이었다. 그로부터 10년이 넘는 시간이 흘렀지만 〈'공순이' 최순영이 '영애' 박근혜에게〉의 문제의식은 여전히 유효하다. 독자들이 편지 전문을 읽었으면 하는 바람을 담아 그중 일부를 옮긴다.

"'영애 박근혜'와 '공순이 최순영'에 대한 고민은 '자본주의 사회에서 누구나 재능과 능력만 있으면 잘살 수 있고, 평등하게 대접받는다'는 기존의 믿음이 틀렸음을 깨닫는 작은 계기가 되었습니다.

…… 님께는 미안한 말씀이지만, 당신이 잘 꾸며진 청와대 뜨락에서 국내외 귀빈을 만나고 '영애로서의 역할'을 수행하던 동안, 당신과 같은 또래였던 우리들은 얼마 안 되는 돈을 받기 위해 하루 종일 공장 먼지를 마셔야 했습니다. 당신 아버지가 철권을 휘두르며 국민들을 공포에 떨게 하던 동안 우리 아버지들은 가족을 먹이고 입히기 위해 평생을 노동해야 했습니다. 당신 아버지가 군대·경찰·관료·재벌들과 함께 '5개년 경제 계획'을 밀어붙이는 동안 내 아버지 또래의, 내 또래의, 그리고 내 동생 또래의 노동자들이 죽어나갔습니다. 당신 아버지의 집권 시절 이뤄진 산업화·근대화 과정에서 얼마나 많은 사람들이 죽고 다쳤는지에 대해서는 아직 정확한 통계 작업조차 이뤄지지 않고 있습니다.

…… 저는 한나라당이 주장하는 산업화 세력이라는 표현에 심한 거부감을 느낍니다. 청춘을 산업화에 바친 '산업 전사'의 한 사람으로서, 기업과 국가의 부를 창출하기 위해 저임금과 열악한 노동 조건에 시달렸던 근로자의 한 사람으로서, 남의 노동에 기생하지 않고 자기 노동력에 의지해 힘껏 일했던 노동자의 한 사람으로서, 저는 당신이 말하는 '경제 발전의 주역이 박정희와 3공 세력'이라는 주장에 모멸감을 느낍니다.

한국 사회에 부를 가져다 준 산업화 세력, 경제 발전의 진정한 주역은 님의 아버지나 한나라당으로 대변되는 수구 기득권층이 아니라, 당신들은 한 번도 경험한 적이 없을 참혹한 노동 환경에서 묵묵히 일했던 수많은 노동자들이었습니다. 그리고 근대화의 피해를 고스란히 감내했던 농민들이었습니다. 자기 몸 하나 믿고 사회 복지 제도 하나 변변치 않은 천민 자본주의를 견뎌냈던 이 땅의 일하는 사람들이었습니다."

고문으로 '북괴 동조 세력' 몰아간 크리스찬아카데미 사건

유신 몰락의 드라마, 열한 번째 마당

김 덕 련 1970년대 노동 운동은 종교계와 밀접한 관계를 맺고 있었다. 유신 정권 말기에는 그 부분을 겨냥한 공안 사건도 일어나지 않았나.

서 중 석 국가보위법 등으로 극단적으로 탄압하고 유신 체제를 만들어 억압하는데도 민주 노조 운동은 계속 일어났고 농민 운동도 기지개를 켰다. 그러자 유신 정권은 1979년 크리스찬아카데미 사건을 일으켰다. 그에 더해 산업선교회를, 특히 YH사건 이후에 대대적으로 몰아세우는 작업을 했다. 이제 박정희 유신 체제에서 노동자 편에서 운동을 펴면서 1970년대 노동 운동에 많은 영향을 끼친 크리스찬아카데미와 산업선교회가 어떻게 유신 권력에 의해 혹독한 탄압을 받는가를 살펴보자. 크리스찬아카데미는 1970년대 운동뿐만 아니라 1980년대 운동, 그중에서도 특히 1980년대 농민 운동에 큰 영향을 주었다.

크리스찬아카데미는 1979년에 혹독한 탄압을 받을 때까지 사회 지도자를 양성하기 위한 중간 집단 육성 프로그램을 시행했다. 특히 노동조합이나 농민 단체, 여성 단체의 중간 지도층을 육성하고 노동자, 농민의 의식을 계발하는 데 많은 노력을 기울였다. 크리스찬아카데미는 1974년부터 중간 지도층 교육을 했는데, 이런 교육 과정에서 동일 부문 활동가들이 연대 의식과 네트워크를 형성하고 그러면서 지역 농민 운동과 민주 노조 운동을 이끄는 주체들이 됐다.

내가 1980년대 초중반에 동아일보사 《신동아》에 근무할 때 농촌의 어려움에 관한 취재를 자주 했는데, 그때 농민 운동을 하던 사람들을 많이 만났다. 가톨릭농민회 사람들도 많이 봤지만 기독교농민회 사람들, 그리고 농민 운동을 벌이는 다른 쪽 사람들도 다수 만났다. 그런데 특히 기독교농민회 사람들이라든가 다른 농민 운동을 벌이는 사람들이 크리스찬아카데미에서 교육받은 것을 많이 얘기하더라. '왜 농민들이 못사는가, 왜 농촌이 저 지경이 됐는가를 구조적으로 봐야 하고 농민들의 삶을 향상시키기 위해 헌신적으로 일해야 한다는 교육을 감동적으로 받았다. 그래서 이렇게 내가 힘든 농민 운동에 뛰어들었다', 이런 얘기를 한두 사람이 아니라 많은 농민 운동 활동가들에게서 들었다. 그런 모습을 보면서 '아, 크리스찬아카데미가 아주 큰일을 했구나' 하는 생각을 많이 했다.

혹독한 고문으로
크리스찬아카데미 때려잡다

— 크리스찬아카데미 사건, 어떻게 전개됐나.

앞에서 말한 대로 민주 노조 운동이 활성화되고 함평 고구마 사건에서도 잘 드러난 것처럼 농민 운동이 기지개를 켜자, 박정희 정권은 크리스찬아카데미를 의식화 교육의 배후 세력으로 지목했다. 당국은 1979년 3월 9일 크리스찬아카데미 여성 사회 간사 한명숙을 체포했다. 이를 시작으로 농촌 사회 간사 이우재, 황한식, 장상환, 산업 사회 간사 김세균, 신인령, 그리고 한양대 사학과 교수 정창렬을 연이어 구속하고 김병태, 유병묵 교수를 연행했다. 크리스찬아카데미 원장인 강원용 목사도 연행했다. 그뿐 아니라 크리스찬아카데미에서 교육받은 YH무역 노조 지부장 최순영, 반도상사 노조 지부장 장현자, 동일방직 노조 지부장 이총각, 콘트롤데이타 노조 지부장 이영순, 가톨릭 인천 교구 노동 사목 이경심 같은 사람들도 연행했고 원풍모방 노조 부지부장 박순희도 불러서 조사했다. 각각의 노조에서 석방을 요구하며 농성 등 단체 행동에 들어가자 이들을 석방했다.

유신 정권에서 불순 세력으로 몰아갔지만, 강원용 목사가 크리스찬아카데미를 만들어서 이렇게 일을 많이 하도록 한 건 높이 평가해야 한다. 강 목사는 우리 사회에 지대한 공헌을 했다. 이분은 해방 직후에도 개신교 진보 청년 세력을 이끌고 여운형, 김규식과 함께 통일 민족 국가 건설 운동을 벌였고 1950년대부터는 '기장'(대한기독교장로회) 지도자로서 국내외에서 진보적인 개신교 활동을 펼쳤다. 1970년대에 들어오면 특히 노동 문제에 깊은 관심을 보였다. 그러면서 크리스찬아카데미가 이렇게 많은 활동을 하게 된다. 강원용 목사도 박정희 지시로 중앙정보부에서 엮으려 했으나 김재규 부장, 김계원 청와대 비서실장의 노력으로 이 사건에 연루되지 않았다.

당시 크리스찬아카데미에서 활동한 간사도 최고 수준이었고, 여기에 나와서 강의한 분들의 면면을 살펴봐도 원로 학자들을 포함해 대단한 분들을 강사로 나와서 강의하게 했다. 나중에 활동한 것만 보더라도 한명숙은 한국 최초의 여성 국무총리가 되고, 이우재는 국회의원, 황한식은 부산대 교수, 장상환은 경상대 교수, 김세균은 서울대 교수, 신인령은 이화여대 총장이 되는 등 다들 사회의 책임 있는 자리에서 중요한 역할을 하게 된다.

중앙정보부는 이우재, 한명숙 등이 《현대 사상 연구》 등 불온 서적을 취득, 봉사, 배포하고 북한을 찬양, 동조하는 발언과 활동을

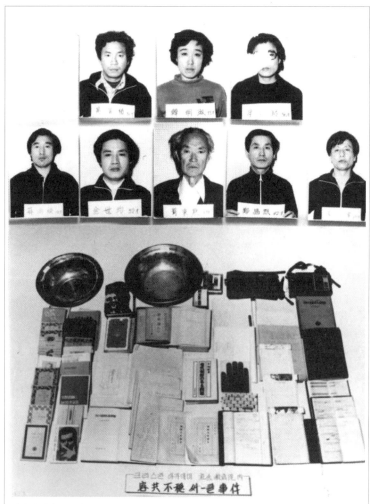

박정희 정권이 밝힌 크리스찬아카데미 사건 연루자와 증거물. 윗줄 왼쪽부터 시계 방향으로 황한식, 한명숙, 신인령, 이우재, 정창렬, 유병묵, 김세균, 장상환.

하며 북한 방송을 청취했고 불법 비밀 용공 단체를 통해 노동자, 농민, 청년, 학생, 여성 등을 대상으로 이른바 민중 계층에 기반을 둔 비밀 조직을 확대해 사회주의 국가 건설을 획책했다고 주장했다.

그리고 "이들의 활동이 북괴와 직접적인 연결 사실은 밝혀지지 않았다고 하더라도 사상과 행동을 통하여 북괴의 대남 선전 선동에 적극 동조하였을 뿐 아니라 반국가 단체인 북괴가 주장하는 노선과 체제를 지지한 범죄 사실이 입증됐다"고 발표했다.

— 그렇게 발표할 만한 근거가 있었나.

당국의 발표 내용은 혹독한 고문으로 조작해낸 것이었다. 다른 여러 사건과 비슷한데, 그것이 이들의 재판 과정에서 드러났다. 예컨대 이우재는 "내가 정보부에서 25일간 조사를 받았는데 거의 15일을 고문 받았다"고 말하고 그때 어떻게 당했는지를 구체적으로 묘사했다. "몽둥이로 때리고, 야전 침대 각목을 무릎 사이에 넣고 양쪽에서 밟으면서 '간첩도 이렇게 네 시간이면 다 얘기한다'고 하면서, 야전 침대봉이 부러지니까 또 가져다가 밟고, 그리고 담뱃불로 지지고", 담뱃불 얘기를 하면서 등을 가리켜 보였는데, "벽에 세워 놓고 주먹으로 가슴을 쳐서 숨을 못 쉬어 골병들었다"고 이야기했다. 이어서 가슴을 가리키면서 "지금도 가슴 여기는 건드리지 못한다"고 하고는 왼쪽 다리를 가리키며 "그리고 지금도 이쪽 다리를 짚으면 '찌릉찌릉' 저린다"고 말했다.

한명숙은 "그 기억을 다시 살리고 싶지 않다. 말하고 싶지 않지만 간단히 얘기하겠다"고 하면서 울음 섞인 목소리로 띄엄띄엄 얘기했다. "거기서 '공산당이면 죽인다. 너 공산당이지? 네 남편하고 어떻게 접선했느냐. 네 남편과의 편지가 암호가 아니냐. 암호 풀이를 해라. 이북에서 누가 내려왔느냐. 배후를 대라. 무슨 조직이 있느냐"고 자신을 몰아붙였다고 말했다. 여기서 남편은 통혁당 사

1980년 그리스찬아카데미 사건으로 구속된 한명숙(앞쪽부터)·장상환·김세균 등이 서울구치소에서 광주교도소로 이감되고 있다. 1979년 4월 박정희 정권은 이른바 크리스찬아카데미 사건을 터뜨리고 관련자들을 남산으로 끌고 가 혹독하게 고문했다.

건으로 걸려든 박성준 교수를 가리킨다. 이 사람은 통혁당 사건에 연루돼 13년이나 복역했는데, 크리스찬아카데미 사건이 터졌을 때도 감옥에 있었다. 그런 남편하고 어떻게 접선했느냐고 몰아세운 것이다.

이어서 한명숙은 "따귀를 맞고 힘찬 구둣발로 몰아대며 야전침대의 커다란 각목으로 온몸을 두들겨 맞았는데 난 도저히 살아날 거라고 생각하지 못했다. 어디를 어떻게 맞았는지 기억조차 안 난다. 나중에 일어나보니 뼈 마디마디는 부어 있고 온몸에 피가 맺히고 멍이 들어 걷지도 못했다. 나중에 지하실로 옮길 때 수사관이 부축해 옮겼다. 나는 자살하고 싶었다. 그리고 거기서 나는 완전히 항복했다", 변호사 물음에 이렇게 답변했다. 정말 기가 막히다고 할까, 추악한 것은 정보 기관이 이렇게 고문으로 사건을 조작해내는 정도에 머문 것이 아니라는 점이다.

'성적으로 문란한 집단'으로
추잡한 조작까지

— 고문 조작에 더해 무엇을 했나.

정보 기관은 한 걸음 더 나아가서 간사들이 성행위를 했다는 식으로 정말 추잡한 조작까지 서슴지 않고 했다. 노동자, 농민의 현실을 정확하게 인식해 노동 운동, 농민 운동을 벌이도록 간사들이 헌신적으로 참교육을 한 것을 왜곡해 아주 타락한 행위인 것처럼 보이도록 하기 위해 그런 짓까지 조작해서 발표한 것이다. 어떻게 보면 유신의 참모습이라고 할까, 광태狂態라고 얘기할 수도 있지만 이렇게까지 나쁜 짓을 할 수 있느냐 하는 생각이 들었다.

— 재판 결과는 어떠했나.

1979년 7월 재판이 시작됐다. 9월 22일 서울형사지법은 "고문 사실에 대해서는 진위를 알 수 없다"며 이우재에게 징역 7년 등 이들에게 최고 7년부터 최하 1년 6개월까지 징역형을 선고했다. 다행이라면 아주 다행인 것이 바로 10·26이 일어났다. 유신 정권이 무너진 후인 1980년 1월에 열린 항소심에서 정창렬, 황한식은 무죄로, 김세균은 선고 유예로, 신인령은 집행 유예로 석방됐고 이우재, 한명숙, 장상환은 감형됐다. 항소심 재판부는 지하 비밀 서클 구성이라는 부분에 대해서는 혐의가 없다고 했지만 이우재, 한명숙, 장상환의 경우 여타 행위라는 걸 문제 삼아 실형을 선고했다.

이 사건은 각계각층의 반발과 저항을 불러일으켰다. 개신교 측의 비판과 항의는 일일이 언급할 필요가 없을 것 같아 역사학계와 지식인들의 서명 운동만 소개하기로 한다. 역사학계가 대거 참여한 것은 서적을 빌려줬다고 해서 한양대 정창렬 교수가 구속 기소됐기 때문이었다. 1979년 봄 전국역사학대회에서 서명 작업이 벌어져 소장 학자들은 말할 것도 없고 이병도, 한우근, 김철준, 김용섭, 강만길 교수 같은 원로, 중진 교수들도 이례적으로 참여했다. 백낙청, 한완상 교수는 크리스찬아카데미 전국대책위원회에 관여했다. 1980년에는 변형윤, 조순 등 서울대 사회대 교수 10명이 황한식, 장상환에 대한 탄원서를 냈다. 대법원 판결을 앞두고 150개 단체, 1708명이 진정서 제출에 동참했는데 서울대 교수협의회 의장 변형윤 등 서울대 교수 44명이 포함됐다.

국내뿐만 아니라 외국에서도 이 사건을 크게 주목했다. 세계교회협의회, 유럽에큐메니컬아카데미연합회, 일본크리스찬아카데미, 아시아기독교협의회, 캐나다연합교회 세계 선교부 등에서 한국기독교교회협의회로 크리스찬아카데미 격려 및 연대를 다짐하는 전문을 보냈다. 인도에큐메니컬기독교센터는 박정희 앞으로 석방을 요망하는 편지를 보냈다. 독일 쪽에서는 한국을 직접 방문해서 이들이 무죄임을 확신한다는 독일 교회의 입장을 전했다.

유신 권력의 또 다른 표적, 도시산업선교회

유신 몰락의 드라마, 열두 번째 마당

김 덕 련 도시산업선교회 쪽은 어떠했나.

서 중 석 이제 산업선교회 쪽을 어떻게 좌경으로 몰아 때려잡았는
지를 장숙경 박사의 글을 중심으로 살펴보자. 앞에서도 말한 것처
럼 유신 정권은 특히 YH사건 이후에 산업선교회를 대대적으로 몰
아세웠다. 그런데 YH 노조는 1975년에 결성될 때부터 '지오세', 즉
가톨릭노동청년회하고는 관련이 있었지만, 그래서 노동조합에 대
해 배우고 그랬지만, 산업선교회하고는 별 관계가 없었다. "조합 자
체의 힘으로는 더 이상 해결이 불가능한 최종적 단계에서 힘이 될
수 있다고 판단되면 도움을 청한다"는 방침을 정했지만, 1979년 신
민당사 농성 이전까지 산업선교회 쪽과 직접적인 관계를 거의 맺지
않았다. 그런데도 정부, 여당에서는 YH 노조 배후의 불순 세력을
규명하겠다는 방침을 세우고는 산업선교회를 집중적으로 때렸다.

먼저 MBC 같은 데가 동원됐다. 그리고 공화당과 유정회는
1979년 8월 15일, 신민당사 농성 강제 해산 4일 후인 이날 "도시산
업선교회가 노사 분규의 배후 세력"이며 YH사건이 일어나게 된 본
질적 원인이라고 못을 박았다. 그다음 날 박정희는 직접 "근래 일부
종교를 빙자한 불순 단체와 세력이 산업체와 노동조합에 침투하여
노사 분규를 선동하고 사회 불안을 조성하고 있는 데 대해 그 실태
를 철저히 조사, 파악하여 보고하라"고 김치열 법무부 장관한테 지
시했다. 그날 공화당 의장 서리 박준규도 YH사건의 본질적 원인은
'도산'(도시산업선교회)이라고 주장했다. 공화당, 유정회 의원들은 합
동으로 제출한 보고서에서 "'도산'은 외세의 지원 하에 1단계로 유
신 체제를 전복하고 2단계로 자본주의 체제를 부정하고 사회주의
건설을 시도하고 있으므로 종교 단체의 노동 문제 개입을 정책적으

로 저지해야 한다"고 건의했다.

산업 전도에서 산업선교로
영등포 산선과 인천 산선이 쌍벽

—— 박정희 정권이 좌경으로 몰아간 산업선교, 그 실상은 어떠했나.

산업선교의 역사를 간단히 살펴보자. 산업선교는 산업 전도에서 시작됐다. 미국 장로교가 1952년 한국 상황을 파악하기 위해 어라복 선교사, 미국 이름은 따로 있고 한국 이름이 어라복인데, 이 사람을 파견했다. 1957년 4월에는 예수교장로회 전도부 산하에 산업전도위원회가 설치됐다.

이런 활동은 조지 오글 목사가 오면서 활기를 띠게 된다. 오글

철저히 조사하라는 박정희 지시가 떨어진 지 한 달 정도 지난 1979년 9월 14일, 정부는 〈산업체 및 농촌 사회에 대한 외부 세력 침투 실태 조사 보고서〉라는 것을 발표했다. 보고서를 작성한 특별 조사반은 "도시산업선교회가 용공 단체라는 증거는 발견하지 못했"다고 하면서도, '도산'이 불법 활동을 부추겼다고 비난했다. 교계의 반발을 우려해서인지 용공 단체로 단정하지는 않았지만, 도시산업선교회에 대한 비난 내용을 살펴보면 박정희 정권이 여타 비판 세력에게 용공이라는 딱지를 붙일 때 쓴 방식과 별로 다르지 않다. 예컨대 "일부 소수 '도산' 목사들은 …… 근로자들에게 노동 관계 법규를 위반하면서 불법 투쟁 방법을 쓰도록 교사·선동", "법 적용을 할 경우 종교 탄압이라고 왜곡 선전·선동함으로써 사회적 물의마저 야기", "계급투쟁 의식을 근로자들에게 심어주는 …… 의식화 운동의 과정에서 핵심 요원들이 근로 현장에서 근로자들에게 노동 법규는 물론 헌정 질서까지 부인, 파괴하는 교육을 시키고 있는 사실을 확인했"고 보고서에 명시한 것에서도 그러한 점은 잘 드러난다. 아울러 특별 조사반은 가톨릭농민회도 "일부 지도신부와 이들의 영향을 받고 있는 일부 농민회 회원들의 활동 방법이 순박한 농촌 사회에 대립 의식과 계급 의식을 조장, 대화와 협조가 아닌 과격한 수단에 호소하는 등 사회적 물의의 대상이 되"고 있다고 비난했다. 특별 조사반은 대검 공안부장, 치안본부 3부장, 문공부 종무국장, 노동청 노동국장 등으로 구성됐다.

1974년 12월 정부로부터 강제 추방 명령을 받고
출국하고 있는 조지 오글 목사. 오글 목사는
1974년 인혁당 재건위 사건이 일어났을 때 "인혁당
사건은 고문으로 조작된 것이다"라고 얘기했다가
추방되었다. 사진 출처: 오픈아카이브

유신 몰락의 드라마

1964년 영등포평신도산업전도연합회에서 발행한 소식지 《산업전도》.

목사는 1974년 인혁당 재건위 사건이 일어났을 때 "인혁당 사건은 고문으로 조작된 것이다"라고 얘기했다가, 그 당시에는 정말 하기 힘들었던 용기 있는 발언을 했다가 추방되는 분인데 1955년 선교사로 내한했다. 그러면서 산업 전도 활동을 하게 된다. 1961년 공장 전도, 말 그대로 공장 노동자들에게 전도한다는 뜻인 공장 전도를 위해 공장 노동자들에게 관심이 있는 사람들을 중심으로 인천산업전도위원회가 조직됐다. 그러면서 산업선교를 개척하게 되는데, 이때 목회자들은 지난번에 동일방직을 다루면서 말한 조화순 목사 사례처럼 직접 공장에 들어가 6개월 또는 1년 이상 노동자와 똑같이 일하며 공장 노동을 체험했다. 1968년 산업 전도는 인더스트리얼 미션industrial mission, 산업선교로 이름이 바뀐다. 이때부터 산업선교라는 말을 쓰게 된다.

산업선교를 대표하는 두 개의 단체가 있었다. 하나는 영등포산

1970년대 영등포산업선교회의 지원을 받은 해태제과 여성 노동자들의 투쟁 모습. 산업선교 활동은 절망에 항거하는 희망의 투쟁과 공감대를 형성하면서 노동자, 특히 여성 노동자들이 정신적·경제적으로 버텨내는 데 큰 힘이 됐다. 사진 출처: 영등포산업선교회

선으로 불린 영등포산업선교다. 예수교장로회의 영등포산업전도위원회로 출발해 이름을 영등포산업선교회로 바꿨다. 다른 하나는 감리교의 산업전도회에서 만든 인천기독교도시산업선교회다. 이게 유명한 인천산선, 일각에서 '인천도산'으로 부른 단체다. 이것들 말고도 여러 단체가 있었지만 제일 대표적인 단체로 이 두 곳을 꼽을 수 있다.

—— 산업선교회에서는 주로 어떤 활동을 펼쳤나.

1970년대에 산업선교 활동은 경제적 정의 문제, 인간의 존엄성 문제, 인간 소외 극복을 위한 결속의 문제 등에 중점을 뒀다. 소외라는 이 말은 1970년대에 매우 많이 사용됐다. 나도 소외에 관한 책을 읽어보고 그랬는데, 민중이라는 말과 함께 소외라는 말이 많

유신 몰락의 드라마

이 쓰였다. 그것들과 함께 산업선교 활동은 절망에 항거하는 희망의 투쟁과 공감대를 형성하면서 노동자, 특히 여성 노동자들이 정신적·경제적으로 버텨내는 데 큰 힘이 됐다.

영등포산선과 함께 산선 활동의 쌍벽이었던 인천산선은 1968년부터 노동 문제 세미나를 실시했다. 노동조합 조직 절차, 운영 요령, 활동 내용 같은 것과 노동법, 단체 협약, 단체 교섭에 관한 것, 노조 지도자들의 리더십 계발, 공중公衆 연설 방법, 회의 진행 요령 같은 것을 가르쳤다. 오글 목사는 노동 운동이 한국을 민주주의와 경제가 함께 발전하는 길로 이끌 것이라고 믿고 이러한 프로그램 개발과 교육에 열과 성을 다했다. 그런 상황에서, 장숙경 박사가 강조하는 바지만, 여성 노동 운동에 큰 변화를 가져온 사건이 1971년 미국 연수를 막 마치고 돌아온 조승혁 목사가 산업선교회 교육을 할 때 일어났다.

가난한 노동자와 함께한 산선의 헌신,
자각한 '공순이'들 민주 노조 중추로 변해

── 어떤 사건인가.

이때는 동일방직에서 여성 노조 지부장이 탄생하기 전이었는데, 동일방직 노동자 이영숙이 "동일방직에서는 남녀를 구별해 임금 인상을 하는데 이를 어떻게 하면 좋겠느냐"고 질문했다. 조승혁 목사는 이렇게 답했다. "여성 조합원이 4분의 3이나 되는데 왜 노조 지부장과 집행부를 장악하지 못했는가. 억울하면 여성 노동자들이 단결해서 노동조합을 장악해라." 그 이후에 일어나는 일들이 전부이 한마디 때문이라고 볼 수는 없지만, 이러한 교육을 통해 여성 노동자들은 큰 각성을 하게 된다.

— 여성 노동자, 그중에서도 특히 생산직 여성 노동자에 대한 차별이 무척 심한 때 아니었나.

당시 생산직 노동자는 단순 사무직 노동자보다 60퍼센트 가까이 임금이 낮았다. 또한 여성 노동자 임금은 남성 노동자 임금의 42~46퍼센트로 반절이 못됐는데, 이건 일제 때도 그랬다. 여성 노동자들은 남성 간부들의 성추행이나 욕설, 폭력 같은 것에도 당할수밖에 없는 위치에 있었다. 그러다 보니까 '이런 것에서 벗어나는방법은 좋은 데로 시집가는 것뿐이다', 이런 생각을 하는 경우가 적지 않았다. 여성 인권, 여성 운동은 고학력 여성한테나 필요하다고생각하는 경우도 있었다.

그런 속에서 인천산선의 조화순은 가난하고 힘없는 여성 노동자들이 스스로 자존감을 가질 수 있도록, 단결된 힘으로 자신들의문제를 해결할 수 있도록 노력했다. 이것도 여성 노동자들에게 영향을 주게 된다. 또한 소규모 그룹 활동을 적극적으로 전개하게 했다. 동일방직의 경우 1971년에 여성 노동자 165명이 소그룹 15개를조직해서 무려 672회나 모임을 열었다. 그러면서 1972년에 드디어여성 노조 지부장이 탄생한다. 이런 과정을 통해 '공순이'는 여성노동자로 새로 태어났고 인간으로서 긍지를 갖게 된다.

동일방직을 효시로 1974년에는 반도상사 부평 공장에서, 1975년에는 YH무역에서 노조가 결성되면서 여성 지부장이 선출된다.

그러면서 여성이 대다수를 차지하는 공장 중 여러 군데에서 이제 여성 지부장, 여성 대의원들이 투쟁에 나섰다. 1977년 말에는 전국 11개 노조, 56개 분회에서 여성이 지부장, 분회장을 맡았다.

— 오늘날에도 제대로 된 노동 운동을 한다는 건 정말 힘든 일인데 박정희 정권 때에는 어땠을까 싶다.

전태일 분신 사건이 잘 말해주듯이 1970년대에 노동 운동을 한다는 건 참으로 지난한 일이었다. 유신 치하에서는 특히 더 그랬다. 극도의 탄압, 억압을 받았고 걸핏하면 좌경, 용공, 빨갱이로 몰려 감옥소에 들어갔다. 이 때문에도 종교 단체의 지원이 필요할 수밖에 없었다. 그래서 1970년대 민주 노조는 대개 산선이나 '지오세' 같은 곳과 관련을 맺었고 크리스찬아카데미에서 교육을 받고 그랬다.

산선이나 '지오세'는 때로는 교단과 마찰, 갈등을 빚었다. 크리스찬아카데미 간사들도 그 점은 마찬가지였는데, 그런 속에서도 학생 운동 활동가들, 사회 운동 활동가들이 헌신적으로 활동했다. 물론 교계 사람들이 들어가서 그러한 활동을 하는 경우도 많았다. 조승혁, 조화순 목사 같은 목회자, 그리고 신부들과 활동가들은 노동자들에게 깊은 애정을 갖고 노동 체험을 직접 하면서 가족 이상으로 노동자들에 대해 동지애를 느끼며 희생적·헌신적으로 노동자와 함께했다. 그러면서 노동자 의식 계발, 조직 활동에 헌신하고 투쟁을 함께했다. 1980년대 노학 연대, '존재 이전移轉'으로도 불린 학생들의 노동 현장 위장 취업, 노동자들의 투쟁과 함께 한국 민주주의 운동사에 길이 남을 뜨거운 열정의 노동 운동을 1970년대에 이 사람들이 남겼다.

이처럼 종교의 우산 아래 활동하는데도 박정희 유신 정권은 산선, 크리스찬아카데미 등을 좌경으로 몰아붙였다. 그리고 YH 노조는 산선과는 별 관계가 없었는데도 연관시켜서 산선을 좌경으로 몰아가고 탄압했다.

"'도산'이 들어가면 도산한다"?
꼭두각시 언론들의 추태

— 가난한 이들과 함께하라는 건 예수의 가르침에서 핵심 중 하나다. 물론 목회자들이나 신도들 중에도 예수의 가르침을 온전히 따르는 것과는 거리가 먼 사람들이 과거에도 많았고 오늘날에도 많긴 하다. 그렇지만 그런 사람들조차 예수가 부와 권력을 움켜쥔 이들의 편에 서는 대신 낮은 곳에서 힘없는 사람들과 함께하는 고난의 길을 걸었다는 것을 공개적으로 부정할 수는 없을 것이다. 산업선교회, '지오세' 등은 그러한 예수의 가르침을 충실히 이행하고자 분투했다. 교인으로서 함께한 이들뿐만 아니라 교인은 아니지만 동참한 이들도 마찬가지라고 생각한다. 예수의 이름을 내걸고 예수를 욕되게 하는 일을 서슴지 않은 일부 목회자들이나 신도들에 비하면, 교인은 아니지만 가난한 이들과 함께하는 데 헌신한 이들은 의도했건 그렇지 않건 예수의 가르침에 훨씬 충실했다고 볼 수 있다. 그런데 그에 대한 응답이 극렬 좌경 세력이라는 낙인이었다는 건 서글픈 일이다.

다른 사안을 하나 짚었으면 한다. 1970년대에 일부 교계 인사들이 노동 운동과 긴밀한 관계를 맺고 노동자들을 지원한 것에 대해 그 의의와 헌신성을 인정하면서도 그와 동시에 그것이 노동 운동의 독자적인 발전을 제약한 면도 있는 것 아니냐는 시각도 있다. 어떻게 보나.

1980년대에 산선에 대해 그런 지적과 비판이 나왔다. 또한 산선 내부의 활동가와 교회 사이에 갈등이 생기기도 한다. 산선 활동이 교회에서 파견하고 재정을 지원하는 것 아닌가. 그러면서 1980년대에는 산선이 전혀 역할을 하지 않은 건 아니지만 별 역할을 못한다. 1980년대에 가면 종교 단체와 연결해 활동하는 것을 떠나서 노학 연대의 시대, 위장 취업한 학생들과 손잡고 노동자들이 전면에 나서 싸우는 시대로 바뀌지 않나. 종교계와 노동 운동이 밀접하게 연계하는 건 1970년대에 일어난 1970년대의 현상이라고 볼 수 있다.

다시 돌아가면, 앞에서 말한 것처럼 박정희가 직접 "일부 종교를 빙자한 불순 단체와 세력이 …… 노사 분규를 선동하고 사회 불안을 조성하고 있"다며 그 실태를 조사하라고 법무부 장관한테 지시한 직후인 8월 17일 서울시경은 YH사건 수사 결과를 발표했다. 이 자리에서 최순영 등 YH 노조 간부 3명과 배후 조종자로 인명진 목사, 문동환 목사, 시인 고은 등을 구속했다고 밝혔다. 그러면서 "YH 노조 간부들은 무산 계급이 지배하는 사회 체제를 건설하는 것이 기독교 사명이라고 표방하고 도시산업선교회 목사의 조종을 받아 사회 혼란을 조성하고 국가, 사회의 변혁을 획책했다"고 발표했다. 별 관련이 없는데도, 마치 YH 노조 활동에 산업선교회가 깊이 개입한 것처럼 발표한 것이다.

그뿐 아니라 이제 신문들이 나서서 유신 권력이 하라는 대로 앞다퉈서 썼다. 당시 언론에서는 도시산업선교회 혹은 산업선교회라는 정식 명칭 대신 '도산'이라는 말을 애용했다. "'도산'이 들어가면 도산倒産한다"는 신조어, 산업선교회와 노동자들을 매도하는 그런 새로운 말까지 생겼다. 조선일보, 서울신문, 경향신문 등은 "'도산'이 들어가면 도산한다"고 강조하면서 도시산업선교회 관련 기사를 연속 특집으로, 여러 차례에 걸쳐 그해 8월 하순부터 연재했다. 그렇지만 산업선교회 측의 입장이나 노동자들의 열악한 상황, 왜 노동자들이 그렇게 투쟁할 수밖에 없었는가에 대해서는 이런 신문들에서 찾아보기 어려웠다.

── 다른 이야기를 하나 하면, 유신의 몰락을 다루는 이번 이야기 마당에 해당하는 기간은 짧은데 굵직한 사건이 꽤 많다. 예컨대 YH사건뿐만 아니라 부마항쟁, 김영삼 의원직 제명, 김형욱 문제, 거기에다 10·26까지 모두 유신 말기인 1979년 하반기에 연이어 발생했다. 전두환 일당의 12·12쿠데타는 박정희 사후에 일어난 일이니 여기서는 일단 제외한다고 하더라도 말 그대로 격동기였다는 생각이 든다.

유신 체제의 모순이 그렇게 한꺼번에 터져 나오면서 박정희가 정신 못 차리다 10·26을 맞게 되는 것 아닌가. 유신 체제의 모순, 박정희 잘못 때문에 생긴 일들이라는 것을 인식할 필요가 있다.

분별력 상실한 박정희의 폭주,
김영삼 의원직 날치기 제명

유신 몰락의 드라마, 열세 번째 마당

김 덕 련 1979년 YH사건 이후 정국을 살폈으면 한다. 유신 정권이 YH 여성 노동자들의 신민당사 농성을 무자비하게 진압한 후 박정희와 김영삼은 극한 대립으로 치닫지 않나.

서 중 석 박정희 정권은 한편으로는 YH사건과 연결해서 도시산업선교회를 좌경 세력으로 몰아붙이는 작업을 하고 다른 한편으로는 김영삼을 무력화하는 활동을 노골적으로 전개하게 된다. 그러면서 발생한 것이 신민당 총재단 직무 집행 정지 가처분 문제다.

YH 여성 노동자들의 농성 강제 진압 후 신민당 의원들은 마포 당사에서 농성을 벌였다. 그런데 농성이 한창이던 8월 13일, 신민당 원외 지구당 위원장 세 사람(윤완중, 유기준, 조일환)이 총재와 부총재를 모두 포함한 총재단의 직무 집행 정지 가처분 신청을 법원에 냈다.

1972년 유신 쿠데타 직후 정치적 보복이라고 할까, 탄압으로 여러 야당 의원이 보안사에 끌려가서 고문당하고 그러면서 조윤형, 김상현, 조연하가 구속되지 않았나. 조윤형은 그때 3년형을 선고받고 중간에 가석방으로 출옥하는데, 1976년 3월에 가서야 형 집행이 종료됐다. 김영삼은 1979년 5월 30일 총재로 선출되고 나서 부총재 중 한 사람으로 조윤형을 임명했다.

그러자 원외 지구당 위원장 세 명이 '5·30 전당 대회에 참가한 일부 대의원들의 자격에 문제가 있다'고 주장하고, 따라서 김영삼의 총재 당선이 무효라며 가처분 신청을 낸 것이다. 이들이 문제 삼은 일부 대의원은 조윤형 같은 사람들을 가리킨다.

— 몇 년 전 일, 그것도 유신 독재의 폭압에 당한 것이 왜 이때 와

서 새삼스레 문제가 된 것인가.

1976년에 각목 대회가 있었을 때에는 조윤형이 그 전당 대회에서 김영삼이 아니라 이철승을 지지해서 그랬는지 자격에 아무런 문제가 발생하지 않았다. 그런데 김영삼이 총재가 되자 이런 문제가 생겨난 것이다.

사실 신민당 전당 대회의 대의원 가운데 일부가 법적으로 자격에 문제가 있다는 내용의 정보가 5·30 전당 대회 후 공화당에 들어왔다. 신민당 비주류 쪽에서 흘린 것 아닌가 추측된다. 아무튼 신민당 전당 대회 직후 공화당에 이른바 신민당 무자격자 대의원 명단이라는 게 넘어왔는데, 신형식 공화당 사무총장은 정치 도의상 거론할 수 없다고 묵살했다.

그런데도 이 사안이 정국의 주요 현안이 된 건 역시 공작 정치와 떼어놓고 생각할 수 없다. 신민당 총재단 직무 집행 정지 가처분 신청 사건의 공작에도 차지철이 깊이 개입했다. 이 사건은 심리 도중에 배석 판사가 바뀌었다는 점에서도 의아심을 샀다. 신민당은 총재단 직무 집행 정지 가처분 신청을 낸 세 사람을 바로 제명 처분했다.

그런데 9월 8일 서울민사지법은 이 가처분 신청을 받아들였다. 부장판사는 조언이었다. 이 사람은 법무부 장관과 대법원장을 지낸 조진만의 아들로 법조계에서 평판이 그렇게 나쁘지 않은 사람으로 알려졌는데, 정국이 워낙 그랬기 때문인지 이런 결정을 내렸다. 또한 조언 부장판사는 5·30 전당 대회 의장 정운갑을 신민당 총재 직무 대행자로 선임했다. 정당 대표가 법원의 가처분 결정으로 직무 집행이 정지된 건 한국 정당 역사에서 처음 있는 일이라고 이날 동아일보는 보도했다.

정면으로 받아친 김영삼
"박정희 씨 하야를 요구한다"

─── 김영삼 그리고 야권에서 선명 야당론에 공감하던 이들은 어떤 반응을 보였나.

법원에서 그렇게 결정했다고 해서 김영삼이 기가 죽거나 멈칫하는 태도를 보였느냐 하면 절대로 그렇지 않았다. 이틀 후인 9월 10일 김영삼은 기자 회견을 열고 성명을 발표했다. 박정희 정권이 불법, 무법 정권이라고 역설하면서 "나는 여기서 박정희 씨의 하야를 강력히 요구한다"고 말했다. 대통령으로 인정하지 않고 그냥 박정희 씨라고 했다.

그러면서 정치인으로서는 아주 드문 발언을 했다. "오늘의 중대한 국면에 처해서도 궐기하지 못한다면 우리 모두 함께 역사의 죄인이 된다는 것을 잊지 말아야 할 것이다"라면서 국민들한테 궐기하자는 선동까지 강하게 했다. 박정희 정권을 타도해야 한다는 것을, 법원의 그러한 결정에 대한 답변으로 제시한 것이다. 이 기자 회견에서 김영삼은 "가처분 결정은 정치 권력의 지시에 의한 조작극일 뿐만 아니라 헌정의 일익을 담당하는 정당의 지도 기능이 민사 소송의 대상이 될 수 없기 때문에 영원히 승복할 수 없다"고 공언했다. 그 무렵 전북 전주 중앙성당 기도회에서 사건이 일어났다.

── 어떤 사건이었나.

김재덕 주교의 역할 때문에 그랬을 텐데 당시 전주 교구는 반박정희 활동이 활발하게 전개된 곳이었다. 전주 중앙성당 기도회에서 김재덕 주교는 김영삼에 대한 가처분 결정을 마치 조롱하는 것처럼 박정희 정권에 대한 직무 집행 정지 가처분을 주장했다. 이 기도회가 끝난 후 1,800여 명의 신자들이 침묵시위와 철야 농성을 벌였다. 박정희 유신 정권이 불법, 무법 정권이라는 김영삼의 지적과 궤를 같이하는 논리였다.

가처분 결정을 그런 식으로 한다면 5·30 전당 대회에서 상임 고문으로 추대된 윤보선과 김대중은 어떻게 되는 것이냐는 문제가 생길 수 있었다. 윤보선, 함석헌, 김대중이 공동 의장인 민주통일국민연합은 성명서를 내고, 전당 대회 의장도 5월 30일 똑같은 장소

에서 똑같은 대의원들에 의해 선출됐는데 어째서 전당 대회 의장만 합법이 돼가지고 총재 직무 대행자로 선임될 수 있느냐고 반박했다.

정치적인 사건을 이런 식으로 다룬다면 야당은, 특히 유신 체제 같은 데에서는 존속할 수 없었다. 유신 체제와 싸운 사람들은 다 입건되는 식으로 언제든지 법적인 문제가 생길 수 있는 것 아닌가. 그런 걸 트집 잡아 '자격에 문제가 있다'고 한다면, 그건 야당 노릇을 하지 말라는 얘기가 되기 때문이다.

이 가처분 결정이 사회적으로 크게 문제가 되자 정부는 사법부 비난을 금지하는 조치를 취했다. 이 사건이 정치적인 사건이라는 건 10·26 이후 김영삼이 아무 일 없었다는 듯이 그대로 총재직을 수행한 것에서도 분명하게 드러났다. 그걸 보더라도 이 사건은 정치적인 사건이라고들 얘기하고 있다. 그리고 조언 부장판사는 6

1979년 9월 25일 자 동아일보. 정운갑 총재 직무 대행을 지지하는 세력과 김영삼을 지지하는 세력이 신민당 내에서 치열하게 정통 다툼을 하고 있다고 보도했다.

월항쟁이 일어나기 1년 전인 1986년 사법연수원장을 끝으로 판사를 그만두게 된다.

─ 법원 결정 후 신민당 상황은 어떠했나.

정운갑이 총재 직무 대행을 수락하면 신민당은 이제 두 조각이 날 수밖에 없었다. 영원히 불복하겠다고 김영삼이 선언하지 않았나. 양쪽 간 협상은 결국 결렬되고 정운갑이 총재 직무 대행직을 수락했다. 그러면서 신민당은 정치적 당수와 법적 당수의 기이한 이원 체제로 나뉘었다. 이철승, 신도환 등 비당권파, 비주류는 정운갑 체제를 지지했다. 정운갑은 9월 25일 중앙선거관리위원회에 총재 직무 대행직을 정식으로 등록했다.

그런데 문제는 "정당의 지도 기능이 민사 소송의 대상이 될 수 없기 때문에 영원히 승복할 수 없다"고 선언한 김영삼이 당 안팎에서 강력한 지지를 받고 있었다는 점이다. 정운갑이 총재 직무 대행직을 중앙선관위에 등록한 그날(9월 25일) 1,500여 명의 신민당원이 마포당사에서 김영삼 총재 수호 전국 당원 대회를 열고, "김영삼 총재 체제가 정당하게 추대된 우리 당의 유일한 정통"이라고 선언하는 한편 "관선 대행은 반당叛黨의 표본"이라고 비난했다.

정운갑 대행 체제에 치명적인 타격은, 이건 박정희에게 큰 타격이기도 했는데, 김영삼을 지지하는 소속 의원이 42명이나 됐다는 것이다. 신민당 의원 중 3분의 2가 김영삼을 지지하는 상황이었다.

— 유신 독재가 철권을 휘두르던 그때, 어떻게 해서 그런 현상이 나타난 것인가.

쥐 같은 어떤 동물들은 큰 지진이 나기 전에 그걸 사전에 감지하고 살기 위해 도피한다고 하지 않나. 박정희 정권이 이렇게 강경하게 나오고 있는데 다수의 야당 의원들이 그러한 박정희 정권과 정면으로 맞서겠다는 김영삼 쪽에 줄을 섰다는 건 굉장히 놀라운 일이다. '김영삼과 함께했다가는 나도 김영삼처럼 호되게 당할 수 있다. 정치적으로 죽을 수도 있다', 이렇게 생각하는 게 일반적일 텐데 이때는 그렇지 않았다.

야당 의원들 중에는 민주주의 신봉자들 또는 '그래도 야당다운 야당이 돼야 한다'고 생각하는 사람들도 있었지만, 야당 의원들 중 다수는 기회주의자나 정상배 또는 '유신 체제에 몰래 협력도 한 것 아니냐'는 얘기를 듣던 자들이었다. 그런데도 김영삼 쪽에 다수가 줄을 서는 일이 일어난 건, 이 사람들이 '현재의 형국은 박정희가 강력한 권력을 휘두르는 것처럼 보이지만 실제로는 박정희 권력이 무너지고 있는 것 아니냐'고 봤기 때문 아니겠나. 갈 데까지 간

유신 체제가 이제 붕괴하는 것 아니냐는 강한 느낌, 그걸 수십 년간 정치 활동을 하면서 갖게 된 감으로 느꼈기 때문에 그런 일이 일어난 것 아니냐고 볼 수 있다. 당시 기자들도 이 사람들이 투철한 민주 의식을 갖고 있어서 이런 일이 벌어진 것이라고 보지는 않았다. 어쨌든 정말 놀라운 일이 일어난 것이다.

점점 분별력 상실한 박정희, '김영삼 의원직 제명' 무모한 결정

—— 정운갑이 총재 직무 대행을 수락하는 과정에서 청와대 쪽 공작은 없었나.

그것에 대해서는 어떤 자료에도 안 나온다. 뭔가 있지 않았겠느냐고 생각해볼 수 있는데, 알 수 없다. 정운갑은 일제 말에 고등문관 시험 행정과에 합격한 사람인데, 이승만 정권 때에는 농림부 장관을 거쳐 자유당 의원을 했고 박정희 정권 때에는 야당 의원을 여러 차례 했다. 최규하처럼 살살, 상황에 따라 조심스럽게 행동하면서 계속 출세했다는 얘기를 듣기도 한 사람이다. 법원 결정에 대한 김영삼의 강한 반박, 그런 김영삼을 다수가 지지하는 야당의 분위기 등과 함께 박정희를 분노케 한 것은 9월 16일 자 뉴욕타임스에 실린 기사였다.

—— 어떤 내용의 기사였나.

김영삼이 뉴욕타임스 도쿄 특파원 스톡스 기자와 인터뷰한 기사였는데 이런 내용이었다. "한국 정부에 대한 그(김영삼)의 거리낌 없는 반대로 체포 직전에 있는 것으로 믿어지는 한국 야당의 지도자는 카터 행정부에 박정희 대통령에 대한 지지를 중단하라고 요구했다." 박정희가 그야말로 이성을 잃을 정도로 화를 냈을 법한 비판이었다.

또한 이 기사에는 "그의 집에서 한 회견에서 '미국은 국민과 끊임없이 유리되고 있는 정권, 그리고 민주주의를 열망하는 다수, 둘 중에서 어느 쪽을 선택할 것인지를 분명히 할 때가 왔다'고 했다", "그는 '내가 미국 관리들에게 미국은 박 대통령에 대한 공개적이고 직접적인 압력을 통해서만 그를 제어할 수 있다고 말할 때마다 미국 관리들은 한국의 국내 정치에 개입할 수 없다고 답했다. 이건 납득이 안 가는 논리다. 미국은 우리를 보호하기 위해 3만 명의 지상군을 파견하고 있는데, 그건 국내 문제에 대한 관여가 아니란 말인가'라고 했다"고 쓰여 있었다.

— 유신 정권은 어떤 반응을 보였나.

김영삼이 이렇게 딱 부러지게 얘기하자, 박정희는 이걸 즉각 문제 삼았다. 박정희는 총재 직무를 정지시키는 데서 머물지 않고 극형이라고 할 수 있는 국회의원직 제명 처분, 그러니까 김영삼을 아예 국회에서 몰아내겠다는 지극히 무모한 짓을 벌이게 된다. 유신 권력은 인터뷰에서 김영삼이 한 발언을 "용공적인 이적 행위이며 민주화 압력이라는 내정 간섭을 요청한 사대 발언"으로 규정하고, 국회의원으로서 품위를 손상했으니 국회의원직에서 제명하겠다는 '결단'을 내린 것이다. 그러면서 해외여행 중인 여권 의원들에게도 귀국 명령을 내렸다.

이건 정말 난폭하고 무모한 결정이었다. 그 당시 기자나 정치인이었던 사람들이 나중에 썼듯이 1978년 12·12선거 이후 박정희는 점점 분별력을 상실하고 있었다. 그 상실 정도가 심했다. 1979년 3월 백두진을 국회의장으로 선출하게 한 것도 12·12선거에 대한 도전이자 오기의 발동 아니냐고 난 보고 있다. 또 5·30 전당 대회를 앞두고 5월 21일 기자들한테 대통령이 직접, 청와대 쪽에서 5·30 전당 대회에 깊이 개입하고 있음을 시사하는 발언을 하면서 '신도환 쪽과 지금 거래하고 있다'고 얘기하지 않았나. 물론 그전에도 그런 식으로 공작 정치를 해왔지만, 그렇다고 하더라도 이렇게 대통령이 직접 기자들한테 얘기한다는 건 분별력 상실이 심한 상태가 아니냐고 볼 수 있다. 대국적으로 사태에 대처하지 못하고 소아병 환자처럼 신경질적으로 반응했고, 정치적 도전자에 대한 반감 같은 것이 한층 더 커졌다. 그것이 극단적으로 나타난 게 김영삼을 의원직에서 제명해 국회에서 축출해버리겠다는 결정이었다.

제명 전날 밤 김영삼 만난 김재규
'대통령이 당신을 죽이려 들 것이다'

— 극한까지 가는 건 피해보려는 움직임은 없었나. 매사에 청와대 눈치를 살핀 여권이라고 하더라도 그냥 손 놓고 있을 수만은 없는 심각한 상황 아니었나.

'의원직 제명까지 하면 그야말로 정치적 파국으로 갈 수도 있는 것 아니냐. 중대 사태다', 이런 걸 야당 쪽에서만 느낀 게 아니라 여당 쪽에서도 느끼고 있었다. 그래서 여당 쪽에서도 여러 사람이 이 문제를 해결해보려고 노력했다.

유정회 원내총무 최영희, 이 사람도 이건 안 되겠다는 생각을 했다. 그래서 신민당 원내총무 황낙주와 접촉해서 타협안을 만들었다. 큰 테두리에서 'YH 여성 노동자 농성 강제 진압에 책임이 있는 내무부 장관, 치안본부장, 노동청장 중 한두 사람을 문책하면 김영삼 총재가 그것에 대해 뭔가 답변을 해준다. 그걸 통해 유화적인 국면을 갖는다'는 타협안을 만든 것이다. 박 대통령한테 그 얘기를 하니까 "한 번 검토해봐", 이런 답이 돌아왔다.

그런데 김계원 비서실장이 아무래도 걱정됐는지, 경호실장 차지철을 설득해보라고 최영희한테 얘기했다. 그래서 최영희가 차지철한테 얘기를 했는데, 차지철은 갑자기 얼굴을 붉히면서 "선배님, 정치를 뭘 안다고 그러십니까? 김영삼 그 사람은 안 돼요. 나라를 송두리째 뒤집으려는 위험인물입니다. 당장 잘라버려야 해요", 이렇게 나왔다. 대위 출신인 차지철이 육군 참모총장까지 지낸 자기한테 이렇게 얘기하니까 최영희가 팍 쏘아붙였다. 원내총무가 이런 걸 안 하면 그럼 뭘 하느냐고. 그랬더니 차지철은 "글쎄 저한테 맡기십시오"라고 얘기했다. 이러한 얘기를 들은 김계원은 "차지철 때문에 다 틀렸어"라고 개탄했다.

그러한 가운데 김영삼을 제명 처분하기 전날인 10월 3일 박준규 공화당 의장 서리, 태완선 유정회 의장, 김재규 중앙정보부장, 김계원 비서실장, 이렇게 핵심 인물 네 사람이 모였다. '이건 안 된다. 각하께 재고하도록 건의하자', 이렇게 얘기를 나누고 있는데 차

차지철은 "각하 뜻"을 언급하며 김영삼의 의원직 제명을 적극 추진하라고 재촉했다. 사진은 1977년 1월 박정희 대통령의 초도순시용 책상을 미리 점검하고 있는 모습. 사진 출처: 국가기록원

지철이 갑자기 나타났다. 차지철은 "각하 뜻은 어떤 일이 있어도 제명하라는 겁니다"라고 콱 못을 박아버렸다. 각하 뜻이라고 하니까 누구도 할 말이 없게 돼버렸다. 차지철은 뭔가를 할 때마다 박정희 뜻임을 내세웠는데, 이것도 그러면서 수포로 돌아갔다.

─ 그래도 김재규는 포기하지 않지 않았나.

김재규가 마지막으로 김영삼을 만났다. 10월 3일 그날, '꼭 좀 만나자'고 김영삼한테 요청해서 결국 중앙정보부 공관에서 만났다. 그날 밤 9시경이라고 하는데, 은밀히 만나서 얘기를 나눴다.

사실 그 전날인 2일 밤 김재규는 박정희하고 늦게까지 술을 마시면서 '제명해서는 절대 안 된다. 큰 사태가 벌어질 수 있다'고 말했지만, 박정희는 '이미 끝난 일이다. 박준규 당 의장에게 이미 지시했다'고 못을 박았다. 김재규가 마지막으로 한 번 만나볼 테니 시간을 달라고 하자, 박정희는 마지못해 '그러면 그렇게 하라'고 했다고 한다. 그래서 만나자고 했다는 것이다.

── 김재규는 김영삼에게 어떤 이야기를 했나.

김재규는 김영삼에게 '당신에 대한 박 대통령의 감정이 극에 달해 있다. 제명, 구속은 물론 당신을 죽이려 들 것이다', 이렇게까지 얘기했다. 그러면서 "이대로 가다가는 이 나라도, 총재님도 불행해집니다"라고 말했다. 나중에, 그러니까 10월 26일 그날 거사할 때에도 이런 상황 파악이 많이 작용하게 된다. 그전에 3선 개헌(1969년)을 절대 반대했던 공화당의 핵심 의원이던 정구영, 양순직에게도 김재규는 이런 방식으로 '3선 개헌을 지지해달라'고 권유한 적이 있다. 당시 김재규는 '박 대통령 뜻대로 3선 개헌이 안 되면 무슨 일이 일어날지 모른다. 비상사태와 위기가 닥칠 수 있다. 그러니 지지해달라'고 호소했다.

김재규는 그런 일이 없도록 해야 한다고 김영삼한테 얘기했다. 김영삼은 단호히 거절했다. 그러자 김재규가 나름대로 대안을 제시했다. 뭐라고 했느냐 하면, 우연히 기자들하고 얘기하는 척하면서 '뉴욕타임스 회견 내용이 와전됐다', 이 한마디만 하면 된다는 것이었다. 그다음은 중앙정보부에서 알아서 처리하겠다는 것이었다. '와전됐다'고 말하는 것은 우리나라에서 대개 쓰는 수법 아닌가. 김영삼은 그런 말은 절대로 하지 않겠다며 1시간쯤 버티다가 밖으로 나왔다. 김재규는 김영삼을 따라 나오면서 한 번만 더 재고해달라고 요청했지만 김영삼이 뿌리쳤다고 한다.

김영삼 제명 폭거에 오히려
더 반박정희 진영으로 몰려든 야당 의원들

── 청와대 뜻에 따른 김영삼 의원직 제명안, 어떤 식으로 처리됐나.

10월 4일, 여권은 김영삼 총재의 발언이 용공적인 이적 행위이자 국회의원으로서 품위를 손상한 행위라며 국회에서 의원직 제명안을 전격적으로 통과시켰다. 신민당 의원들이 단상을 점거해 의장석에 오르지 못한 백두진 의장은 본회의장 출입구 쪽에서 20여 명의 경위들에게 둘러싸인 채 구두로 "김영삼 의원에 대한 징계 동의안을 법사위에 회부하는 데 이의 없느냐"고 물은 다음에 의사봉도 없이 손만 흔들어 처리했다. 이어서 경호권이 발동된 가운데 본회의 장소를 146호로 옮기고, 300여 명의 사복 경찰과 50여 명의 국회 경위를 동원해 출입구와 복도를 차단하고 야당 의원들의 접근을 막은 채 공화당과 유정회 의원 159명만으로 김영삼 총재 징계안을 단 10여 분 만에 전격적으로 처리했다.

경호권이 발동된 건 1958년 12월 24일에 일어난 유명한 24파동, 그러니까 이승만 정권이 국가보안법 개정안과 지방자치법 개정안을 우격다짐으로 통과시킨 그때 이후 21년 만이었다. 또한 30년이 넘는 의정 역사에서 정당 대표를 이런 식으로 제명한 건 처음 있는 일이었다. 그것도 날치기로 그렇게 해버렸다.

그날 김영삼은 제명 처리가 됐다고 하니까 "공화당 정권은 오늘 국회를 권력의 시녀로 타락시켜 야당 총재를 의회로부터 추방하는 폭력 정치의 하수인으로 만들었습니다. 이로써 지난 5월 30일 내가 신민당 총재가 된 이래 계속돼온 일련의 탄압 정치에 행정부, 사법부, 입법부가 모두 동조함으로써 이 나라는 민주주의가 존재하지 않는다는 사실을 입증하였습니다"라는 성명서를 발표했다. 그러면서 "나에 대한 제명은 완전 불법이므로 영원히 승복할 수 없으며 제명을 12번 한다고 하더라도 여당이 내세운 징계 사유는 어느 한 구절도 인정할 수 없습니다", "나를 아무리 의회에서 축출하고 아무리 감옥에 가둔다 해도 민주 회복을 위한 나의 소신, 나의 철학, 나의 시국관까지 축출할 수 없고 감옥에 가둘 수는 없습니다", "나는 잠시 살기 위해 영원히 죽는 길을 택하지 않고 잠시 죽는 것 같지만 영원히 살 길을 선택할 것입니다", 이렇게 선언했다.

— 거센 반발이 일 수밖에 없는 상황이었다. 어떠했나.

미국 정부가 강력하게 반발했다. 호딩 카터 국무부 대변인은 4일 "한국 국회가 오늘 김영삼 총재를 추방한 점에 대하여 깊은 유감의 뜻을 표한다. 이와 같은 행동은 민주적 정부의 원칙에 어긋난다"는 성명을 발표했다. 다음 날인 10월 5일에는 글라이스틴 주한 미국 대사를 본국으로 소환한다고 발표했다.

1979년 10월 5일 자 동아일보. 공화당과 유정회 의원 159명이 김영삼 총재의 의원직 제명안을 단 10여 분 만에 전격적으로 통과시킨 소식을 전했다.

이렇게 김영삼까지 제명됐는데도 국회의원들은 오히려 더 김영삼 편을 들게 된다. 하기야 야당 총재의 의원직 제명이 워낙 난폭하고 무도한 짓이니까 그랬겠지만, 10월 13일 신민당 소속 의원 66명 전원이 국회의원직 사퇴서를 국회에 제출했다. 통일당 의원 3명, 이것도 전원인데 이들도 여기에 동조해 이날 의원직 사퇴서를 냈다. 그런데 또 문제가 생겼다.

── 어떤 문제가 발생했나.

유정회와 공화당이 10월 15일에 합동 회의를 열고 의원직 사퇴서 처리 문제를 논의한 결과를 발표한 게 16일 보도됐는데, 이번에는 그게 문제를 일으켰다. 15일에는 이 회의에서 야당 의원들의 사퇴서를 일괄 반려하는 온건론 쪽으로 결론이 날 듯하다고 보도됐는데, 16일에 보도된 발표 내용은 딴판이었다. "일괄 수리 또는 선별 처리를 한 후 보궐 선거를 실시토록 하자는 강경론이 압도적으로 우세했다", 이렇게 발표한 것이다. 한 걸음 더 나아가서, 제명된 의원뿐만 아니라 사퇴서가 수리된 의원들까지 보궐 선거는 물론이고 다음 총선에도 출마하지 못하도록 하는 방향으로 국회의원 선거법을 개정하는 문제까지 논의됐다고 발표했다.

그렇지 않아도 정계나 국민들이 들끓고 있는데 거기에다가 기름을 끼얹은 것이었다. 그래서 분위기는 더 싸늘하게 식고 정국은 폭발 직전 상황으로 나아가고 있었는데, 바로 그날 유신 체제에 조종을 울린 부마항쟁이 남녘에서 일어났다.

박정희 심복 중의 심복
이후락·김형욱은 왜 도망쳐야 했나

유신 몰락의 드라마, 열네 번째 마당

김 덕 련 이번에는 김형욱 문제를 짚었으면 한다. 김형욱 실종 사건은 그 이전에 미국에서 전개한 박정희 비판 활동과 직결돼 있지 않았나.

서 중 석 김형욱이 파리에 나타난 것은 김영삼이 의원직에서 제명되기 사흘 전인 1979년 10월 1일이었다. 김형욱은 박정희가 살해되기 직전에 암살된 것으로 보인다. 뉴욕타임스로 기억하는데 미국의 한 신문은 김형욱 사건이 나자 "김형욱은 박정희 치부의 최대 공범자였다"고 썼다. 적절하게 표현한 것 아니냐고 난 생각한다.

그런데 박정희가 1970년대 중후반 유신 체제 시기에 몹시 두려워하고 분노했던 인물이 바로 김형욱 아니겠나. 중앙정보부장을 맡았던 김형욱과 이후락, 경호실장이었던 박종규는 박정희의 측근 중의 측근이었다. 그건 김정렴하고도 또 다르다. 김정렴은 개인적으로 충성을 다 바쳤지만 큰 사건에 개입하지 않았다. 바꿔 말하면 권력자가 아니었다. 그렇지만 김형욱, 이후락, 박종규 이 세 사람은 나름대로 자신의 세력을 가진 막강한 권력자였고 공단 위치 결정 문제, 그러니까 울산에 세우느냐 마산에 세우느냐 하는 문제까지 포함해서 중요한 문제에 개입했다. 그런 점에서 김정렴이 9년 3개월 동안 비서실장을 했다는 것과 다른 의미를 지니고 있다.

김형욱 사건, 이건 두 가지로 나뉜다. 하나는 미국에서 한 활동을 가리키고 또 하나는 납치·살인 사건을 말한다. 김형욱 납치·살인 사건은 사건 자체도 중요할 뿐만 아니라 미스터리에 싸여 있기 때문에 특별히 많은 관심을 유발했는데, 사실 더 중요한 건 미국 의회에서 김형욱이 어떤 활동을 했는가, 그것에 대해 박정희가 어떤 반응을 보였겠는가, 바로 그 문제다. 그러한 김형욱 사건을 말하기 전에 우선 이후락 도피 사건을 간단히 살펴보자. 이후락 도피 사건은 박정희가 어떤 사람인가를 이해하는 데에도, 김형욱 사건을 이해하는 데에도 도움이 된다.

청와대·중앙정보부 바짝 긴장시킨
'박정희교 신도' 이후락의 해외 도피 사건

─ 어떤 점에서 그러한가.

김형욱과 이후락, 이 두 사람은 박정희가 어떤 사람인지를 구체적인 사건이라든가 행위를 통해 속속들이 알고 있었다. 그런 두 사람 중에서 한 사람은 해외로 도피했다가 돌아오고 다른 한 명은 망명해서 박정희가 가장 미워하는 사람이 됐다는 것은 박정희 권력의 속성을 잘 보여준다.

이후락이 중앙정보부장에서 물러난 때는 1973년 12월 3일이다. 김대중 납치 사건이 일어나자 북측에서 남북조절위원회 대화를 중단하고 "이후락 등 남조선 당국과는 마주 앉아 국가 대사를 논할 수 없다"고 나온 것이 한 가지 이유였겠지만, 박정희로서는 이후락의 이용 가치가 더는 없다고 봤기 때문이었을 것이다. 그렇지만 자신을 대신해 온갖 욕을 얻어먹던 사람을 내쫓았기 때문에 이제 박정희가 비난의 화살을 직접 맞아야 했다.

이후락은 중앙정보부장에서 물러난 지 불과 보름 남짓 후인 그해 12월 19일 김포공항을 혼자 몰래 빠져나갔다. 이 사람이 빠져나간 것을 후임 중앙정보부장인 신직수도 몰랐고 박정희도 전혀 몰랐다. 이후락 도피 사건에 대해 제일 상세하게 쓴 건, 그중 주로 초기 과정에 대해서이긴 하지만, 이종찬이 2015년에 낸 회고록이다.

— 이 사건에 대해 이종찬은 어떤 기록을 남겼나.

이종찬은 중앙정보부에 근무했고 이때는 중앙정보부 요원으로 주영 한국 대사관에서 참사관으로 일했는데, 부친이 사망해서 서울에 들렀다가 영국에 귀임하던 중 이후락을 만났다. 그때는 대만에서 환승하게 돼 있었는데, 대만 비행장에서 짐도 없는 단벌 신사가 눈에 들어와서 보니까 그게 바로 자기들을 호령하던 이후락이었다. 그래서 좋든 싫든 임시 수행원이 돼서 이후락과 함께 홍콩으로 갔다. 홍콩 호텔의 식당에 가서 밥을 먹으려고 했는데 거기서 차지철, 임충식 의원 등이 밥을 시켜서 먹고 있었다고 한다. 그걸 본 이후락과 이종찬은 차지철 일행과 마주치는 걸 피하려고 따로 밥을 시켜서 방에서 먹었다.

사흘째이던 12월 21일, 이러고만 있을 수는 없다고 본 이종찬이 이후락한테 어디로 갈 거냐고 물었다. 그런데 '천하의 이후락'이란 자가 아무 데도 갈 곳이 없고 그저 무조건 서울을 빠져나온 신세가 된 것이었다. 이종찬한테 그렇게 답변했다고 한다. 그래서 이종찬이 '그러면 영국으로 가자'고 권유하니까 이후락이 '먼저 출발하라'고 말하면서 1,000달러를 줬다. 내가 왜 1,000달러를 얘기하느냐 하면, 당시 1,000달러는 큰돈이었기 때문이다. 이후락이 이때 돈은 꽤 갖고 나왔다는 걸 보여준다.

'너 먼저 런던에 가라'는 말을 듣고 이종찬은 런던에 왔다. 그런데 그 이후에 런던으로 오는 비행기 탑승자 명단에 이후락 이름

이후락(가운데)은 최선의 방식으로 박정희가 계속
권력을 잡을 수 있도록 모든 것을 다 바쳐 일했다.
이후락은 중앙정보부장에서 물러난 1973년 12월에
혼자 몰래 김포공항을 빠져나가 해외로 도피했다.
사진은 1973년 3월 16일 남북조절위원회 위원장
시절 판문점에서 귀경 기자 회견을 하는 모습이다.
사진 출처: 국가기록원

은 있었지만 이후락한테 연락은 안 왔다. 그래서 이종찬은 중앙정보부 본부에 연락을 했다. 그리고 나서 중앙정보부 영국 현지 책임자인 김동근 공사한테 혼도 나고 그랬다.

이후락의 은밀한 출국을 알게 된 서울의 중앙정보부는 발칵 뒤집혔다. 어떻게 해서든지 이후락을 빨리 찾아내라는 지시가 떨어졌다. 김동근, 이종찬 등은 혈안이 돼서 영국 곳곳을 뒤졌다. 그렇지만 아무리 찾아도 1974년 1월 말까지는 이후락의 행방을 알 수가 없었다. 결국 김동근 등은 '이후락 소재 확인은 불가능하다'고 보고했다.

— 1973년 4월 전 중앙정보부장 김형욱이 미국으로 망명했는데 그로부터 여덟 달 후에는 이후락이 중앙정보부장에서 물러나자마자 몰래 출국했으니 청와대도, 중앙정보부도 정말 놀랄 수밖에 없었을 것이다. 이후락 출국 사실이 알려진 후 외신에서 망명설을 보도하자 박정희 정권은 '이후락은 정부 허가를 얻어 출국했다'고 거짓 발표를 했지만, 망명설을 잠재울 수는 없었다. 그런데 이후락도 김형욱처럼 망명을 염두에 두고 빠져나간 것인가?

2월 중순 이후락이 런던의 김동근 공사한테 전화했다. '난 바하마에 있다'는 얘기였다. 미국에 있던 사위하고 상의한 결과 제일 안전한 지대가 카리브해 휴양지 바하마라고 본 것 같다. 바하마에 머물면서 귀국 후 신변 안전 보장 문제에 관한 협상을 박정희와 한 것으로 보인다. 결국 이후락 아들의 장인인 사돈 김종휘 한국화약 회장이 박정희 메시지를 전달했다.

이후락은 런던을 거쳐 1974년 2월 27일 서울로 돌아와 은거했다. 그러면서 살아남게 되는데 이른바 떡고물이 워낙 많아서 잘살기는 했다. 나중에 부정 축재 문제로 비판받자 이후락은 "떡을 만지다 보니 고물이 묻기 마련"이라고 변명했는데, 그 떡고물이 194억 원이 넘는 어마어마한 규모였다는 게 신군부 조사에서 드러났다. 그렇게 큰 떡고물이 어디 있나.

그런데 사실 이후락처럼 박정희를 위해 일한 사람은 없다고 난 본다. 이후락을 박정희교敎 신도라고 보통 얘기하는데 정말 성심을 다해서, 최선의 방식으로 박정희가 계속 권력을 잡을 수 있도록 그 머리 좋은 사람이 온갖 지혜를 다 짜냈다. 김종필 등 여러 사람을 견제하면서 그렇게 했다. 1971년 대선 때 박정희로 하여금 '후계자를 양성하겠다'는 발언까지 하게 할 때에도 그렇고 다른 때에도 마찬가지였는데, 정말 지극정성으로 박정희를 위해 일했다. 그래서 박정희의 분신이라는 얘기까지 들었다.

그런 이후락이 권력에서 밀려났을 때 공포감에 휩싸였다. 이 사람이 망명 문제를 얼마만큼 생각했는지는 알 수 없으나, 하여튼 간에 그런 공포감에 휩싸였다는 건 박정희라는 사람이 얼마나 냉혹하고 무서운 사람인가를 보여준다는 점에서, 또 그 사실을 이후락이나 김형욱처럼 잘 아는 사람도 없었다는 점에서 주시할 필요가 있다.

1969년 3선 개헌 공작에 앞장섰던 이후락은 3선 개헌 후 청와대 비서실장에서 밀려나 주일 대사로 가게 된다. 비서실장에서 물러나는 날 이후락은 비서실 직원들에게 "박정희 대통령을 교주로 하는 박정희교를 신앙하는 기분으로 일해야 한다"고 강조하고 떠났다. 주일 대사 이후락은 도쿄에서 생선 초밥을 맛있게 만드는 음식점을 알게 되자 그 초밥을 냉동 포장해 청와대로 공수했다. 이후락이 박정희를 어떻게 '모셨는지' 느낄 수 있는 일화다.

김형욱은 왜 망명을 결심했나

— 결국 이후락의 도피에 담긴 뜻은 '정권의 비밀과 치부를 속속들이 아는 날 건드리지 마라'는 것이었다고 볼 수밖에 없다. 이제 김형욱 문제를 살펴봤으면 한다. 김형욱 실종 사건은 그동안 주목을 참 많이 받지 않았나.

1979년 10월 7일 김형욱이 파리에서 실종된다. 수많은 미스터리를 낳게 되는데 그러면서 국내 신문, 잡지 등 여러 군데에 이것에 관한 글들이 실리게 된다. 그런데 거듭 강조하지만 김형욱과 관련해 제일 중요한 건 미국에서 한 행동이라고 볼 수 있다.

김형욱은 6년 3개월이나 중앙정보부장을 했을 뿐만 아니라 박정희의 수족으로 박정희의 지시를 받으면서, 어떤 건 박정희 지시에 앞서서 사건을 조작하고 고문도 자행했다. 그러면서 일종의 악마라고 할까, 악의 화신처럼 비친 무시무시한 사람이었다. 특히 1960년대에 학생 운동을 한 사람들은 김형욱 하면 막말로 이가 갈린다고 할까, '저런 나쁜 놈이 있느냐'는 생각을 하지 않을 수 없었다. 별명인 돈가스 같은 것으로 부르기 전에 악의 화신으로 생각하고 그랬다. 그런데 김형욱은 이후락과 함께 3선 개헌에 앞장섰지만, 공화당의 반발로 3선 개헌 과정에서 결국 밀려날 수밖에 없었다. 그 후 1971년 5월에 치러진 선거에서는 공화당 전국구 5번을 받았다. 5번이니까 순번이 상당히 빠르기는 했다. 그렇게 해서 국회의원이 되긴 했지만 1973년 3월 유정회 의원을 뽑을 때에는 거기에 들어가지 못했다.

김형욱 망명을 보면 '출국부터 역시 중앙정보부장 출신답다'

김형욱은 6년 3개월이나 중앙정보부장을 했을 정도로 박정희의 수족이었다. 어떤 건 박정희 지시에 앞서서 사건을 조작하고 고문을 자행하기도 했다. 사진은 중앙정보부장 시절인 1965년 10월 5일 기자 회견 모습. 김형욱은 이날 "최근 북괴 간첩의 활동상이 도발적인 것으로 바뀌"었다며 "야당이 북괴와 똑같은 표현으로 한일협정을 반대하고 있다"고 말했다. 사진 출처: 국가기록원

는 말이 나올 정도로 영화에나 나올 법한 수법으로 탈출을 했다. 김형욱은 '나와 주변 인물이 감시당하고 있다. 세무 사찰을 받는 것을 보더라도 이건 뭔가 있다'는 생각을 갖게 됐고 그러면서 사채를 거둬들이기 시작했다. 부동산도 처분하고 그 돈을 해외로 빼돌렸다. 1973년 1월 5일 김형욱의 부인이 먼저 미국으로 갔다. 2남 1녀는 이미 미국에서 살고 있었기 때문에 이제 국내에 혼자만 남게 된 것이다. 김형욱 본인만 떠나면 되는 상황이었다. 김형욱이 이렇게 망명결심을 하게 된 건 자신이 중앙정보부장에서 물러난 이후 여러 사태를 직접 목도했기 때문이다.

─── 김형욱이 망명을 결심하는 데 어떤 사건들이 영향을 끼쳤나.

1972년 유신 쿠데타를 일으켰을 때 박정희는 보안사령관한테 야당 의원들 명단까지 주면서 '이자들을 족쳐라'라는 아주 강력한 지시를 내리지 않았나. 그런 것도 그렇고, 그 전해인 1971년에는 한때 제2인자라고까지 얘기를 듣던 김성곤, 길재호 등 공화당의 실력자들이 10·2 항명 파동 주동자로 끌려가서 지독하게 고문을 당하지 않았나. 김성곤이 죽는 건 김형욱 망명 이후이긴 하지만, 김성곤 등이 어떤 식으로 심하게 당했는가를 김형욱은 알고 있었다. 그리고 김형욱이 망명하게 된 직접적인 이유 중 하나가 1973년에 터진 윤필용 사건이라고 난 본다.

─── 그렇게 보는 이유는 무엇인가.

윤필용 일파가 심한 고문을 당한다는 소식을 매일 듣다시피 했다고 김형욱은 자신의 책에 썼다. 윤필용이 이후락한테 '형님이 차기를 맡으셔야죠', 이렇게 술자리에서 말했다고 해서 이 사건이 터지지 않았나. 이후락도 윤필용 사건으로 구속까지 될 뻔했다. 이후락을 그렇게 다뤄선 안 된다고 주위에서 박정희를 만류해서 이후락은 간신히 살아났지만, 그 사건도 이후락이 해외로 나가게 되는 데 머릿속에서 지워지지 않고 남아 있었을 것이다.

사실 윤필용처럼 박정희한테 충성을 바친 사람도 드물었다. 방첩부대장을 할 때 수많은 언론인 테러를 일으킨 자가 윤필용 아닌가. 물론 위세도 부리긴 했지만 방첩부대장, 수경사령관을 할 때 그렇게 심한 짓, 몹쓸 짓까지 해가면서 박정희한테 충성을 바쳤다. 다

윤필용은 방첩부대장, 수경사령관을 할 때 박정희를 위해 성심성의껏 일한 사람이었다. 그러나 술자리에서 이후락한테 '형님이 차기를 맡으셔야죠'라고 말했다가 쿠데타 모의 혐의로 육군본부 보통군법회의에 회부되었다. 이로 인해 그와 가까운 장교 30여 명이 군복을 벗었다. 사진은 방첩부대장 시절인 1967년 10월 베트남에 도착해 환영 인사를 받는 모습. 사진 출처: e영상역사관

른 사람들이 볼 때는 몹시 나쁜 짓을 저질렀지만, 박정희 쪽에서 볼 때에는 박정희를 위해 성심성의껏 일한 사람이었다.

그런 윤필용이 뇌물 수수 등 얼마나 추잡하고 고약한 죄목으로 혹독하게 당했는가를 당시 이후락이나 김형욱은 잘 알고 있었다. 두 사람은 박정희 권력 내부를 속속들이 알았기 때문에, 그걸 단순하게 생각한 게 아니라 심각하게 받아들일 수 있었다. '이건 내 문제가 될 수도 있다', '나도 윤필용처럼 당할 수 있다'는 생각을 충

분히 할 수 있었을 것이다. 이와 관련해 김형욱은 "윤필용 일파가 모진 고문을 당한다는 정통한 정보를 거의 매일이다시피 듣고 있던 1973년 4월 12일 아침 나는" 이렇게 얘기하면서 망명을 결행하는 과정을 회고록에 썼다.

"심복마저 고문하는 박정희…
누가 목숨 바쳐 충성하겠나"

— 김형욱의 망명 작전, 어떻게 전개됐나.

4월 15일 김형욱은 그전에 자신의 비서실장을 했던 문학림과 함께 보따리 몇 개를 들고 김포공항에 갔다. 출국 허가를 받는 게 쉽지는 않았다. 그렇지만 김형욱이 대만에 가는 걸 박정희 정권에서 끝까지 문제 삼기는 힘들었던 것이 대만의 권위 있는 중화학술원에서 김형욱에게 명예박사 학위를 주게 돼 있었기 때문이다. 그런 초청장이 김형욱한테 왔다. 도대체 '돈가스'가 별명인 김형욱 같은 사람한테 명예박사를 준다는 게 말이 되는 건가 싶기도 하지만, 명망 있는 중화학술원에서 수여하는 명예박사 학위, 이건 자유중국 정부에서 주는 것이라고 볼 수 있다. 이걸 김형욱이 어떻게 따냈는지 신기하고 놀라울 뿐이다. 역시 중앙정보부장은 다르다는 생각도 든다.

김포공항에서 비행기 트랩에 올라섰을 때 김형욱은 이철승과 마주쳤다. 두 사람은 '별일 없느냐'는 식으로 이야기를 주고받았다. 이 비행기는 대만으로 바로 가지 않고 도쿄에 도착했는데, 주일 공사 김기완이 마중을 나왔다. 김기완은 이로부터 넉 달 후에 일어나는 김대중 납치 사건과 관련된 일본 주재 중앙정보부 요원 중 상위에 속한 인물이었다. 김형욱은 도쿄에서 하루를 묵고 다음 날 대만에 갔다. 4월 19일 중화학술원에서 명예박사 학위를 받고, 장개석(장제스) 아들이자 이때 실권자이던 장경국(장징궈)도 만났다.

그러고 나서 김형욱은 문학림한테 갑자기 홍콩행 비행기 표는 취소하고 뉴욕행 비행기 표를 두 장 마련해오라고 했다. 4월 21일 도쿄를 경유해 뉴욕에 가는 비행기에 탑승했다. 도쿄 하네다 공항에 내렸는데, 공항 보세 구역에서 중앙정보부 일본 총책인 김기완이 왔다 갔다 하는 모습이 보였다. '날 잡으려고 하는 것 아니냐'고 김형욱은 긴장했다. 그렇지만 그건 아니었다. 유고 사라예보에서 열린 세계 선수권 대회에서 우리 여자 탁구 선수들이 1등을 하는 대단한 '사건'이 그때 있었는데, 김기완은 그 선수단을 환영하러 나온 것이었다.

어쨌든 간에 김형욱은 뉴욕행 비행기에 탑승했다. 중앙정보부장 출신이긴 하지만 그때까지 얼마나 가슴 졸였겠나. 비행기 안에서 문학림한테 말했다. 미국 가면 당분간 한국에 안 돌아가겠다고. 망명하겠다는 말이냐고 문학림이 물어보니까 김형욱은 "글쎄, 망명 아닌 망명일지도 모르겠어", 이렇게 답변한 것으로 돼 있다. 그러면서 자신이 그런 결심을 한 이유를 설명했다.

— 망명 이유에 대해 김형욱 본인은 뭐라고 얘기했나.

"박 대통령의 비상사태 선언, 국민 투표와 국회의원 선거에서 부정, 야당에 대한 정치 보복, 이후락의 망동 등은", 이후락의 망동이라는 게 뭘 가리키는 건지는 분명치 않은데, "사태의 일부분에 불과하다고. 지금 잡혀가 있는 윤필용 건만 해도 그렇지. 내가 윤필용을 옹호하는 게 아니야. 그러나 박정희라는 인물은 이제 자신의 심복에게까지도 필요하다면 처참하고 무지막지한 고문을 자행하는 인면수심의 인간으로 표변했소. 생각해보시오. 장차 누가 그를 위해 목숨을 바쳐 충성을 하겠소?" 이렇게 얘기했다고 회고록에 써놓았다. 정확히 맞는지는 알 수 없지만 이와 비슷하게는 얘기했을 거라고 본다. 그러고 나서 문학림하고 이제 각자 다른 길을 가자고 하고는 자기 아내와 자식들이 있는 곳으로 김형욱은 가게 된다.

박정희 권력의 치부를 폭로한
김형욱의 잇따른 폭탄 증언

유신 몰락의 드라마, 열다섯 번째 마당

김형욱 회유에 안간힘 쏟은
박정희 정권, 결과는 헛수고

김 덕 련 미국에 간 김형욱은 한동안 외부와 거의 접촉하지 않았지만, 박정희 정권 비판 활동을 공개적으로 하기 전에도 김대중 납치 사건과 관련해 나름대로 움직인 것으로 돼 있지 않나.

서 중 석 김형욱은 김대중 납치 사건에 큰 관심을 표명했다. 그것과 같은 일이 자신한테도 일어날 줄은 몰랐겠지만 이 사건에 대단한 관심을 보였다. 그래서 1974년 두 차례에 걸쳐 일본에 직접 가서 현지 책임자인 김기완 공사를 비롯해 옛날에 자기 부하였던 중앙정보부 요원들한테 얘기를 자세히 들었다고 기술했다. 김형욱은 김대중 납치에 동원된 공작선 용금호 선원들이 묵은 오사카 도쿠야마 부두 인근의 나폴리 호텔에 투숙하면서 종업원들을 상대로 탐문 조사도 해서 자신이 김대중 납치 사건에 대해 잘 알고 있다고 주장했다. 그렇지만 이때까지만 해도 김형욱은 박정희한테 그렇게 주목받는 인물은 아니었다.

── 김형욱이 유신 정권의 요주의 인물로 떠오른 계기는 무엇인가.

문제는 1976년 10월 24일 워싱턴포스트가 1면 톱기사로 '한국 정부, 미국 관리들에게 수백만 달러를 뇌물로 제공'이라는 전단全段 제목 아래 폭로 기사를 게재하면서 코리아게이트 사건이 본격적으로 터진 것이다. 한미 관계 최대의 위기였고 한국전쟁 이후 미국이 한국에 대해 가장 많은 관심을 갖게 됐다고 하는 코리아게이트가 이것을 계기로 전면에 부상하게 된다.

1976년 11월 26일에는 주미 대사관 참사관 김상근이 본국 정부의 귀국 명령을 거부하고 미국에 망명했다. 이 사람은 동양의 제임스 본드라는 별명으로 불리기도 했는데, 김형욱의 도움을 받아 망명했다. 그러면서 김형욱이 다시 주시 대상이 된다.

앞에서 언급한 대로 김상근이 FBI에 망명 선물로 제공한 것이 이른바 백설 작전이라는 대미 매수공작 계획안이었다. 백설 작전은 1975년 6월 중앙정보부 차장보 양두원이 미국 의회 로비스트인 김한조한테 넘겨준 건데, 박정희를 '불국사 주지'로 부르는 등 지휘 연락 체계가 암호명으로 돼 있었다.

— 백설 작전 내용이 미국에 넘어간 것도 유신 정권에 타격이었 겠지만, 김형욱 문제는 그보다 훨씬 큰 걱정거리였을 것이다. 최고 권력자와 정권의 치부를 아는 정도 등에서 김형욱은 김 상근 같은 사람과는 차원이 다른 인물 아니었나.

가장 심각한 사태는 김형욱이 미국 의회의 청문회 같은 데에서 증언하면 어떻게 되겠느냐 하는 것이었다. 박정희 정권은 김형욱을 어떻게 해서든지 회유하려 했다. 그래서 김형욱은 백두진과 한 번, 정일권과 두 번 만났고 정일권과 함께 온 장경순의 권유도 받았다. 야당 정치인 이철승도 김형욱을 설득했다. 누구 청탁을 받은 것인지는 알 수 없지만 이철승은 뉴욕에서 김형욱에게 귀국을 권유했다. 박병배, 고흥문, 노진환 같은 여야 의원들도 열심히 귀국을 권했다.

김형욱과 육사 동기이자 절친한 친구인 홍종철 청와대 사정

담당 특보도 귀국을 간곡히 권하는 편지를 보내왔다. 김종필 총리의 특사로 어떤 실업인이 김종필 친서를 갖고 방문하기도 했다. 박정희가 중용할 것이니 돌아오라는 내용을 기본으로 한 것들이었다고 한다. 김동조 주미 대사도 두 차례 찾아와서 '당장 돌아오기 싫으면 마음도 정리할 겸 멕시코나 브라질 대사로 나가는 게 어떻겠느냐'는 박정희의 제안을 전달했다고 한다.

1977년에 들어서자 중앙정보부장 김재규도 귀국을 권하는 편지를 보냈다. 그것에 이어서 이번에는 김종필한테서 '내가 그리 가겠다'는 전갈이 왔다. 김종필과 2박 3일 동안 골프도 치고 하면서 만났는데, 김종필이 아무리 설득해도 김형욱은 돌아가겠다는 말을 끝내 하지 않았다고 한다.

드디어 입 연 김형욱,
박정희 치부를 만천하에 드러내다

—— 결국 김형욱은 박정희를 제대로 들이받지 않나. 박정희 정권이 그토록 김형욱의 입을 틀어막으려 했지만 헛심만 쓴 셈이었다.

박정희가 두려워했던 김형욱의 폭로는 1977년 6월 6일 뉴욕타임스에 대문짝만하게 나오면서 시작됐다. 1면에 김형욱 사진과 함께 '박정희에게 하야를 요구한다'는 제목으로 나왔다. 다음 날에도 속보 형식으로 뉴욕타임스에 크게 보도됐다. 그러자 워싱턴포스트가 달려오고 일본의 신문사가 취재 경쟁을 벌였고 NHK TV에서 김형욱과 장시간 인터뷰를 진행했다. 그러면서 죽음으로 치닫는 김형욱의 새로운 인생이 시작됐다.

김형욱은 '박정희는 점점 영구 집권을 위한 독재자가 되고 있으며 부도덕한 인간으로 그의 사상을 믿을 수 없다. 김대중 납치 사건은 박정희가 이후락에게 직접 지시한 것이다. 박동선은 내가 직접 조종했고, 내가 암시장에서 한국 돈을 달러로 바꿔 파우치(외교 행낭)로 보내주기도 했지만 정일권이 박정희에게 그를 소개했다. 1970년 미국 의회를 상대로 매수와 회유를 하라는 특별 지령이 나간 이후에는 박동선이 이후락의 지령을 받았다. 프레이저 소위에 네 번 증인으로 소환된 통일교 간부 박보희는 중앙정보부와 밀접한 관계가 있다. 한국에 투자하려는 미국 기업은 수수료, 리베이트 혹은 정치 헌금 명목으로 투자액의 5퍼센트를 강제 징수당했다. 이 돈은 박정희가 스위스 은행에 개설한 비밀 구좌에 입금돼 대외 활동 자금 등으로 사용됐다', 이런 주장을 했다.

그러면서 6월 22일 김형욱이 미국 하원 국제관계위원회 산하 국제기구소위원회, 일명 프레이저 위원회의 청문회에 나가서 증언한다는 게 알려졌다. 그러자 박정희가 직접 나섰다. 박정희는 김형욱과 같은 황해도 출신이자 군 선배인 무임소 장관 민병권을 특사로 보냈다. 민병권은 6월 19일 김형욱을 찾아갔다. 그때 민병권은 박정희 대통령의 친서, 그리고 박근혜가 준비한 물품, 그러니까 김형욱이 평소에 좋아한 인삼, 오징어포, 마른안주 같은 선물까지 가지고 갔다고 한다. 한국에 돌아오기 힘들다면 청문회에 나가지는 말고 제3국에 나가 있어 달라는 얘기를 했다고 하는데, 물론 김형욱은 거절했다.

그다음 날 김형욱 집에서 민병권이 다시 얘기를 꺼냈다. 김형욱에 따르면 박동선 사건에 박 대통령이 직접 개입됐다는 사실만

김형욱은 1977년 6월 22일 프레이저 위원회에 증인으로 나서 박정희의 독재 권력 구축 과정과 김대중 납치 사건에 대해 폭로했다.

언급하지 말아달라고 얘기했다고 한다. 이때 김형욱이 '치명적인 내용은 고려해보겠다'고 언급했다고 한다. 다시 그다음 날인 21일, 그러니까 청문회 전날인데 민병권이 또 찾아올 것 같아서 김형욱이 자리를 피했다. 아니나 다를까 민병권이 역시 찾아왔는데, 자신이 자리에 없자 이번에는 자기 부인을 협박했다고 김형욱은 썼다. '그런 증언을 하고 나서 제대로 살 수 있을 것 같은가', 이렇게 얘기했다고 김형욱은 주장했다.

— 프레이저 청문회에서 김형욱은 어떤 얘기를 했나.

6월 22일 드디어 김형욱이 프레이저 청문회에 나가게 된다. 프레이저 위원회 쪽에서도 이날 긴장한 기색이 역력했다. 기자, 방청객들이 막 몰려와서 긴 행렬을 이루자, 이들의 소지품을 철저히 검사하고 공항에서나 볼 수 있는 엑스레이 탐지 장치도 동원하고 정

유신 몰락의 드라마

사복 경찰을 회의실 주변에 배치했다고 한다.

이날 김형욱의 증언 내용을 살펴보면, 예상과 달리 박정희의 개인 추문이나 비행, 부도덕한 부분을 폭로한 부분은 적었다. 그러나 중앙정보부장 6년 3개월 동안 막강한 권력을 행사하면서 알고 있는 비리뿐만 아니라, 1960년대 정치 상황에 대해 설명하면서 박정희의 3선 개헌안이 당초에는 남북 통일이 될 때까지 현 대통령이 대통령을 하는 영구 집권안이었고 그다음에는 6년제 개헌안을 들고나왔다고 주장했다. 김형욱이 입으로 내놓기에는 간지럽기도 했겠지만, 1972년 10·17 계엄 선포 후 본격적인 '고문의 시대'가 도입됐다고 강조했다. 김형욱은 박정희 권력의 치부에 대해서 통렬한 타격을 가했다. 그 당시에는 사람들이 거의 몰랐던, 지금은 대개 많이 알려져 있긴 하지만, 사실들에 대해 증언했다. 김형욱은 또 "박 대통령이 가장 두려워하는 존재는 1971년 그와 대결했던 야당 대통령 후보 김대중 씨와 미국의 대한 정책을 좌우하는 미국 국회입니다. 그가 가장 두려워하는 개인 김대중 씨의 문제를 그는 소위 '김대중 납치 사건'으로 해결하려 했고, 그가 가장 두려워하는 집단인 미국 국회에 대해서는 소위 '박동선 뇌물 공작'으로 해결하려고 시도한 것입니다"라고 역설하면서 김대중 납치 사건에 대해 자세히 설명했다. 박정희의 독재 권력 구축 과정과 김대중 납치 사건에 대한 김형욱의 폭로는 미국 언론의 큰 주목을 받았다.

7월 11일, 프레이저 청문회에 두 번째로 나가서 다시 증언했다. 7월 15일에는 '내외 국민에게 드리는 특별 성명서'라는 부제로 〈국민과 역사 앞에 참회합니다〉라는 장문의 글을 발표했는데, 그걸 통해 박정희에게 또다시 통렬한 비난을 퍼부었다. 이 글에 김형욱은 한일 국교 정상화 회담, 동백림 사건, 3선 개헌 파동, 유신 독재 성립 과정, 김대중 납치 사건, 박동선 뇌물 사건 등 당시 큰 쟁점이 됐던 것들에 대해 청문회에서 증언했음을 밝히고 박정희 정권이 자신을 어떤 식으로 회유하려 했는가도 폭로했다.

그런 가운데 1977년 9월에는 뉴욕 총영사관 소속으로 정부 지시에 따라 김형욱 귀국 공작을 하던 손호영이 그게 되지 않자 망명하는 사건이 터졌다. 손호영은 김상근과 마찬가지로 미국 하원 윤리위원회에서 증언했다.

이런 과정을 거치면서 박정희 대통령에게 김형욱은 굉장한 미움의 대상, 두려움과 분노의 표적이 될 수밖에 없었다. 그런데 박 대통령으로서는 정말 크게 우려할 수밖에 없었던 문제가 또 생긴다.

김형욱 죽음의 수수께끼
딸에게 이상한 설명을 한 박정희

유신 몰락의 드라마, 열여섯 번째 마당

김형욱 회고록 출간 막으려
직접 나선 박정희

김 덕 련 김형욱의 미국 의회 증언에 이어 박정희가 크게 우려할 수밖에 없었던 문제가 또 생겼다고 얘기했다. 무엇이었나.

서 중 석 바로 회고록 문제였다. 김형욱이 회고록을 쓰고 있다는 것을 알게 된 것이다. 1977년 6월에 작업을 시작해 1979년 9월 말에 완성했는데, 이것도 정말 신기하고 이상한데, 어떻게 죽기 직전에 완성했는지…… 이게 나중에 우리가 얘기하는 김형욱 회고록이다. 이걸 저지하려 한 것이다. 청문회에서 증언한 것보다 회고록에서 훨씬 폭로를 많이 할 것이기 때문에 박정희가 직접 나서서 회고록 출간을 막으려 안간힘을 썼다.

── 김형욱 회고록 출간을 막기 위해 박정희는 어떻게 움직였나.

1978년 11월 말이나 12월 초로 보이는데 한홍구 교수 책에는 이때 박정희가 직접 윤일균한테 전화를 건 것으로 돼 있다. 당시 윤일균은 중앙정보부 해외 담당 차장이었다. 박정희가 얼마나 속이 탔으면 중앙정보부장을 통하지 않고 직접 전화까지 했겠나. "자네, 미국 좀 다녀와야겠어." 대통령 지시에 윤일균은 준비되는 대로 가겠다고 답했다. 그랬더니만 박정희가 "아니야. 당장 가", 이렇게까지 재촉했다고 한다. 김형욱과 가까운 사이여서 이 사람을 보낸 것이다.

회고록 출판을 막기 위해 사람을 보낸 일이 그전에도 있었다고 하는데, 윤일균이 이때 드디어 성공한 것으로 돼 있다. 양측은 대화를 통해 회고록 원본을 주는 조건으로 한국 정부가 120만 달러를 순차적으로 보상하는 데 합의했다고 한다. 국가정보원 과거 사건 진실 규명을 통한 발전위원회(국정원 과거사 위원회) 보고서인 《과거와 대화, 미래의 성찰》, 보통은 그냥 《성찰》이라고 부르는 책자인데 여기에 그렇게 쓰여 있다. 120만 달러면 엄청난 돈 아닌가. 한홍구 교수 책에는 금액이 다르게 나온다. 50만 달러로 돼 있다. 어느쪽이든 어마어마한 금액이다.°

—— 김형욱 회고록은 결국 출간되지 않았나.

윤일균이 큰 성과를 거둔 것으로 알고 있었는데 사실은 김형욱이 이중 플레이를 하고 있었다고 한다. 한홍구 교수 책에 의하면, 김형욱은 일본의 유명한 출판사인 고단샤에도 원고를 넘겨 그곳에서도 회고록 출간을 준비했는데 한국 정부가 고단샤에 다른 이권을 주고 출판을 막았다고 한다. 그런데 1979년 4월 '창'이라는 일본의 작은 출판사에서 《권력과 음모》라는 제목으로 김형욱 회고록의 축약판이 나왔다.

문제의 핵심은 이 원본을 어떤 식으로 받아내느냐 하는 것이었다. 《성찰》에는 그 부분에 대해 다음과 같이 기술돼 있다. 중요할 뿐만 아니라 재미난 부분이기도 하니 한번 보자. "박 대통령은 이와

° 이때 건네기로 합의한 회고록 분량은 기록에 따라 다르게 나온다. 《성찰》에는 200자 원고지 2,000매 분량으로 돼 있으나, 윤일균은 《월간조선》과 한 인터뷰에서 B4 복사 용지 2,000장 분량이라고 밝힌 바 있다.

별도로 육인수 국회 문공위원장 및 이병희 무임소 장관 등에게 가또가와 출판사의 김형욱 회고록 출판 저지 교섭을 지원하도록 개인적으로 지시."° 이처럼 박정희가 지시하고 챙기는 걸 볼 수 있는데 그 점을 명확히 아는 것이 아주 중요하다. 김형욱 죽음과 관련해 언급한 책과 글 다수가 이 점이 불분명하거나 빠져 있다. 이렇게 박정희가 직접 챙겼다는 기록이 나온 것은 1974년 민청학련 사건, 인혁당 재건위 사건 때 박정희가 수사 담당자인 중앙정보부 6국장을 여러 차례 직접 만난 것(6국장 이용택 증언)을 빼놓고는 아주 드물다. 다른 사건에서는 김형욱 회고록이나 강창성 전 보안사령관의 글을 제외한다면 이렇게 박정희가 지시했다고 쓰여 있는 일이 잘 눈에 띄지 않는다. 이후락이든 김종필이든 입을 꾹 다물었기 때문이다.

《성찰》에는 가또가와 출판사가 김형욱에게 이미 지불한 계약금 30만 달러와 기타 손해 배상을 한국 측으로부터 받는 조건으로 출판 포기를 약속했다고 쓰여 있다. 그랬는데도 원본을 회수할 수 없었다, 이 말이다. 그래서 최후의 담판이라고도 볼 수 있는, 김형욱이 죽기 직전 마지막에 이뤄진 것이니까, 교섭을 김재규가 해군 참모총장을 지낸 이용운을 통해 하게 된다. 그런데 김재규가 이용운을 통해 교섭한 것은 박정희의 지시를 받지 않은 상태에서는 하기가 어려운 점이 있었다.

── 어떤 점에서 그러한가.

● "이와 별도로"는 김재규 중앙정보부장이 자신의 손위 동서인 최세현 주일 공사에게 가또가와 출판사와 교섭하라고 주문한 것과 별도로 청와대에서도 움직인 것을 가리킨다.

뭐냐 하면 이용운은 미국에서 반박정희 활동을 열렬히 했을 뿐만 아니라, 심지어 한국전쟁에 대해 한국의 북침설을 주장하면서 사실상 북한을 대변하는 것 같은 활동도 벌인 인물이었기 때문이다. 그런 것 때문에 이용운은 '너무 심하다. 지나치다'는 이야기를 적지 않게 들었다.••

한홍구 교수 책에 의하면, 이용운은 김형욱의 집에서 김재규에게 전화를 걸어 두 사람의 통화를 주선했는데 김재규는 김형욱이 요구하는 150만 달러를 주고 압류 중인 김형욱의 국내 부동산도 풀어주고 여권 문제도 해결해주는 대가로 회고록 원본임을 이용운이 확인한 원고를 받기로 했다고 한다. 이 시점이 1979년 9월로 쓰여있는데, 《성찰》에는 8월에 이런 일이 일어난 것으로 적혀 있다. 약간의 시간 차이가 있는데, 어느 쪽이 정확한지는 현재로서는 판단하기 어렵다. 어쨌건 김형욱이 죽기 직전 시점이라는 점이 핵심 중 핵심이라고 난 본다.

요구 조건을 다 들어주겠다고 김재규가 얘기하면서 교섭이 원활하게 이뤄지는 듯했으나, 마지막에 여권 문제가 발생했다. 뉴욕 총영사관에서 여권을 직접 찾아가라고 김형욱에게 얘기하니까 김형욱은 '거긴 치외법권 지역이기 때문에 납치당할 수 있지 않느냐. 우리 집으로 가져와라', 이렇게 요구했다고 한다. 그러자 김재규가 화를 내며 '지금까지 약속한 것, 다 취소하겠다. 김형욱 그자는 혼 좀 나야겠다'고 얘기하는 걸 주변에서 들었다고 한다.

•• 이용운은 박정희에게 많은 영향을 끼친 군인으로 얘기되는 이용문의 형이다.

박정희, 딸에게 이상한 설명
"북한이 김형욱을 살해한 것으로 보인다"

—— 그로부터 얼마 후 김형욱은 파리에서 연기처럼 사라진다. 누가 김형욱을 그렇게 만든 것인지, 김형욱이 어떻게 죽은 것인지 등을 놓고 그간 다양한 주장이 나오지 않았나.

이용운을 매개로 한국 정부 쪽과 교섭한 후 김형욱이 무슨 이유로, 어떻게 해서 파리에 왔는지 도무지 알 수 없는, 이해하기 어려운 일이 발생하게 된다. 1979년 10월 1일 파리에 혼자 나타났다. 가족들은 만류했다. 굉장히 위험하기 때문에 혼자 그렇게 파리에 가는 것을 부인도, 아들도 만류했는데도 갔다. 김형욱은 10월 2일에서 7일까지 골프 치고 카지노를 전전하다가 10월 7일 실종되고 말았다. 그러면서 이 살해 사건에 관한 이야기가 무수히 생겨나게 된다. 워낙 특이한 사건 아닌가. 나도 그중 여러 개를 읽어봤는데,《성찰》에 실린 것 중 일부, 대표적으로 알려진 몇 가지를 살펴보자.

소설가 이병주는 다국적 살인 청부업자 4명이 보상금 3만 프랑을 받고 김형욱의 후두부를 쇠망치로 때려 살해한 후 우아즈강에 수장했다고 주장했다. 조선일보 파리 특파원이었던 신용석은, 이 사람이 쓴 것도 많이 읽혔는데, 중앙정보부가 개입했더라도 직접 살해하기보다는 외국의 킬러 조직을 이용했을 가능성이 크며 이탈리아인과 일본인을 활용한 것 같다는 주장을 폈다. 심지어 국내로 끌고 와서 김형욱을 죽였다는 주장도 오랫동안 돌았다. 외교 행낭 같은 걸 활용해 국내로 끌고 왔다는 건데, 도무지 믿기 어려운 이야기였다. 007 영화에서나 볼 수 있는 내용 아닌가.

또 많이 읽힌 것이 파리 근교 양계장 살해설이다. 파리에 밀파된 전 중앙정보부 특수 공작원이 김형욱을 납치해서 파리 근교 양계장에서 사료 분쇄기에 집어넣어 살해했으며, 납치 과정에서 여배우 최아무개가 이걸 목격했다는 주장이다. 국내로 끌고 와 죽였다는 주장도 나왔다고 앞에서 말했는데, 1979년 10월 16일 청와대 지하실에서 차지철과 김재규가 목격하는 가운데 박정희가 직접 총을 쏘아 살해했다는, 있을 것 같지 않은 주장도 목청 높여 나돌고 그랬다. 조갑제가 쓴 글을 보면 박근혜가 이 부분에 관해 언급한 게 있다.

── 박근혜는 이 사건에 대해 뭐라고 얘기했나.

박정희가 청와대에서 김형욱을 직접 쐈다는 얘기보다 어쩌면 더 믿기 어려운, 도무지 있을 수 없는 주장을 박근혜가 했다. 박정희 일기에 관한 내용을 조갑제 기자가 다룬 글인데, 그 글을 보면 조갑제와 한 인터뷰에서 박근혜는 이렇게 얘기했다. "박근혜 씨는 1979년 10월 중순, 그러니까 김형욱 실종이 보도된 뒤 식사 시간에 아버지로부터 이런 설명을 들었다고 한다. '김형욱이는 미국에서 북한 돈을 받아서 반정부 활동을 한 것 같다. 이번 실종 사건은 김(형욱)에게 돈을 대주던 북한 조직이 그 사실의 탄로를 막기 위해서 그를 살해한 것으로 보인다.'" 박근혜는 한마디 덧붙였다. "아버님이 정보 기관의 보고를 받으시고 그것을 근거로 그런 말씀을 하시는 것 같았다."•

박근혜 대통령은 아버지로부터 중요한 사건, 그러니까 인혁당 재건위 사건을 비롯한 여러 사건에 대해 들은 게 많은 것 같다. 지난번 대통령 선거(2012년) 때 인혁당 재건위 사건 등에 대해서 한 얘기 같은 것을 봐도 그런데, 이 김형욱 사건에 대해서 들었다는 얘기는 인혁당 재건위 사건과는 또 다른 차원에서 박정희·박근혜에 대해 중요한 점을 알게 해준다.

박정희는 반유신 학생 시위를 계획했던 민청학련 사건 관계자들에 대해 특별 담화에서 '인민 혁명' 수행을 기도한 지하 조직으로 적화 통일을 위한 초기 활동을 벌였다고 몰아세웠다. 그러면서 북괴 침략이 임박했다고 끊임없이 주장하며 유신 체제를 수호하려 했는데, 한국인 어느 누구도, 아니 삼척동자도 믿을 수 없는 얘기를, 그것도 김형욱 '실종'이 아니라 김형욱 '살해'를, 이 시점만 해도 많은 한국인들이 김형욱이 실종된 줄만 알았지 살해된 줄은 몰랐는데, 설명했다는 점이다.

박근혜는 나이로 봐도 그렇고, 6월항쟁 이후의 우리 사회 변화로 봐도 그렇고, 적어도 김형욱이 박정희가 말한 방식으로 실종 또는 살해되지 않았다는 점을 알고 있는 것이 정상인데, 그렇지 않았

● 1989년 4월 《월간조선》에 실린 인터뷰다. 1979년 10·26 이후 한동안 침묵하던 박근혜는 1988년 하반기부터 여성 잡지 인터뷰 등을 통해 아버지를 옹호하는 대외 활동을 본격적으로 전개했는데, 《월간조선》 측의 인터뷰 요청에 응한 것도 그 연장선상에 있었다.
이 인터뷰에서 박근혜는 김대중 납치 사건에 대해서도 언급했다. 조갑제는 "박근혜 씨는 김대중 씨 납치 사건에 대해서도 분명히 밝혀둘 게 있다고 말했다"며 그 내용을 전했는데, 그중 다음 대목이 눈에 들어온다. "아버님은 북괴가 김(대중) 씨를 납치해놓고 우리 소행으로 덮어씌우려는 것 같다고 말씀하시더니, 집무실로 서둘러 내려가셨습니다." 김형욱 실종도, 김대중 납치도 북한 소행인 것 같다고 아버지가 딸에게 얘기했다는 점도, 진실과는 거리가 먼 그런 얘기를 딸이 '아버님을 바로 알리겠다'며 기자에게 전한 점도 눈길을 끈다.
또한 박근혜는 이 인터뷰에서 "아버님은 인명을 가볍게 보는 분이 아니었다"고 강조하며 이렇게 얘기했다. "정인숙 피살 사건, 김대중 씨 납치 사건, 김형욱 실종 사건 같은 것은 아버님과 도무지 어울리지 않습니다." 아울러 "구약의 모세처럼 이 민족을 가나안 땅이 보이는 곳까지 인도"한 인물로 아버지를 치켜세웠다. "박정희라고 존칭 없이 꼭 써야 합니까"라고 기자에게 항의성 부탁을 한 것과 같은 맥락이다.

다는 점이다. 그뿐 아니라 아버지가 말했다는 내용이 조갑제 기자의 글을 통해 세상에 널리 알려지기를 원했다는 점이다. 이런 사람이 투표에 의해 대통령이 됐다는 것이 얼마나 놀라운 일인가. 참으로 있을 수 없는, 절대로 있어서는 안 되는 놀라운 '한국적 현상'이라고 아니할 수 없다.

국정원 과거사위가 밝힌 김형욱 살해의 그날
…그러나 수수께끼는 여전히 남아 있다

— 아버지 말씀을 금과옥조로 여기고 부친의 명예 회복을 다른 무엇보다 중시한다는 이야기를 많이 듣는 박근혜가 김형욱 실종 사건에 대한 박정희의 잘못된 설명을 지금은 어떻게 생각할지 궁금하다. 다시 돌아오면, 국정원 과거사 위원회에서도 이 사건을 집중적으로 조사하지 않았나.

김형욱 살해와 관련해 국내 신문들은 〈파리에서 실종된 김형욱 씨의 미스터리〉라는 제목으로 1979년 10월 16일에 일제히 실종 사실을 보도했다. 파리 경시청에서 수사를 진행하기는 했지만 진실을 밝혀내지는 못했다. 파리 경시청은 1980년 1월 24일 수사를 종결하면서, 김형욱이 정치적 목적에 의해 납치됐을 가능성을 배제하지 않으면서도 그것이 어느 나라인지는 밝혀낼 수 없었다고 밝혔다. 만일 김형욱이 살해·암매장됐을 경우 매우 긴 시간이 흐른 후에야 시체 발굴이 가능할 것이라는 발표도 했다. 이 뒷부분 발표는 맞는 내용인 것 같다.

진실을 남김없이 알 수는 없지만, 노무현 정권 때 국정원에 설치됐던 과거사 위원회에서 이 부분에 관해 상당한 진실 규명 작업을 했다. 국정원 과거사 위원회에서 들은 가장 중요한 증언으로는 그 사건이 났을 때 중앙정보부의 프랑스 연수생이었던 신현진(가명)이 7차례에 걸쳐 얘기한 것을 들 수 있는데, 이게 사실 또는 사실에 가장 가까운 진술이라고 판단했던 것 같다.

— 신현진은 어떤 진술을 했나.

1979년 9월경이라고 돼 있는데 이상열 프랑스 주재 공사, 그러니까 중앙정보부의 프랑스 책임자인 이 사람이 연수생이던 신현진과 이만수(가명), 두 사람을 불러서 김형욱 처치가 상부의 지시라는 점을 은연중에 암시하면서 자신의 지시를 기다리라고 얘기했다고 한다. 그러면서 신현진한테 "자네가 적극적으로 해줬으면 좋겠다"며 살해 임무를 부여했다고 한다. 신현진은 '이 일은 혼자 할 수 없다. 전문가가 필요하다' 싶어서 절친한 사이였던 제3국 출신 친구와 외인부대 출신인 그의 친구를 접촉했다고 한다. 10만 달러를 주겠다고 제안하자 그쪽에서 청부 살해를 수락했다는 것이다.

10월 7일, 급히 만나자는 연락이 이상열한테서 왔다고 한다. 그러고는 김형욱을 이상열 공사 차량에 태우고 갔는데 이상열은 중간에 내렸다고 한다. 파리 시내에서 벗어났을 때 제3국 친구들이 김형욱의 머리 뒷부분을 가격해 실신케 한 후, 계속 이동하다가 작은 숲 근처에서 머리에 권총을 쏴서 죽였으며 땅을 깊이 파지는 않고 두껍게 쌓인 낙엽으로 덮어버렸다고 신현진은 얘기했다.

이 살해 사건에 대해 제일 정확하게 알고 있을 사람은 이상열 공사였다. 그렇지만 이 사람은 끝내 입을 열지 않았다. 국정원 과거사 위원회에서 이상열 공사를 만났지만, 이상열 공사는 살해 사건 자체에 대해서는 침묵으로 일관했다. 한홍구 교수 책에는 국정원 과거사 위원회가 김재규-이상열-신현진으로 이어진 김형욱 살해 체계는 틀림없는 것으로 보았지만, 마지막 단계에서 김형욱 살해에 제3국인 2명이 동원됐다는 신현진의 진술은 신빙성이 없는 것으로 봤다고 쓰여 있다. 마지막까지 함구한 이상열은 2006년 사망했다. 신현진도 김형욱을 죽이고 시신을 처리한 곳이 어디인지에 대해서는 끝까지 입을 열지 않았다. 그런 점에서 아직도 미스터리로 남아 있다고 얘기할 수 있다.

김형욱은 그때 왜 혼자 파리에 갔을까

— 이 사건에서 개인적으로 풀리지 않는 의문 중 하나는 김형욱은 그때 왜 혼자 파리에 갔을까 하는 점이다. 살아온 과정을 보면 김형욱은 권력의 생리에 어두울 수 없는 인물이다. 몸조심해야 할 때라는 걸 몰랐을 리 없다. 골프, 카지노 도박을 즐겼다고는 하지만 그건 파리에 가지 않아도 얼마든지 할 수 있는 일이었다. 그런데도 그렇게 파리에 홀로 간 것을 어떻게 이해해야 할까.

이 사건에 의문점이 많은데 그것도 그중 하나다. 왜 가족들이 만류하는데도 그걸 뿌리치고 갔을까, 그동안 그렇게 조심하던 김형욱이 그때는 왜 그랬을까, 뭔가 굉장한 미끼가 있었기 때문 아니겠느냐, 이 부분에 관해 이런저런 설이 있긴 한데 납득할 만한 설명을 해주는 건 없다. 국정원 과거사 위원회 쪽 설명도 이 점에서는 마찬가지다. 이것과 관련해 난 김형욱이 이 사건 이전에 미국 의회 청문회에서 한 여러 증언, 그리고 김형욱 회고록 원고 문제 같은 데에서 박정희가 직접 지시를 내리고 윤일균한테는 빨리 가라고 전화까지 한 것 같은 부분을 주목할 필요가 있다고 본다.

이 사건을 김대중 납치 사건과 비교해서 생각해보는 것도 의미가 있다. 김대중 납치 사건하고 김형욱 납치·살해 사건에는 크게 차이가 나는 점이 있다. 김형욱은 박정희의 비행, 치부 같은 것을 잘 알고 있었다. 그리고 박정희는 김형욱이 배신자라고 굳게 믿고 있었다. 배신자는 당연히 제거해야 한다고 생각하는 사람들이 있지 않나.

김형욱이 일본에 있었더라면 어떻게 됐을까? 왜 이런 얘기를 하느냐 하면 미국과 일본은 공권력 문제에서 많이 다르기 때문이다. 김대중 납치 사건이 일어났을 때 한국 정부의 공권력이 개입됐다는 구체적인 증거가 나오고 일본 언론에서도 그 부분을 계속 강하게 쓰지 않았나. 그런데도 일본 정부는 그 부분을 끝내 애매모호하게 처리했다. 박정희와 일본 자민당 정권 간의 특별한 관계를 생각하지 않고서는, 경우에 따라서는 다나카 가쿠에이 수상과 있었던 커넥션과도 연결시킬 수 있겠지만, 도무지 상상할 수 없는 일이 김대중 납치 사건에서 일어났다.

미국의 경우는 그렇지 않았다. 김대중 납치 사건에 대해 미국 정부가 취한 태도에서도 잘 드러나지 않나. 당시 미국 정부는 한국 정부의 책임을 분명히 지적했다. 특히 미국 국무부의 한국 담당 과장이 직접적으로 얘기하지 않았나. 그런 것에서도 짐작할 수 있지만, 만일 김형욱 사건이 미국에서 일어났다면 미국의 공권력이 어떻게 나왔겠나. 특히 코리아게이트 직후 시기, 그 여파가 여전히 있던 시기였다는 점까지 생각하면 만약 김형욱 사건이 미국에서 일어났을 경우 미국 정부가 박정희 정권에 대해 얼마나 강하게 나왔겠는가 하는 점은 충분히 짐작할 수 있다.

그리고 김형욱 본인도 미국에서 안전 문제에 신경을 많이 쓰지 않았나. 그렇기 때문에 김형욱은 미국이 아니라 결국 프랑스에 와서 죽을 수밖에 없었다는 점도 김대중 납치 사건과 다른 점이라고 볼 수 있다.

—— 김형욱은 오랫동안 민주주의를 짓밟으며 박정희 정권을 떠받쳤고, 부정 축재도 적잖게 했던 것으로 보인다. 그러다가 나중에는 돌아서서 박정희 정권을 강하게 공격했다. 이러한 김형욱 같은 사람을 역사에 어떻게 자리매김해야 할까? 당시 박정희 정권 쪽에서 몰아세운 것처럼, 지금도 일각에서는 그렇게 생각하겠지만, 배신자로 단순하게 규정할 수는 없다고 본다. '때리지 말라고 지시했는데 부하들이 때려서 물의를 일으켰다'는 식으로 중앙정보부장 시절에 대해 변명하는 부분도 있기는 하지만, 박정희 정권의 내부를 들여다볼 수 있는 회고록을 남긴 것도 평가할 만하다.

어느 하나로 단정하기보다는 지금까지 구체적으로 이야기한 것들을 바탕으로 다각도로 생각해볼 필요가 있다. 몇 마디 덧붙이면, 김형욱은 반박정희 활동을 하면서 상당히 근사한 소리를 많이 한다. 김형욱의 활동 중 미국 의회에서 한 증언 같은 것은 박정희와 관련된 추문 같은 것을 중점적으로 폭로한 것이 아니었다. 격조라고 할 수 있는 것을 일정하게 갖췄다고 볼 수 있는 면이 있는 증언이었다. 말하자면 신중하게, 조심스럽게 얘기한 면이 있다고 볼 수 있다. 지독한 반공주의자로서 김형욱이 박정희를 비난하는 내용도 많이 나온다. 마치 한국 정부를 정말 위하는 것처럼, 그러면서 미국 정부의 철군 계획을 비판하기도 한다.

죽기 직전에는 통일 문제에 대해 꽤 긴 글을 썼는데, 어떻게 보면 잘 썼다고 말할 수 있는 부분이 있다. 이 부분에서 김영삼이 1979년 6월 11일 외신 기자 클럽 연설 제목에 '민중'이라는 말을 넣은 것을 떠올리는 사람이 있을 수도 있겠지만, 그것과 같은 것이라고 볼 수는 없다. 그렇지만 어쨌건 미국에서 일었던 통일 여론 같은 것을 김형욱이 자기 나름대로 소화해서 그렇게 주장했을 것이다. 글을 써주는 사람이 있긴 했지만, 그렇다고 하더라도 이 시기에 김형욱이 일정한 수준을 갖춰 박정희의 대북 정책, 통일 정책을 비판했다고 볼 수 있는 면이 있다.

그런 점에서 김형욱이 1960년대에 한 행위하고 1970년대에 망명한 후 반박정희 활동을 하면서 그럴싸하게 주장한 것은 상당한 괴리감을 보인다. 이런 점은 '딱 이런 거다', 이렇게 단정적으로 설명할 수 있는 부분을 넘어선 것이다. 인간은 언제든지 그런 양면을 가질 수도 있는 거다.

새마을운동

새마을운동은
찬양 일색이 마땅한 성역인가

새마을운동, 첫 번째 마당

김 덕 련 이번에는 새마을운동을 살펴봤으면 한다. 박정희 전 대통령을 추앙하는 쪽에서는 새마을운동 찬가를 지속적으로 부르고 있다. 예컨대 2016년 4월 20일, 대통령이던 박근혜는 "한국을 넘어 지구촌 개도국들의 보편적인 개발 전략"으로 뿌리내리게 해야 한다며 새마을운동의 세계화를 강조했다. 오늘날 위기 극복에 필요한 도전과 혁신을 새마을운동이 주도해야 한다는 이야기도 했다. 그 직후 최외출(영남대 부총장) 글로벌새마을포럼 회장은 한 언론에 게재된 특별 기고(4월 21일 한국일보, 인터넷판 기준)에서 "새마을운동은 개도국에게 빈곤 탈출의 길을 제시하는 살아 있는 교과서이자, 등불 같은 정책이라고 평가 받고 있다"며 새마을운동의 글로벌화를 주장했다. 또한 박근혜가 재단 이사장을 지냈던 영남대는 이명박 정권 때 박정희정책새마을대학원을 설립하고 박근혜 정부 들어 새마을학 석사를 배출했다. 이에 대해 "학문으로 정립되지 않은 새마을학으로 석사 학위를 수여하는 영남대의 학사 운영은 학문 영역의 세계적 관행과는 어긋나는 일로 비아카데미적인 '촌스러운' 발상에서 비롯된 것"(윤지관 덕성여대 교수, 한국대학학회 회장)이라고 비판하는 목소리도 나왔다.

박정희 추종 세력을 중심으로 찬가가 나오는 가운데, 박근혜 정권 출범 후 새마을운동 지원 예산은 급증했다. 2014년 4억 6,200만 원이었던 것이 2016년에 143억 2,300만 원으로 무려 30배나 늘어났다. 그 예산의 대부분은 새마을운동 테마 공원 조성 등 박정희 정권 치켜세우기와 직결되는 사업에 배정됐다. 오죽하면, 박근혜 정권 비판 보도를 찾아보기가 쉽지 않다는 KBS조차 새마을운동 지원 예산 급증을 비판하는 보도(2016년 1월 11일, '또 새마을운동 기념관…나랏돈은 눈먼 돈?')를 내보냈을 정도다. 그렇지만 이러한 찬가와 일방적인 미화는 새마을운동의 역사적 실체에 대한 냉철한 분석과는 거리가 멀어 보인다.

서 중 석 1970년대 하면 유신 체제 다음으로 많이 떠오르는 게 사실은 새마을운동이다. 그다음으로 중화학 또는 남침 같은 어휘를 생각해볼 수 있을 터인데, 그만큼 새마을운동은 한국 사람들 뇌리에 많이 남아 있다. 전에 조동걸 교수한테 들었는데, 이 양반이 경북의 한 대학에서 강연하면서 새마을운동에 문제가 많다는 얘기를 했더니만 다른 사람들이 듣고 나서 그랬다더라. 새마을운동에 문제가 많다고 하는 사람은 처음 봤다고.

사실 일부 연구자들, 학생 운동권 같은 데를 제외하면 새마을운동을 대개 다 좋게 얘기하고 있다. 새마을운동 관계자들이야 두말할 것도 없고, 당시 여권이나 관변 쪽에 속했던 사람들은 자신들이 독재 권력에 협력한 것에 대해 떨떠름한 게 있는데 그렇기 때문에도 새마을운동을 특히 자랑스럽게, 그러니까 '그건 참 잘한 것 아니냐. 다른 건 문제 삼더라도 그것만은 잘한 것 아니냐', 이런 식으로 얘기들을 많이 한다.

또 농촌에서 새마을운동을 했던 사람들 중 대다수는 농촌을 떠났는데, 그렇게 떠나가지고 도시에 와서 '새마을운동은 잘한 일'이라고 이야기하는 경우가 많다. '아 그렇게 잘한 것이면 농촌에서 계속 살 일이지, 무엇 때문에 농촌을 버리고 도시에 와서 그런 소리를 하느냐', 이런 얘기를 들을 수도 있긴 하다. 이러한 새마을운동과 관련해 먼저 논의해야 할 것이 있다.

위에서부터 농촌 새마을운동의 부엌 아궁이
개량 교육, 임야 정비 작업, 지붕 개량 작업.
사진 출처: e영상역사관

새마을운동과 농업 정책 혼동은 금물

— 어떤 것인가.

뭐냐 하면 새마을운동과 농업 정책, 식량 증산 정책을 혼동해서 보는 사람들이 꽤 있다. 특히 1973년을 전후한 시기부터 새마을운동이 소득 증가 사업에 중점을 두는 형태로 전개되면서 양자가 잘 구별되지 않는 면 때문에도 이런 혼란이 일어나고 있다. 예컨대 특용 작물을 재배하는데 이게 새마을운동이냐 농업 정책이냐, 이런 문제다. 축산 정책도 마찬가지다. 나는 원칙적으로 그런 것들을 농업 정책으로 본다.

— 그렇게 보는 이유는 무엇인가.

왜냐하면 단일 곡식만 재배해서는, 즉 벼농사만 지어서는 안 되는 상황이었다. 그래서 다른 작물들을 농촌에서 가꿔서 수입을 올리지 않을 수 없게 됐는데, 그걸 새마을운동으로 부르는 건 문제가 있다고 본다. 그런데 그것의 일부가 새마을운동의 일환으로 추진된 건 또 사실이다.

농업 정책과 새마을운동을 갈라서 봐야 한다는 것이 얼마나 중요하냐 하는 건 주곡 자립에 관한 인식 문제에서도 느낄 수 있다. 1970년대에 와서 우리가 주곡 자립을 하게 됐다는 걸 굉장히 강조하지 않나. 박정희 최대 업적으로 얘기하는 사람들도 적지 않다. 농민들도 그 점에 대해서는 '우리가 1970년대 중반에 와서 주곡 자립을 하게 됐다. 그러니까 그때부터 우리는 잘살게 된 것 아니냐', 이런 생각을 많이 갖고 있다. 또 1970년대 중반에 농촌 사정이 한때 나아진 적이 있었던 것도 이런 생각을 갖게 하는 데 작용했다.

그런데 주곡 자립, 이건 새마을운동하고 직접적인 관계가 없다고 난 본다. 새마을운동 덕분이 아니라 정부의 농업 정책, 식량 증산 정책으로 이뤄진 결과라고 보는 게 정확하고 그게 맞다. 그리고 주곡 자립을 위해 1970년대에 박정희 정부가 열성적으로 일을 추진한 건 사실이지만 그 일을 이미 1960년대에 일정하게 했어야 했는데 제대로 하지 못했던 것 아니냐, 또 1970년대에도 너무 단일 주곡 생산 중심으로 나갔던 것 아니냐, 이런 비판도 있게 된다. 박정희 대통령의 연설문 같은 걸 읽어봐도 주곡 자립과 새마을운동, 이두 가지가 구별돼 있다.

─── 이 문제에 대해 박정희는 연설을 통해 어떻게 밝혔나.

예컨대 1973년 연설을 보면 "식량 증산 사업과 새마을운동을 주축으로 하는", 이런 말을 썼다. 식량 증산 사업하고 새마을운동이 같은 게 아니라는 것을 박정희가 명확하게 얘기한 것이다. 그다음에 새마을운동과 관련 없이 1974년에 시정연설을 한 걸 보면 "농어민 소득 증대를 위해서는 적정 미가 정책과 이중 맥가제를", 여기서 맥은 보리를 가리키는데, "계속 유지하는 한편 축산, 잠업, 경제 작물 등을 주축으로 한 농어민 소득 증대 사업과 농가 부업 등을 권장하겠다", 이렇게 얘기했다. 여기서 새마을운동은 언급하지 않고 있다. 연설에서 거론한 사항들이 당연하게 다 농업 정책이기 때문이다. 이런 점을 우리가 먼저 생각해야 한다.

식량 증산 가능케 한 직접적 요인은
고미가 정책과 이중 곡가제

─── 1970년대 식량 증산의 핵심 요인은 무엇인가.

주곡 자급 정책 같은 것이 어떻게 해서 성공하게 됐는가를 간단히 살펴보자. 식량 증산이 이뤄지게 되는 직접적인 요인은 고미가 정책, 그리고 이중 곡가제다. 사실 이중 곡가제, 일본에서 이미 하고 있던 이것을 우리도 정권을 잡으면 빨리 실현하겠다고 주장한 건 야당이었다. 1967년 선거에서 야당이 대선 때건 총선 때건 그런 주장을 하자 박정희 후보 쪽에서 이걸 아주 강렬하게 비난, 비판했다. 국가의 재정 부담은 생각하지 않고 농민들한테 잘 먹혀들 것 같으니까 그런 '유혹성', '선심성' 공약을 남발한다고 심하게 공박하고 공격했다.

그러나 이때쯤 되면 정부도 이대로는 안 되겠다는 생각을 하게 된 건 확실하다. 농민들이 힘이 없었기 때문에 그랬을 테지만, 이승만 정권에 이어 1960년대 내내 지속된 박정희 정권의 저곡가 정책으로 농민들이 너무 의욕을 잃고 있고 정부에 대해 안 좋은 생각을 갖고 있을 뿐만 아니라, 당시 최대 현안의 하나로 시급히 해결해야 할 식량 자급 정책이 흔들릴 수밖에 없었기 때문이다. 그래서 고미가 정책으로 선회하는 걸 볼 수 있다. 1967년에 수매가를 17퍼센트 인상했고 그다음 해에는 22퍼센트 올렸다. 1970년대에 들어가면 이중 곡가제를 채택하게 된다.

그래서 쌀 생산이 고미가 정책을 이어받은 이중 곡가제에 의해 크게 늘어나게 되는 건데, 그 증산은 통일벼 재배와도 관련 있

1973년 9월 22일에 열린 식량 증산 농민 대회. 사진 출처: 국가기록원

다. 이미 1960년대에 필리핀이라든가 여러 지역에서 다수확 품종을 개발하기 시작했다. 녹색 혁명이라고 불렸는데 어느 지역이든 식량 문제가 굉장히 중요하기 때문에 그랬던 것이다. 그런 속에서 필리핀에서 기적의 다수확 볍씨라는 것을 개발했는데 그것의 큰 영향을 받으면서 생겨난 것이 통일벼다. 이중 곡가제, 이건 김정렴 회고록을 보면 1973년부터 부분적으로 시행하다가 1975년부터 전면적으로 시행했다고 돼 있다.

── 초기에 통일벼는 농민들에게 인기가 없지 않았나.

농민들은 통일벼를 서로 안 심으려고 했다. 통일벼 보급 과정, 이건 강제 농정의 표본이라고까지 그 당시 나는 봤는데, 뭐냐 하면 농민들이 안 심으려고 하니까 공무원이나 정부 쪽에서 나온 사람이 이미 심어놓은 모를 막 뽑아버리기까지 하고 그러더라. 정부에서 강력히 권장한 통일벼를 안 심었다고 해서 그렇게 한 것이다.

그러면 왜 안 심으려 했느냐. 우선 당시 농민들은 농민 희생 정책을 폈던 정부를 믿지 않았다. 심지어 정부가 하라는 것을 거꾸로 하면 된다고 말하는 농민들을 난 자주 봤다. 거기다가 통일벼는 심기가 까다로웠다. 논마다 가보면 소주밀식小株密植, 이걸 써놓았다. 통일벼는 한 포기의 모 수를 적게 하고 전체 면적에 꽂히는 포기 수를 많게 하는 방법으로 촘촘히 심으라는 얘기였는데, 이게 까다롭고 일손도 많이 들고 가뭄 피해도 크고 비료나 농약도 많이 들었다고 그런다. 그런데 이것 때문에 많이 안 심었다기보다는 다른 더 큰 이유가 있었다.

— 무엇이었나.

이게 맛이 되게 없는 볍씨였다. 한국 사람 입에는 잘 안 맞았다. 필리핀 사람들과는 입맛이 전혀 다르지 않나. 거기다가 한국인들은 볏짚도 다양하게 활용하지 않았나. 그것으로 초가도 잇고 가마니도 짜는 등 여러 가지로 유용하게 썼다. 불을 때는 데에도 썼다. 소중한 땔감이었다. 그런데 통일벼는 볏짚이 짧았기 때문에 그런 것에 영 맞지가 않았다. 사실은 이 통일벼 때문에도 농촌 초가가 바뀔 수밖에 없었다.

그렇지만 통일벼는 잘만 심으면 단위 면적당 생산량을 크게 높일 수 있었다. 다수확 벼니까. 그것 때문에 정부가 강제 농정으로 막 강요해댔던 건데, 지금까지 말한 여러 사정 때문에 처음에는 그게 잘 안됐다. 그러면 통일벼를 널리 보급하는 과정에서 제일 큰 효과를 거둔 게 뭐냐. 바로 이중 곡가제였다. 이중 곡가제를 시행하면서 정부가 수매를 할 때 통일벼를 우선 받아준 것이다.

그 당시 고추를 심은 한 농민이 농약을 팍팍 뿌리면서 그러더라. "이거 우리가 먹어? 도시 사람들이 먹지." 물론 모든 농민이 그런 식으로 농약을 많이 뿌렸다고 볼 수는 없지만, 초기에는 별로 안 심던 통일벼를 농민들이 많이 심게 된 데에도 그런 것이 마찬가지로 작용했다는 말이다. 뭐냐 하면 '우리가 먹을 건 밥맛이 좋은 아키바레로 조금만 심고, 나머지는 다 통일벼를 심어서 도시에 내다 팔면 되지 않느냐. 정부가 이렇게 통일벼를 비싸게 사주는데', 바로 이 점이 작용했다.

─ 통일벼가 널리 보급되면서 생산량도 상당히 증가하지 않았나.

1973년에 재래종보다 단위 면적당 생산량이 37퍼센트 많아졌고 그러면서 수확량이 1974년에 3,000만 석, 1977년에는 4,000만 석을 채웠다는 얘기를 하게 되는데, 사실 이 농업 통계처럼 못 믿을 게 없다. 한국의 경우는 다른 통계도 못 믿는다는 얘기를 아주 많이 하고 유엔에서도 오랫동안 불신하고 그랬는데, 농업 통계의 경우 지방 공무원들이 목표치를 달성하지 못하면 처벌받을 수 있었기 때문에 어지간하면 높게 불려서 보고했다. 그래서 이 수치를 그대로 믿기는 어려우나 전체적으로 상당히 많이 증가한 것만은 분명하다.

1976년에 오면 쌀 자급률이 102퍼센트라고 해서 드디어 주곡을 자급하게 된다. 그러면서 농가의 1인당 실질 소득이 1970년에는 도시 근로자 가구의 68.7퍼센트였는데 1975년에는 93.9퍼센트로 높아졌다고 나온 통계도 있다. 이게 정확히 맞는 통계인가 하는 건 별개 문제이지만, 이렇게 되면서 한때 농촌이 좋아졌다는 이야기를 듣게 된다.

새마을운동에 대한
객관적 연구가 쉽지 않은 이유

── 새마을운동에 대해 차분히, 깊이 있게 분석한 연구는 찬양 일색 자료에 비해 훨씬 적은 것 같다. 그렇게 된 이유는 무엇인가.

새마을운동을 얘기할 때 아주 중요한 것 하나가 새마을운동을 객관적으로 연구하기가 굉장히 어렵다는 것이다. 그간 정부는 매우 방대한 새마을운동 자료를 생산해냈다. 정부에서 내놓은 《새마을운동 10년사》를 비롯해 아주 많다. 새마을운동 자료의 대부분은 정부에서 직접 냈거나 정부와 관련이 있는 곳에서 나온 것이다. 그런데 이걸 이용해서 연구한다는 것에 대해 '그건 다 안 된다', 이렇게 얘기할 수는 없지만 이것만 가지고는 안 된다는 점을 고려해야 한다.

그다음에 새마을운동과 관련해 지금까지 나와 있는 새마을운동에 대한 찬양, 성공 사례 소개, 그리고 훈장이나 표창장을 받은 모범 새마을 지도자나 이장 등의 연설이나 수기 같은 것들이 있다. 라디오, 신문, TV에서 그 당시 새마을운동에 대해 많이 다뤘던 사례들이 대부분 이런 것들이고 그것이 일반 사람들에게 새마을운동 모습으로 각인돼 있다. 당연하지 않나. 가장 큰 국책 사업이었으니까. 라디오, 신문, TV 자료의 대부분이, 사실상 100퍼센트라고 해도 좋은데, 다 이런 사람들을 취재해서 얻은 것이다, 이 말이다. 그러나 이게 3만 개가 넘는 마을을 얼마만큼 대표하고 있느냐 하는 점에서 대단히 큰 어려움이 따른다.

통계도 마찬가지다. 조금 전에도 통계를 얘기했지만 백두진 회고록, 이 사람은 경제에 밝은 사람으로 알려져 있었는데, 그 책을 보면 1978년에 여당 쪽인 유신정우회의 한 의원이 국회에서 이렇게 얘기한 것으로 나와 있다. "국민은 정부의 통계를 믿지 않는다. 소비자 물가 지수를 정부가 관장한 것은 처음부터 잘못된 것이다. 물가의 등귀 실태와 정부 통계는 일치하지 않는다." 그 당시 물가가 워낙 오르지 않았나. 그래서 이건 소비자 물가를 가지고 비판한 것인데, 사실 그런 불일치가 몹시 심했던 부문은 오히려 농업 통계, 새마을운동 관계 통계가 아니겠느냐고 이야기할 수도 있다.

── 새마을운동에 관계한 사람들 중 상당수가 생존해 있는 만큼 당사자들에게 직접 얘기를 듣는 방법도 있지 않나.

그러면 증언 구술, 채록이 중요하지 않겠느냐고 이야기할 수 있는데 여기에도 문제가 있다. 우선 오늘날 대개 노인만 남아 있는 농촌에 그런 얘기를 또렷하게 할 수 있을 만한 사람이 많이 있다고 보기가 어렵다. 그러면 남는 건 농촌을 떠난 사람들인데 이 사람들도 그에 관한 얘기를 하기가 쉽지 않을 뿐만 아니라, 대부분은 모범 답안을 얘기한다. 왜냐하면 텔레비전 같은 데에서 항상 한 얘기가 있다, 이 말이다. 대부분은 머릿속에 그게 콱 박혀 있다고 해도 지나치지 않다. 그렇기 때문에 새로운 자료, 예컨대 일기 같은 것을 적극적으로 발굴할 필요가 있다. 그리고 증언을 들을 때에도 그 사람이 하는 얘기를 "네", "네" 해가면서 그냥 들을 게 아니라 얘기 속의 이면을 캐내야 한다.

— 새마을운동에 대해 농민이 진솔하게 쓴 개인 기록이 전혀 없는 건 아니지 않나.

농민 일기 같은 데에 새마을운동과 관련해 이렇게 써놓은 걸 볼 수 있다. 유신 쿠데타를 다룰 때부터 몇 번 인용했던 평택의 그 농민, 공화당 당원이자 1970년대에 마을 이장을 한 이 사람의 일기를 다시 펴보자.

일기이기 때문에 생활 관련 글이 여러 개 있을 수밖에 없는데 그중 하나만 살펴보면, "새마을 사업을 하는데 일을 시작 전에는 매일같이 의논이 분분하다. 오늘도 종소리와 동민이 모인 자리에서 또 싸움이 일었다", 이렇게 돼 있다. 하수구를 묻을 것인가 아니면 다른 걸 할 것인가를 두고 싸움이 붙었다는 얘기다. 이 사람이 이장이었는데, 이런 싸움들이 일어나고 하면서 "공격을 받는 건 이장뿐이다. 사실상 개인 사업이다"라고 토로했다. 마을 사람들이 한마음으로 뭉쳐 사업을 추진하는 것과는 거리가 멀었다는 말이다.

"시작했으니 허는(하는) 수 없이 하자고 했으나 다른 집 사이 하수구도 묻어달라는 것", 그래서 저녁에 또 동회를 열어가지고 이걸 회의에 부쳤더니만 "새마을 사업의 건을 더 하느냐 중지하느냐 의견은 참으로 통일하기 어려웠다. 아주 반대하는 자도 없다. 동리

일이란 어렵다. 밤새로 1시까지 회의를 했으나 결과는 미지근." 이런 식으로 써놓았다.

─ 관제 성격이 강한 이른바 모범 답안과는 상당히 다른 모습이다.

사실 새마을 사업으로 도로를 내거나 이 마을처럼 하수구 같은 걸 묻고 하는 일에 대해 마을 사람들은 각자 다른 의견을 내놓을 수밖에 없는 것 아닌가. 사람마다 이해관계가 다 다르고 농민들은 특히 자기 이해가 걸린 것들이기 때문에도 서로 다른 의견을 내기 마련이었다. 그렇지만 정부 관리가 와서 감독을 할 때라든가, 어떻게 됐는지를 시찰, 조사하러 올 때에는 실제와 달리 사업이 매끄럽게, 다 잘된 것으로 보일 수 있게끔 돼 있지 않겠나.

그런 식으로 진행된 것이기 때문에 새마을 사업의 실상을 제대로 파악하기가 어려운데, 김영미 교수는 이 농민의 일기를 발굴해 분석하면서 새마을 사업에 관해 이렇게 썼다. 〈그의 일기 어디에도 그가 새마을 사업의 의의를 높이 평가하거나 열정을 보이는 대목은 없다. 오히려 새마을 사업에 대한 그의 관점은 냉소에 가깝다. 새마을 검열을 받은 날 일기는 다음과 같이 적고 있다. "감사관이 와서 감사한 결과 아주 잘되였(었)다고 했다. 부락의 실정은 아랑곳없이 감사는 잘 받었(았)다." 새마을 사업에서 가장 중요한 것은 관공서의 검열에 통과하는 것이었다.〉

지금까지 말한 여러 사항 때문에 새마을 사업을 연구, 분석하는 것이 쉽지 않은 작업이고 손품이 아주 많이 가는 작업이라는 점을 염두에 두면서 새마을 사업을 어떻게 이해할 것인가를 살펴봐야 한다.

새마을운동이
일어나게 된 세 가지 요인

새마을운동, 두 번째 마당

줄곧 방치되고 억압만 받아온 농촌,
더 이상 농촌을 그대로 둘 수 없었다

김 덕 련 새마을운동의 성패를 판단하는 가장 중요한 기준은 무엇이라고 보나.

서 중 석 새마을 사업에서 제일 중요한 건 뭐니 뭐니 해도 새마을운동을 통해 농촌이 살기 좋은 곳이 됐느냐, 그리고 도시민들이 동경하는 마음의 고향이 됐느냐, 이게 새마을운동이 성공했느냐 실패했느냐를 가리는 핵심적인 사항이 아니냐고 난 생각한다. 무엇보다 그 점을 중시해야 한다고 본다.

새마을 사업이 어떻게 해서 추진됐느냐에 대해서는 몇 가지로 나눠서 생각해볼 수 있다. 우선 1950~1960년대 상태로 농촌을 더 이상 방치할 수는 없었다. 마을로 들어오는 길이든 마을 안에 있는 길이든 길 하나만 보더라도 그대로 놔둘 수 없게 돼 있었다. 다 쓰러져가는 초가집도 매우 많았다. 농촌의 이런 여러 가지 모습을 볼 때 이제는 더 이상 그런 것들을 방치할 수 없고 변화가 있어야 한다는 건 그 당시 농촌에 가본 사람들은 쉽게 이해할 수 있었다.

이렇게 농촌이 방치된 제일 큰 이유는, 일제 때도 그랬지만 해방 후에도 계속 농촌을 경시하고 농촌을 표밭으로만 인식하면서 억압 대상으로 삼았기 때문이다. 저곡가 정책을 통해 노동자한테 저임금을 줄 수 있게끔 하는 방식이 기본으로 깔려 있었기 때문에 그렇게 방치됐다. 정당들이 중농 정책을 말하지 않은 건 아니지만, 말로만 이구동성으로 중농 정책을 들고나왔다. 그렇지만 1970년경쯤 되면 더 이상 그렇게 방치할 수 없게 됐다. 농촌이 밑바닥으로 갈

데까지 가고 있었고 너무나 옛날 모습 그대로였다.

그런데 일부 학자들은 '1963년 선거에서 농민들의 공화당 지지가 67퍼센트, 1967년에는 67.1퍼센트였는데 1971년 선거에서는 58.2퍼센트가 된 것에 영향을 받아 정부가 농민들한테 이제는 가만히 있을 수 없게 됐다', 이렇게도 얘기한다. 그런데 그건 그렇게 중요한 지표는 아니라고 난 본다.

── 그렇게 판단하는 근거는 무엇인가.

왜냐하면 1963년 선거 때 농민한테서 여당 쪽 표가 많이 나온 데에는 밀가루 투표 성향이 상당한 영향을 끼쳤다. 그해에 선거를 앞두고 밀가루를 대대적으로 뿌렸다고 전에 얘기하지 않나. 1967년에는 그야말로 농민들의 혼을 뺏어버렸다. 선심 공약이라든가 돈을 풀어 선심 관광을 시켜준다든가 해서 혼을 뺏어버린 것이다. 그래도 그것보다는 정상적인 것에 조금은 가까운 쪽으로 치른게 1971년 선거였던 셈인데, 그다음 해에 바로 유신 쿠데타를 일으키지 않나. 그 점을 고려하면, 공화당 같은 데에서 '이젠 농촌을 잘 살게 하는 쪽으로 가야 한다'고 했다는 것보다는 다른 이유가 더 크게 작용했다고 볼 수 있다.

농민들 속에서 스스로 우러나온 운동, 새마을운동으로 가는 데 중요한 역할

── 다른 어떤 이유가 작용했다고 보나.

제일 큰 이유는 조금 전에 얘기한 것처럼 농촌이 너무나 큰 문제를 안고 있었다는 것이다. 그게 기본으로 있었다.

그다음에 일제 때에도 우리가 심훈의 《상록수》 같은 소설에서도 볼 수 있지만 어떻게 해서든지 잘살기 위해 농촌 활동을 벌인 청년들, 특히 야학 같은 게 얼마나 많았나. 그건 1950년대, 1960년대에도 마찬가지였다. 4H클럽 같은 여러 단체를 만들면서 농촌 자립 활동이라고 할까, 잘살기 운동 같은 것을 꽤 규모 있게, 많이 펼쳤다. 역力농가, 독篤농가, 두 가지 다 농사를 열심히 짓는 건실한 농가라는 비슷한 뜻인데 이런 농가도 여기저기서 많이 생겨나고 그런다. 그야말로 뜻있는 일꾼들이 생겨난 것이다. 가나안농군학교 같은 건 규모가 크게, 조직적으로 이런 활동을 전개했다.

박정희 대통령이 새마을운동에 대한 힌트를 얻은 것도 농촌에서 자발적으로 전개됐던 이런 활동이라고 돼 있지 않나. 새마을운동의 발상지임을 강조하는 곳이 경북 청도이고 거기를 지나가다 보면 산비탈에다가 그 표시를 크게 해놓은 게 눈에 들어오는데, 1969

년 박정희가 청도에서 수해 복구 순시를 하다가 그곳 농민들이 자신들의 마을을 위해 활동을 하는 걸 보면서 '아, 이거 아주 중요한 문제다', 이랬다고 돼 있다.

이처럼 농민들 속에서 스스로 우러나온 운동, 이것을 박정희 식으로 이어받아 새마을운동이 일어난다고 볼 수 있다. 그런데 그 중 일부는 새마을운동에 흡수됐지만 일부 농민 운동 세력은 새마을운동을 좋아하지 않았다. 한 가지 더 생각해야 할 것이 있다.

새마을운동의 또 하나의 직접적 계기, 남아도는 시멘트

── 무엇인가.

시멘트 문제다. 새마을운동의 또 하나의 직접적인 계기가 된 게 시멘트라는 것을 김정렴도 시사했고 당시 건설부 장관을 비롯한 여러 사람이 구술, 증언, 회고록 같은 것을 통해 지적하고 있다. 박진도와 한도현이 쓴 논문에서도 그렇고, 조정래의 《한강》에서도 새마을운동 시기를 "시멘트 시대"라고까지 얘기할 정도로 시멘트와 많이 연관시키고 있다.

── 시멘트는 새마을운동에 어떤 방식으로 영향을 줬나.

시멘트가 이렇게 큰 영향을 끼친 그 부분을 잠깐 보자. 뭐니 뭐니 해도 당시 시멘트 새마을운동이 벌어진 것은 제일 큰 시멘트 공장을 갖고 있던 사람이 공화당 재정위원장 김성곤이기 때문이었다. 이 사람은 공화당에서 3선 개헌(1969년)을 추진하는 데 가장 핵심적인 역할을 했고, 그런저런 여러 이유로 박정희도 이 사람을 중시했다. 그런데 1967년경에는 시멘트 공급이 굉장히 달렸다. 그 무렵 건설 사업이 막 시작됐는데 시멘트를 만들어낼 수 있는 시설은 부족했기 때문이다. 그런 상태에서 1968년 10월, 김성곤의 쌍용양회에서 동양 최대 규모라는 동해 공장을 준공했다. 동해 공장 기공식과 준공식에는 모두 박정희가 자리를 같이했다.

이환병 박사 논문을 보면, 이 공장이 준공되고 또 다른 시멘트 공장이 증설되면서, 1967년에 244만 톤을 생산하던 시멘트 업계가 1969년에 가면 무려 3배 가까이 되는 692만 톤을 생산하게 된다. 이렇게 막 생산량이 늘어나면서, 그런데 내수 증가율은 둔화되면서 과잉 재고가 생겨나게 된다. 그래서 여러 자료에 나오는 것처럼, 1970년 김성곤은 박정희한테 '큰일 났다. 이 재고 처리를 위해 정부가 적극 나서야 한다', 이렇게 역설했다.

그렇게 시멘트 재고 문제가 있을 때인 1970년 4월 새마을운동이 극히 부분적으로 출발한 것으로, 그때는 새마을운동이 아니라 새마을 가꾸기 운동이라고 많이 불렀지만, 여러 책에서 얘기하고 있다. 그래서 1970년 11월부터 이듬해 초까지 농한기에 3만 3,000여 마을에 마을당 시멘트를 300여 포씩 똑같이 나눠준 것으로 나와 있는데, 그러면서 새마을 가꾸기 운동 또는 새마을운동이 불붙기 시작한다. 새마을운동이 본격적으로 일어나는 1972년에는 전국 마을의 2분의 1에 해당하는 1만 6,600개 마을에 시멘트 500포하고 철근 1톤씩을 줬다. 그러니까 시멘트가 풍부했기 때문에 새마을운동이 가능했다는 것, 그것만은 확실하다고 볼 수 있다. 그렇지 않았으

1972년 3월 27일 경남 거창군 새마을 사업장에서
부녀회원들이 시멘트 벽돌을 나르고 있다.
박정희는 시멘트 생산이 급격히 늘어나자 농촌에
나눠주었는데, 이 시멘트가 풍부했기 때문에
새마을운동은 가능했다. 사진 출처: e영상역사관

면 이 운동을 진행하기가 쉽지 않았을 것으로 보고 있다.

—— 시멘트 이외에 비중 있는 역할을 한 물품으로 어떤 것이 있나.

　　시멘트 다음으로 중요한 역할을 한 게 슬레이트다. 당시 지붕을 개량할 때 초가를 헌 다음 함석 같은 것으로도 지붕을 하기는 했지만, 대부분 슬레이트로 바꿨다. 다른 부분은 그대로 놔둔 채 초가만 헐고 그렇게 바꾸는 경우가 많았다. 다시 말해 겉모습만 초가에서 슬레이트 지붕으로 바뀐 것이다.

　　지금 농촌에 가보면 좋은 집들이 들어서 있고 도로가 잘 정비돼 있는 곳이 많은데, 그것에 대해 잘못 알고 있는 사람들이 일부 있다. 그렇게 잘되어 있는 게 다 1970년대 새마을운동 때 아니냐고 잘못 알고 있는 건데, 그렇지가 않다. 대부분은 1980~1990년대에 새로 집을 지었기 때문에 그렇게 상태가 좋은 집들이 생긴 것이다. 도로 같은 것도 그 이후 계속 확장하고 다듬었다. 거기다가 지금은 마을에 여기저기 꽃까지 많이 심어놓지 않았나.

　　슬레이트도 상당한 역할을 했는데, 이건 벽산그룹 김인득 이 사람이 제일 많이 팔았다. 1960년에 15만 매를 생산하던 것이 1965년에 400만 매가 됐고, 이렇게 슬레이트 수요가 급증하자 김인득은 월 100만 장을 생산하는 대규모 공장을 세웠다. 그렇게 되면서 1970년대에 들어서면 슬레이트도 엄청나게 증가했다.•

　　철강재도 이때쯤 되면 아주 많은 양을 생산해내지 않나. 1972

• 김인득은 1972년 박정희의 셋째 형 박상희의 딸(김종필의 처제)을 둘째 며느리로 맞이하며 박정희 집안과 사돈 관계도 맺는다.

년 1만 6,600개 마을에 시멘트와 함께 철근을 줬다고 앞에서 얘기했는데, 이러한 상황과 관련 있다고 볼 수 있다. 또 농업 정책과 새마을운동을 구별해서 봐야 하는 건 맞지만 양자가 긴밀한 관계에 있는 것 또한 확실한데, 비료나 농약이나 비닐하우스의 생산량이 이 시기에 비약적으로 증가했다. 1960년대 후반에서 1970년대 초에 걸쳐서 그랬는데, 그 점도 새마을운동과 농업 생산력 증가에 큰 역할을 한 것은 틀림없다. 그러니까 내가 지금 이야기한 세 가지가 새마을운동이 일어나게 된 기본적인 배경이자 요인이고 계기였다. 난 그렇게 본다.

'새마을운동은 유신 이념 실천 도장' 유신 수호 기반으로 새마을운동 키웠다

— 북한과 벌인 체제 경쟁 문제도 일정하게 작용했다고 보는 시각도 있지 않나.

거기에 남북 관계가 작용했다고 그 당시 본 사람들이 있다. 왜냐하면 1970년대 초에 남북 관계가 열리지 않나. 그런데 북쪽에 가보니, 지금은 북한이 형편없지만, 당시 북한에서는 어쨌건 초가가 안 보이더라, 이 말이다. 북한에 우월감을 갖기 위해서도 '남쪽의 농촌이 바뀌어야 한다'는 생각을 정부에서는 크게 가질 수 있지 않았느냐는 주장이다.

그리고 새마을운동은 강력한 군대식 동원 체제라고 할까, 굉장한 관권에 의해 위로부터 동원하는 시스템에 의해 이뤄지지 않았

나. 그런데 1950년대 또는 일제 시기보다도 바로 이 박정희 정권 시기에 와서 그러한 것을 더 강력하게 동원할 수 있는 점이 있었다. 그런데 환경 개선 사업은 1970년대 초반에 대충 끝나지만 새마을 운동 자체는 박정희 정권 내내 추진된다.

— 무엇 때문에 그렇게 된 것인가.

그렇게 된 건 뭐니 뭐니 해도 새마을운동이 유신 체제와 뗄 수 없는 관계에 있었기 때문이다. 박정희 대통령은 예컨대 1974년에도 이렇게 얘기했다. 전국 새마을 지도자 대회에서 "새마을운동은 바로 10월유신의 이념을 구현하기 위한 실천 도장인 것입니다", 이렇게 유시를 했다. 전에도 말한 것처럼 유시라는 건 기분 나쁜 표현인데, 1973년 무렵부터는 이제 유신 체제 수호에서 새마을운동이 큰 역할을 할 수 있다는 것에 박정희는 굉장한 관심을 가졌던 것 아닌가, 그렇게 볼 수 있다. 이러한 제반 요인과 상황, 여건 같은 것들이 결합하면서 새마을운동이 유신 권력 최대 사업으로 장기간에 걸쳐 추진되는 것이다.

강제성이 만든
새마을운동 성공 신화

새마을운동, 세 번째 마당

김 덕 련 새마을운동에 대해 일각에서는 농민들의 자발성을 매우 강조한다. 자발성이라는 단어로 표현되는 요소가 전혀 없다고 할 수는 없지만 그것이 어떤 '자발성'인지를 명확히 할 필요가 있다는 생각이 든다. 그리고 무엇보다도 정권 차원에서 위로부터 동원했다는 점을 빼놓고 새마을운동을 이야기하기 어려운 게 사실 아닌가.

서 중 석 새마을운동의 가장 큰 특징은, 앞에서도 말한 것처럼 정부가 이것을 적극적으로 추진해나갔다는 점이다. 시멘트를 나눠주고 철근을 나눠준 것도 정부였다. 필요한 재원을 전부 무상으로 준 건 물론 아니지만 정부 지원이 대단했다. 지원을 받으면 그것에 상응하는 작업을 반드시 달성해야 했다. 이런 지원은 1973년부터 대폭 늘어났다. 1972년에 33억 원으로 돼 있는데 1973년에는 215억 원으로 돼 있고 1974년에는 308억 원으로 급증했다. 그러면서 새마을 지도자 연수도 대폭 강화됐다. 1972년에 1,409명이었던 것이 1973년에는 4,354명으로 통계에 나온다.

　　정부에서 이렇게 추진했다고는 하지만, 정부라고 하더라도 그중에서 바로 청와대가 전적으로 주도했다. 핵심은 박정희였다, 이 말이다. 실무 차원에서는 1970년대 초기에는 내무부가 중심이 됐다. 여기에 경찰, 건설부, 보건사회부가 일역을 맡았고 다른 모든 부처가 도와주는 형태였다. 그런데 점차 소득 증대 사업이 중요시되면서 1970년대 중반 이후에는 농산부가 큰 역할을 맡게 된다.

── 청와대가 주도할 경우 추진력이 강할 수는 있지만 그만큼 문제점도 생기기 마련 아닌가.

내 제자 이환병, 교사인데 새마을운동에 대해 박사 논문을 썼다. 이환병은 "공무원 동원 체제는 새마을운동의 확산에 결정적으로 중요한 역할을 했지만 부작용도 속출했다. 가장 일반적인 부작용은 이른바 성과 부풀리기 혹은 윗사람에게 무조건 잘 보이기 등이 대표적이었다"고 지적하면서 구체적인 예를 들었다. 이환병은 중앙 단위의 행정 기관뿐만 아니라 마을 단위까지 전시 행정의 폐해가 나타나게 된다고 설명했다. 또한 1973년부터 남녀 새마을 지도자 제도가 정착하게 되는데 1975년 6월의 경우 남성이 3만 4,809명, 여성도 3만 4,809명이었다. 왜 그러냐 하면 전국 마을 수가 이러했던 것으로 돼 있다. 마을마다 남녀 한 명씩 해서 이렇게 된 것이다. 여기에서 20만 명 정도가 배출됐다고 이환병은 썼다.

이렇게 정부 주도로 진행되면서 권위주의적, 획일적, 대중 동원적, 관료주의적 성격을 갖는다는 비판이 나오게 된다. 또한 새마을 지도자들은 대부분이 공화당원이나 통일주체국민회의 대의원 같은 것으로 간다. 지난번에도 소개한 농민 일기를 쓴 평택의 그 농민, 공화당원이기도 했던 이 사람은 이장으로서 새마을 사업을 해야 하지 않나. 이렇게 어떤 한 사람이 공화당원에다가 통일주체국민회의 대의원, 그리고 새마을 지도자까지 겹치기로 하는 건 논란이 될 수 있는 것이었지만, 그런 식으로 가는 것을 정부에서 막고 싶더라도 막을 방법도 없었다.

강제성이 만든 성공 신화
"농민들은 동원된 주체들"

— 관료주의를 앞세운 대중 동원 방식은 어떤 문제를 발생시켰나.

이런 권위주의적, 대중 동원적, 관료주의적 방법이 어떤 문제를 낳았느냐. 그 부분에 관해 들여다보자. 김영미 교수는 새마을운동에 대해 꽤 두꺼운 《그들의 새마을운동》이라는 책을 냈다. 여기에서는 두 개의 마을에서 구체적으로 어떤 농촌 활동이 이뤄졌는가, 또 그 마을들이 일제 때부터 새마을운동 때까지 어떤 식으로 변모해왔는가를 사례 검토 방식으로 연구했다. 이 연구에도 그것에 관한 얘기들이 나온다.

경기도 이천에 아미리라는 마을이 있다. 새마을 사업 성과를 바탕으로 1970년대에 두 번이나 우수 마을(자립 마을)로 선정돼 대통령 하사금도 받은 모범 마을이다. 그런 대단한 마을이었는데 그 이면에서는 다른 모습을 볼 수 있다.

— 이면에서는 어떤 모습이 나타났나.

예컨대 이런 일도 있었다. 행정 기관에서 퇴비 증산을 강요했다. '퇴비 생산을 이만큼 늘려라', 이렇게 목표액이 내려온 건데 문제는 그 목표액을 무리하게 책정해놓고 강압적으로 진행했다는 것이다. 주민들은 이걸 해낼 방법이 없으니까 왕겨를 퇴비로 위장했다. 아미리 같은 대표적인 모범 마을에서조차 이런 일이 일어난 것이다.

이와 비슷한 현상은 이 연구에서 다룬 다른 한 마을, 그러니까 역시 이천에 있는 나래리에서도 나타난다. 이 마을에는 보리 2모작 지시가 내려왔다. 그런데 이건 지역 실정에 전혀 맞지 않았다. 관에서 강압하니까 주민들은 할 수 없이 보리를 심기는 했지만, 검사받은 다음에 밭을 다 갈아버렸다. 그리고 거기에 고추 모종을 냈다. 문제는 수확기에 보리가 있어야 한다는 것이었다. 보리를 심은 것으로 돼 있으니까. 그래서 주민들이 다른 마을에서 또는 다른 지방까지 가서 보리를 아주 비싸게 사오는 기막힌 일이 있었다. 이 마을 이장도 공화당원이었는데, 이 사람은 새마을 사업의 강제성으로 인해 피해가 적지 않았고 주민들뿐만 아니라 공무원들도 과다한 할당량 때문에 모두 엄청난 압박에 시달렸다고 말했다.

김영미 교수는 이 책에 이렇게 썼다. "(새마을)운동의 수행 주체인 농민들은 자율적 존재가 아니라 동원된 주체들이다. …… 새마을운동의 작동 원리에서 강제성은 기본적인 동력이었다. 자발적 농민 운동을 표방한 새마을운동의 이면에는 권위주의적 정치 질서와 행정 방식이 작동하고 있었다. 안 하면 안 되는 강제성이 새마을운동의 성공 신화를 만들어낸 동력의 한 축을 이루고 있었다."

일이 진행된 과정을 보면 새마을운동에서 강조한, 박정희도 누차에 걸쳐 강조했는데, 농민의 자발성이라는 것은 다분히 정부가 '이러저러하게 해라', '이런 목표를 완수해라' 할 때 그것을 게을리하지 말고 '자발적'으로 잘해서 목표를 완성해 '모범 마을'이 될 수 있도록 잘하는 것을 가리켰다.

— 강제성을 기본으로 한 새마을운동의 실상을 보여주는 다른 사례로 어떤 것이 있나.

지난번에 새마을운동이 일어나기 전에 이미 농촌 여기저기서 여러 활동이 자발적으로 전개되고 있었다는 얘기를 하면서 가나안 농군학교에 대해서도 언급했는데, 이 학교는 일제 때부터 농민 운동을 한 김용기 장로가 해방 후 설립했다. 새마을운동이 시작된 후에는 새마을운동과 협력 관계에 있었다. 새마을 교육을 담당하는 교육 기관 역할을 하기도 했다. 가나안농군학교에서 1973년에 477명, 1974년에 1,568명, 1975년에 4,530명, 1976년에 9,276명, 이렇게 많은 새마을 일꾼을 교육해냈다. 정부 기관이라고 할 수 있는 새마을지도자연수원을 빼면 제일 많은 교육 인원을 배출했다.

그런데 1970년대 중반이 되면서 김용기가 새마을운동의 문제점을 지적했다. 제일 중요한 건 아까 이야기한 것처럼 이게 정부 주도로 추진되면서 정권을 유지하고 실정을 은폐하기 위한 수단으로 활용되고 있지 않느냐는 것이었다. 또 새마을운동을 지도하는 권력층의 부정부패 같은 것도 지적하고 그랬다. 그러면서 김용기는 1975년에 《운명의 개척자가 되자》, 일제 때부터 주장해온 것을 다시 담은 이 소책자를 출간했다.

그러자 문공부 검열관들이 "이 소책자가 젊은이를 선동하여 사회를 불안하게 할 소지가 있다"고 하면서 긴급 조치 9호 위반 혐의로 판매 금지 조치를 취했다. 이환병은 바로 이런 사태가 새마을운동이 어떻게 변질되고 있는가를 상징적으로 잘 보여주고 있다고 기술했다.

유신 체제 강화 우선,
본말이 전도된 새마을 교육

— 다른 각도에서 보면, 강제성을 어느 정도 수반하더라도 마을 환경을 개선하는 일은 필요했으며 그런 부분에서 상당한 성과를 거둔 건 사실 아니냐는 반문이 가능하다. 또한 이전에는 농촌 여성들이 숨죽이며 지내야 하는 경우가 많았는데, 그런 여성 중 일부가 새마을운동을 통해 앞에 나서서 일할 수 있는 기회를 얻은 점은 평가할 만하지 않느냐는 시각도 있다. 어떻게 보나.

새마을운동을 보면 초기에는 환경 개선 활동이 주로 진행됐다. 이건 그 후에도 상당 기간 계속되는데 제일 큰 것으로 농로와 마을 길 정비, 지붕 바꾸기, 그리고 공동 세탁장 같은 여러 공동 시설을 만드는 것, 소하천 정비 같은 것을 얘기한다. 이런 것들의 경우 상당히 눈에 띄게 개선된 점이 있다.

물론 너무 외형에 치우치고 강제적으로 됐기 때문에 제대로 되지 못한 점이 있는 것도 사실이다. 예컨대 그 당시에 가각街角 정리라는 게 읍이나 조그만 시 같은 데에서 많이 이뤄졌다. 큰길을 따라서 건물들을 똑같이 정리하게 만든 건데, 있을 수 없는 획일화 작업을 한 것이다. 마찬가지로 새마을운동 전반에 그런 점이 있었다. 거듭 이야기한 것처럼 관료주의적으로 하면서 그렇게 된 건데, 그게 박정희가 선호한 방식 아닌가. 그렇다고 하더라도 환경 개선 측면에서는 농촌을 많이 바꿔놓은 면이 분명히 있다.

그리고 정말 열성적으로 '농촌을 발전시켜보자', 이런 사람들

1972년 3월 24일 박정희가 경북 영천군 관정2동
새마을 사업장을 시찰하고 있다. 새마을운동은
가부장제에 오랫동안 눌려 지내던 여성에게는 일정
정도 긍정적인 역할을 하기도 했다.
사진 출처: e영상역사관

세 번째 마당

도 이 시기에 꽤 있었던 것으로 보인다. 또 여성의 경우 가부장제에서 오랫동안 신음하면서 눌려 지내지 않았나. 그런데 이때 부녀회장이 되니까 면사무소에서도 만나주고 경우에 따라서는 대통령하고 악수까지 할 수도 있고 하면서, 자기가 보기에는 인간 대접을 받게 된 것이다. 마을에서 남자들한테 그렇게 눌려 지냈던 것과 비교하면 큰 변화로 다가갔던 것이다. 그런 사람들 가운데 새마을 사업 같은 것에 굉장히 열성적으로 참여하면서 열심히 일한 사람들도 꽤 있었던 것은 사실이다. 그것이 긍정적인 역할을 일정하게 해냈을 것으로 보인다.

그러면서도 이 사람들이 유신 체제에 많이 끌려다닌 것 아니냐, 유신 체제를 수호하고 강화하는 데 적극적으로 나선 것 아니냐, 이런 점을 생각하지 않을 수 없다. 물론 새마을 지도자나 부녀회장이 됐다고 해서 얼마만큼 힘이 있었겠느냐 싶으면서도, 그래도 20만 명 정도나 되는 사람들이 새마을 지도자였다고 했는데 그게 적은 게 결코 아니라는 말이다. 이런 양면을 다 봐야 하지 않겠나.

마을이 3만 개가 넘었다고 얘기했는데, 마을별 차이도 생각할 필요가 있다. 앞에서 말한 아미리, 나래리 같은 경우를 예로 들 수도 있는데 두 번이나 우수 마을로 선정된 아미리와 달리 나래리 같은 데서는 새마을운동에 별로 치중하지 않았다. 이처럼 마을마다 차이가 났다는 점을 눈여겨볼 필요가 있다.

— 이 부분 역시 앞에서 이야기한 사항, 즉 새마을운동에서 농민의 '자발성' 또는 '자율성'이라는 말로 표현되는 것을 어떻게 이해할 것인가 하는 문제와 닿아 있다는 생각이 든다. 이와 관련, 해방 공간이라는 특정한 국면에서 전면에 드러났던 농민들

의 자발성, 자율성, 자치 역량이 '빨갱이 사냥', 그리고 한국전쟁과 학살 등을 거치며 국가 권력에 거듭 짓밟혔다는 점을 깊이 고려할 필요가 있다고 본다. 그런 과정을 거치며 크게 위축된 상태가 오랫동안 불가피했음을 충분히 감안해야만 새마을운동 시기에 제한적으로 나타난 '자발성' 또는 '자율성'이라는 것의 실체를 온전히 이해할 수 있지 않을까 싶다. 다시 돌아오면, 새마을운동은 유신 체제와 뗄 수 없는 관계에 있었다고 전에 이야기했는데 구체적으로 어떤 방식으로 나타났나.

지난번에도 얘기한 것처럼 새마을운동이 1973년경부터는 유신 체제 강화와 긴밀히 연계되는데, 그러면서 이제는 본말이 전도된 느낌까지 주는 것들이 나타난다. 그건 새마을 지도자 교육에서도 나타난다. 1972년 독농가 연수반이나 새마을 지도자반 교과목 같은 걸 보면 농촌이 어떻게 해야 근대화되고 잘살 수 있느냐, 이것에 초점을 맞춰 상당히 다양성 있게 내용이 구성돼 있다.

그런데 1973년 이후 1979년까지 진행된 새마을 지도자반 교육 프로그램을 보면 그렇지 않다. 이환병 박사 논문에 따르면 '지도 이념과 유신 과업', 이게 제일 앞에 나오고 '새마을운동과 지도 이념', '새마을운동과 정신 혁명'이 그 뒤를 잇는다. 그다음에 '국난 극복사', '새 국가관 확립', '새 역사의 창조', '통일 정책', 사실 그 얘기가 그 얘기이긴 한데 그렇게 구성돼 있다. 다시 말해 유신 체제를 옹호하고 강화하는 데 필요한 교과목이 이제는 훨씬 중요하게 다뤄지고 압도적인 비중을 차지한 것을 볼 수 있다.

아울러 1970년대에는 새마을운동이건 농업 정책이건 식량 안보 차원에서 식량 증산에 박정희가 굉장한 노력을 기울였다고 전에 얘기했는데, 유신 후기에 가면 이게 또 제대로 안 된다. 이 무렵 박정희가 한 연설을 보면 신품종 벼 개발을 장려하는 내용이 나온다. 1977년쯤 되면 통일벼가 여러 가지 이유로 농촌에서 많이 사라지기 시작한다. 그런 가운데 통일벼 품종을 개량한 유신벼라는 게 새로 나오고 정부에서 이걸 장려했는데, '마디썩음병'이라는 게 발생해 많은 농민들이 피해를 봤다. 그것에 이어서 등장한 게 노풍인데, 나오자마자 정부에서 권장해 이것을 막 심었다가 1978년에 도열병으로 엄청난 피해가 발생하지 않나.

나중에 다시 얘기하게 될 터인데, 이렇게 되면서 농민·농업 경제력이 크게 떨어지게 된다. 그리고 1978년 통일벼 계통인 노풍 피해 이후 통일벼 보급은 급속도로 쇠퇴한다. 그 결과 쌀 생산량도 1979년 3,870만 석이던 게 1980년에는 2,470만 석으로 36퍼센트나 감소했다고 돼 있다. 이 수치 자체는 사실에 가깝다고 볼 수 있지만, 1980년에는 지독한 냉해가 있었다는 점을 고려해야 한다. 그러니까 '꼭 통일벼 잘못만은 아니다. 두 가지가 겹쳤다', 그렇게 얘기해야 한다.

— 새마을 지도자 교육에 대해 얘기했는데, 그런 교육 이수자들을 비롯해 새마을운동에 적극 참여한 것으로 분류되는 일부 농민들은 그 후 농촌에서 어떤 존재로 자리매김했나.

이환병 박사 연구에 의하면, 새마을운동 성공 사례 발표를 많이 하게 했는데 이게 새마을운동에서 초기에 기반을 조성하거나 확산하는 데 결정적인 역할을 했다고 한다. 그런데 이러한 사례 발표에 참가한 모범 농민들도 농업에 계속 종사하려고 한 게 아니었다.

농협 조합장이나 공무원이 되려고 하기도 하는데 그러면서 사실은 다수가 농촌을 떠나버린다. 이환병 박사는 "초기 모범 농민들은 새마을운동의 초기 모델은 될 수 있어도 농업의 경쟁력 확보를 위한 농민상과는 거리가 멀었다. 이는 새마을운동의 근본적 모순이자 한계점이 됐다"고 썼다.

그러니까 1960년대도 그렇지만, 1970년대는 새로운 농업 정책, 농촌 정책, 농민 정책을 펴야 할, 그래서 농촌이 사람이 살고 싶은, 사람이 살 만한 땅으로 되어야 하는 아주 획기적인 변화의 시기가 되어야 했는데도 그게 제대로 이뤄지지 않았다. 이때 농업 생산력을 단순한 주곡 생산력으로만 하지 말고 새롭게 농업 생산력을 증가시키고, 농촌에 붙박이로 살 수 있는 농민에 의해 그게 이뤄지도록 유도했어야 할 일인데 그렇게 되지 못했다. 그것은 또한 문화·교육·의료·교통 정책과 상호 긴밀하게 연계되어 이뤄져야 했다. '국가 백년대계'라는 말이 있지만, 어느 것이건 장기적 플랜을 요구하는 것이었다. 그러나 장기 집권을 기도한 독재 정권이면서도 장기적인 계획은 생각지도 않았고, 오로지 유신 체제 수호에만 몰두해 그것과 연계해서 매사를 해나가다 보니까 아주 중요한 시기에 그러한 것을 놓치고 말았다. 그 반면 1970년대에 만들어진 구조화된 농촌은 그 이후에는 바꾸기가 굉장히 힘들게 되어 있었다. 물론 그 이후 정권이 그러한 노력을 하려고 하지도 않았다.

농민들은 빚더미에 깔리고, 이농하고

새마을운동, 네 번째 마당

단기 성과에 치중해
농촌 소외시킨 박정희 정권

김 덕 련 1970년대에 새로운 농민, 농업, 농촌 정책을 펼쳤어야 했는데 그게 제대로 이뤄지지 않았다고 지적했다. 왜 그렇게 된 것인가.

서 중 석 왜 그렇게 됐느냐. 그건 당연하다고 볼 수 있는 것이, 내가 거듭 이야기하지만 유신 정권이 경제 발전 문제를 비롯한 모든 것에서 단기적인 성과에 치중했기 때문이다. 당장에 유신 체제를 수호하는 데 급급할 수밖에 없었다, 이 말이다. 그렇기 때문에 농촌의 겉모습 변화, 식량 자급, 주곡 생산, 이런 것에만 집착했다. 농업 구조를 조정하는 작업이나 자립형 또는 경영형 농민을 키울 생각을 하지 못했다, 이 말이다. 농산물 시장 개방에 대비하지도 못했다.

그러면서 대만과 달리 공업과 농업을 유기적으로 연결시킬 수도 없었다. 박정희는 농업을 희생시켜서 공업화를 이루는 방식을 택했다. 대만하고 다른 면이 있기는 있다. 대만에 비해 공업의 재료가 될 수 있는 농업이 약했다는 점은 사실이다. 그렇다고 하더라도 공업과 농업, 양쪽의 연관이 너무나 없게 된 것 아니냐는 비판을 피할 수는 없다.

내가 1970~1980년대에 많이 생각한 것인데 농촌과 도시가 연결됐어야 한다. 어떤 형태로든 연결이 되면서 주곡만이 아닌 다각적인 농업이 이뤄졌어야 했다. 그러나 서울과 그 주변, 대도시 중심으로 모든 시설·산업이 집중되었고, 그런 연결을 시키려는 노력이 이뤄지지 않았다. 그러니까 농촌과 도시가 따로 노는, 그러면서 농촌이 소외되고 도시 중심으로 급속히 커가는 방식으로 개발 정책을 폈다.

— '농민은 버림받았다'는 주장이 지나친 이야기로 들리지 않는 게, 안타깝지만 현실이다.

농촌이 소외된 모습 중 하나는 농민들이 생산해낸 것이 도시에 가면 농촌에서 팔리는 것보다 월등 비싼 가격으로 팔린다는 것이다. 가락동 농산물 시장 같은 대규모 농산물 판매소에서조차 어째서 현지 가격하고 그렇게 큰 차이가 나는 건가, 이런 생각을 난전에 많이 했다.

대만 같은 데에서는 농산물 가격이 농촌이나 도시나 별 차이가 안 난다고 하는데, 성공적인 정책으로 이것도 꼽힌다. 이렇게 된 데에는 독재가 크게 작용을 했다고는 하지만, 대만 사례를 들으면서 왜 그게 한국에서는 안 됐는가 하는 생각을 많이 했다. 대만의 그런 사례와 비교하면 농촌 상황이 1970년대에도 굉장한 차이가 났고 1980년대에도 그랬는데, 아 박정희 독재, 전두환 독재를 합하면 장개석(장제스)-장경국(장징궈) 독재 못지않지 않느냐, 이 말이다. 이것도 제대로 하려면 정부가 상당히 힘을 써서 구조 조정을 해야 가능한 일이라고 하는데, 그걸 안 하려고 한 것이다. 시쳇말로 쉽게 먹으려고만 했던 것이다. 이런 것들 같은 게 작용하면서 농촌이 소외됐다.

김영미 교수 연구를 보면 아주 중요한 것이 시사되어 있다. 이천 나래리의 경우 새마을운동에 별 관심을 보이지 않고 그 대신 자체적인 농업 개발을 위해 굉장한 노력을 했다. 나래리 주민들은 마을 토질에 적합하고 자신들이 잘 팔 수 있는 여러 작물을 발굴해 그걸 심었다. 나중에 소득 수준을 비교해보니 나래리가 아미리보다 더 자립적인 모습을 갖추고 소득 증대도 더 이뤄진 것으로 김영미 교수는 파악했다. 아미리가 새마을 사업 성과를 바탕으로 두 번이나 우수 마을, 자립 마을로 선정돼 '대통령 하사금'까지 받았는데도 그런 결과가 나왔다는 것이다.

강압성이 일시적인 효과는 가져오고 단기적인 성과를 낼 수는 있지만, 길게 보면 그렇게 되지 못한다는 것을 보여주는 사례라고 할 수 있다. 그런데 새마을운동에서 제일 문제가 되는 부분은 1970년대 후반부터 농가 경제가 악화됐다는 통계가 여러 가지로 나온다는 것이다.

─── 그러한 통계로 어떤 것들이 있나.

1976년에 오면 쌀 자급률이 102퍼센트라고 해서 주곡을 자급하게 된다고 앞에서 말한 것처럼 이 시기에 주곡 자급률이 높아진 건 틀림없다. 통일벼를 누가 먹느냐 하는 문제 같은 건 제쳐놓고 보면 그렇다.

그런데 주곡에 한정하지 않고 양곡 전체를 보면 상황이 다르다. 양곡 자급률은 해마다 낮아졌다. 1970년에 86.1퍼센트, 1975년에 79.1퍼센트였는데 1980년에 가면 56퍼센트로 크게 낮아졌다. 1980년대 이후 세계 농업이 크게 변화하면서 한국의 농산물 시장을 개방하라는 요구가 거세지는데, 양곡 자급률에서도 드러나듯이 그것에 대비하지 못했다. 그런 점을 생각할 필요가 있다.

아울러 농가 부채가 급증했다. 한 자료를 보면, 1971년에 2만 9,500원이었던 1호당 농가 부채가 1975년에 가면 3만 3,000원으로 늘어나는데 그게 1980년에 가면 무려 80만 8,400원에 이른 것으로 나온다. 10년 사이에 27배로 늘어난 것으로 돼 있다. 그러면서 1970년대 후반기에 대규모 이농 현상이 일어나는 걸 볼 수 있다.

새마을운동 시기에 왜
농민들은 대거 고향을 등져야 했나

—— 이농 규모, 어느 정도였나.

한홍구 교수 책에 '1960년대 전반에 농촌 인구 100명 가운데 1.3명이 헌 마을을 떠났는데 1970년대 후반에는 해마다 3.7명이 왜 새마을을 떠났는지 설명할 수 없다', 이렇게 꼬집는 이야기가 나온다. 실제로 이 시기에 이농 현상이 급증했다. 이농 현상은 1950년대에도 꽤 있었지만 대규모 이농 현상은 1960년대에서 1970년대에 걸쳐 일어났다. 순 인구 이동량으로만 따져보면 1960년에서 1965년 사이에 95만 3,000명이 자기 지역을 떠났는데, 그 대부분은 이농자라고 봐야 할 터이다. 이것이 1966년에서 1970년 사이에는 249만 2,000명, 1971년에서 1975년 사이에는 187만 3,000명이 되고 1976년에서 1980년 사이에는 257만 3,000명이 된다.

1966년에서 1970년에 호남 지방을 중심으로 해서 대규모 이농 현상이 일어난 데에는 자연재해가 큰 역할을 했다. 1968년, 1969년 그 당시에 내가 호남 지방에 가보고 그랬는데 그야말로 지독한 한발이 연달아 들었다. 거기에다 홍수도 나고 하면서 신문에 역마다 보따리를 들거나 짊어지고 농촌을 떠나는 사람들이 끝없이 늘어서

1977년 설날에 서울역에서 고향으로 내려가는
귀성객들. 1970년대 후반에는 해마다 인구 100명
가운데 3.7명이 농촌을 떠난 것으로 나타났다.
새마을운동이 성공했다면 이렇게 많은 인구가 고향을
등지지는 않았을 것이다. 사진 출처: 국가기록원

있는 모습이 보도됐다.

그런데 새마을운동이 성공했다고 하는 1976년부터 1980년 사이에는 왜 257만 3,000명이라는 최대의 인구 이동이 일어났느냐, 이 말이다. 이것은 '만약 새마을운동이 성공했으면 이런 일이 일어났을까? 농촌은 희망이 없는 땅, 살 수 없는 땅이라고 판단했기 때문에 이런 현상이 일어난 것이 아닐까?' 이렇게 의문을 품을 수밖에 없지 않나.

—— 산업화가 진행되면서 농촌 인구가 줄어드는 건 자연스러운 현상이라고 생각할 수도 있지 않나.

다른 통계를 가지고도 이것을 이야기할 수 있다. 물론 산업화가 되면서 농촌 인구가 줄어드는 건 너무나 당연한 현상이다. 그럼에도 1970년대 경우는 이해가 안 되는 측면이 있다. 1970년에는 농촌 인구가 1,442만 명으로 전체 인구의 44.7퍼센트였다. 해방 후부터 이때까지 대체로 이 정도 인구였던 것으로 기억한다. 그런데 1980년에는 여기서 300만 명 넘게 줄어든 1,082만 명이 돼서 전체 인구의 28.4퍼센트를 차지하게 된다. 조금 전에도 이야기한 것처럼 줄어드는 게 당연하다고 하지만, 왜 새마을운동이 전개된 시기에 이렇게 많이 줄어들었느냐 하는 건 물어볼 수 있다.

이건 농업을 가장 믿을 수 없는 직업, 심지어 천덕꾸러기 직업으로까지 여기게 만든 것과 떼어놓고 생각할 수 없는 것 아닌가. 새마을운동이 진행될 때 농업이 오히려 비하되는 상황을 맞았고 그러면서 전국의 마을 주민 다수가, 특히 한창 열심히 일할 나이인 중·장년층이 대부분 농사일을 그만두고 농촌을 떠났다. 그래서 많은 사람이 얘기하듯이 농촌은 이제 어린아이 울음을 들을 수 없고 마을 어귀에서 애들이 뛰어노는 모습도 볼 수 없는 곳이 됐다. 그러면서 그전에 만들어놓은 분교가 거의 다 없어져가게 된다. 초등학생 숫자도 대폭 줄어들었다. 노인들의 마을이 돼버리는 현상을 가져온 것이다. 심지어 60대가 농촌 청년회장을 맡아야 하는 상황도 많이 나타났다.

농촌이 살고 싶은 마을이 된 게 아니라 떠나고 싶은 곳이 돼버렸다. 또한 도시 사람들의 마음의 고향이 되지 못하고 농촌과 도시가 각각 따로 돌아가는 생활 환경이 만들어지면서 어린아이들이 농촌에 안 가려고 하고 도시민들도 잘 가려고 하지 않는다.

김대중 자서전을 보니 이렇게 쓰여 있다. "농촌에서는 새마을운동을 대대적으로 벌였다. 아침마다 마을에는 새마을 노래가 울려 퍼졌다. 그러나 정작 농촌은 골병이 들고 있었다. 초가지붕을 슬레이트 지붕으로 바꾼 것 외에 농촌은 변한 것이 없었다. 모든 것이 도시로 몰렸다. 농민들은 정든 고향을 떠나야 했다. 새마을운동으로 농촌이 잘살게 됐다는 선전은 속임수에 불과했다. 이때부터 농촌은 몰락하기 시작했다."

박정희도 죽기 전날 새마을운동이 얼마나 퇴색했는가, 빛바랜 운동이 됐는가에 대해 들었다. 1979년 10월 25일 박정희는 새마을운동 기획자이자 전도사로 청와대 새마을 담당 특보였던 박진환을 불렀다. 박진환은 이런 말을 했다고 한다. "민심이 떠나가는 것 같은 기분이 듭니다. 국민들이 새마을운동에도 옛날처럼 열을 내지 않는 것 같습니다. 지방 관리들이 올리는 새마을 관계 보고나 통계도 과장된 것이 많습니다. 정부와 국민이 뭔가 헛돌고 있는 것 같습니다."

많은 한국인이 고향을 잃었다. 실향민이 돼버린 것이다. 고향이 고향 같지 않고 고향에 가도 만날 사람이 없다. 새마을운동 때문은 아니지만, 새마을운동이 포함된 박정희의 근대화 정책이 한국민을 실향민으로 만든 것이다. 한 기자는 〈소멸 위기에 빠진 '나의 살던 고향'〉을 오랜만에 다녀온 뒤 이렇게 썼다(시사인, 2018년 1월 9일). "많은 이들처럼, 오래전 고향을 떠났다. 유년기 전부를 보낸 곳이지만 언젠가부터 왕래가 끊겼다. 어릴 적 친구를 만나러 가끔 갔지만 그 친구들도 예전 나처럼 고향을 떠났다. 만나러 갈 사람이 없으니 고향을 찾아가는 일도 완전히 사라졌다."

농민을 위해 정부를 비판할 세력을
유신 체제는 원치 않았다

— 고도성장 과정에서 희생을 강요당한 농촌은 이제 인구마저 크게 줄어 정치적으로 목소리를 내기도 쉽지 않은 상황에 놓였다.

참 슬픈 일인데, 그렇게 된 데에는 전에도 얘기한 것처럼 대도시 중심으로 고속도로를 만드는 방식으로 모든 일을 처리한 것이 농촌을 소외시키고 병들게 하는 데 사실은 상당한 역할을 했다. 박정희는 산업화 정책, 교육 및 의료 정책과 농촌 정책, 새마을운동을 유기적으로 엮으려 하지 않았고 따로따로, 별개로 처리했다.

새마을운동 문제를 역사적으로 길게 생각해볼 필요도 있다.

1930년대에 조선총독부가 농촌 진흥 운동을 펼치지 않았나.

그때 우가키 가즈시게 총독이 자각, 자립을 그렇게 강조했다. 그런데 사실 식민지 당국자가 농민들이 자각하고 자립하는 것을 과연 바랐겠는가. 다 그런 것은 아니지만, 일제 권력이 하라는 대로 말을 잘 들으라는 뜻으로 그 말을 사용하지 않았던가. 바로 그 점을 생각할 필요가 있다.

박정희는 5·16쿠데타를 일으켜 농협, 농지개량조합 같은 것을 만들 때 조금도 자율성, 자치성을 인정하려 하지 않고 모든 것을 관 주도로 하지 않았나. 또 유신 체제에서 어느 분야건 자치, 자율, 자각을 철저히 금압했고 일사불란한 병영 체제로 이끌어가려 했다. 그럼에도 박정희는 새마을운동 식사式辭나 훈시 등 각종 연설에서 농민들의 자각, 자립, 자조를 그렇게 많이 강조했다. 그런데 정말 농민들의 자각, 자조를 돕는 방향으로 정책이 추진됐다고 볼 수 있을까. 전혀 그렇지 않았다. 강제 농정, 관 중심 새마을운동으로 추진됐다. 그리고 유신 체제에 강력히 흡수된 형태로 진행됐기 때문에 농민의 이익을 대변하는 변혁 세력, 정부의 농촌·농민 정책과 농업 정책을 비판할 수 있는 세력이 존재하기가 굉장히 어렵게 돼 버렸다.

농협이 농민의 것이 못 된 건 1960년대부터 그랬지만, 이렇게 농민의 이익을 대변하는 변혁 세력, 비판 세력이 존재하기가 아주 어렵게 되면서 종교와 결합한 가톨릭농민회의 활동이 나타나게 되는 것이다. 그래서 1970년대 후반에 들어가면 전남 함평의 고구마 문제 같은 게 불거지면서 드디어 농민 운동이 일어나게 되고 1980년대에는 상당히 큰 규모로 민간 차원에서 자체적으로 농민 자조, 자립, 자각 운동이 전개된다.

이처럼 위에서 끌고 가는, 그러니까 상당 부분 권력이 시키는 대로, 권력의 말을 잘 들으라는 차원에서 자조, 자립, 자각을 강조하는 운동과는 전혀 성격이 다른 새로운 운동이 벌어진 것이다. 그런데 그때쯤 되면 세계적인 규모에서 농업 개방이 강요되었다. 그래서 어떻게 하기가 어려운 상황으로 치닫게 되고, 다른 한쪽에서는 이중 곡가제 같은 걸 통해 쌓인 양곡 적자를 정부가 부담하기 어려운 상황이 조성된다.

—— 농민, 농업, 농촌의 어려움은 오늘날에도 계속되고 있다.

이래저래 농촌은 골칫덩어리가 돼버렸고 골병이 들었는데, 그렇게 된 데에는 극단적인 불균형 성장 정책이 영향을 끼쳤다. 또한 영호남 갈등 같은 것 때문에도 차별 대우를 심하게 받는다고 생각하는 호남인들이 더 많이 이농하는 것도 볼 수 있었다.

무엇보다도 의료, 교육, 사회 정책이 '제대로 된 농업'에 매달려 평생을 살겠다는 농민들을 키우는 문제와 연계되어 이뤄지면서 전체적으로 농촌이 변화했어야 하는 것인데, 그게 제대로 되지 않았다. 전에 내가 농촌을 취재하러 다니면서 이야기를 들어보니까 농촌을 떠나는 가장 큰 이유가 교육 때문이라고 얘기하는 사람이 많더라. 우리나라에서는 먹고살려면, 좋은 자리를 가지려면 뭐니 뭐니 해도 교육을 잘 받아야 하는데 지금 같은 농촌에 어떻게 자식을 둘 수 있겠느냐, 이렇게 목청을 높인다. 그렇기 때문에 부모가 직접 도시로 가서 살든가, 돈이 많이 들더라도 자식을 도시로 내보낼 수밖에 없다는 것이었다. 이러한 것에는 새마을 지도자들이 더 영악하고 재빨랐다.

그러니까 거듭 얘기하지만 농촌, 농민, 농업과 전반적으로 연관된 형태로 교육, 의료를 비롯한 여러 사회적인 문제, 경제 문제를 같이 다뤘어야 했는데, 그게 제대로 되지 못한 것이 결국 오늘날과 같은 농촌의 참담한 결과를 초래한 것 아니겠느냐고 볼 수 있다.

— 그렇다고 하더라도 국가적 차원에서 농민, 농업, 농촌을 포기 해서는 안 되는 것 아닌가.

지금 농촌에 가보면 그래도 아주 예뻐 보인다. 동네도 잘 다듬 어져 있고 도로도 예쁘고 예전에 비하면 그래도 살 만하다. 가스 같 은 것이 공급되는 마을도 많다. 그전보다 월등 편하게 연료가 공급 된다는 말이다. 담장을 꽃나무 같은 것으로 잘 가꿔놓은 데도 많다.

우리가 새로운 형태의 농촌 새마을운동을 펼 때가 이제 된 것 이다. 요새 귀농 운동이 활발하게 벌어지고 있는데 그게 전반적으 로 더 확대돼야 한다. 그러면서 한살림처럼 농촌과 도시를 연결하 는 활동이 더 규모 있게 전개돼야 한다. 이런 여러 가지를 어느 때 보다도 많이 생각해야 할 때라고 본다.

농민, 농업, 농촌 문제에 대해 독자들과 함께 조금 더 생각해봤으면 하는 바람으로, 필자가 기자 시절 쓴 글의 일부를 옮긴다. 한중FTA 8차 협상 직후인 2013년 11월 25일에 게재된 기사(〈'제2새마을운동' 찬가 속 '이등 국민'들의 절규〉)의 결론 부분이다.

"한국 현대사는 농민 잔혹사이기도 했다. 이승만 정권 때는 한국전쟁 수행 및 전후 복구를 위해 현물로 세금을 거둔 임시토지수득세가 대표적으로 농민들을 힘들게 했다. 대량으로 들어온 미국의 잉여 농산물도 농촌엔 커다란 부담이었다. 농산물 가격이 폭락했기 때문이다. 박정희 정권 들어 산업화가 본격화하면서 강제된 저곡가 정책은 농촌의 숨통을 죄었다. 저곡가 정책은 도시 노동자들의 저임금을 유지하기 위한 정책의 일환이었다. 1980년대 이후 한국 경제의 개방 폭이 넓어질 때마다 농민과 농업은 우선적으로 희생됐다. 이런 과정을 거치면서 농촌이 피폐해지자 1970년대에 등장한 것이 새마을운동이지만, 이 역시 농촌의 쇠락을 막지 못했다. ……

이처럼 한국이 해방 후 이룩한 놀라운 산업화의 밑바탕에는 농촌의 희생이 있었다. 병영 같은 공장에서 저임금 장시간 노동에 시달린 노동자들의 피땀과 함께 농민들의 고통을 먹고 자란 '한강의 기적'이었다는 말이다.

그러한 시간을 거친 2013년, 한국에서 농민들은 천덕꾸러기 취급을 받고 있다. 수출 중심 경제의 고도화를 위해 언제든 희생될 수 있어야 함에도 이를 받아들이지 못하는 '시대에 뒤처진 이들', 이따금 과격 시위나 벌이는 '2등 국민' 같은 존재로 적잖은 이들의 눈에 비치고 있다고 하면 지나친 말일까.

한중FTA나 TPP를 무조건 해서는 안 된다는 말이 아니다. 국가 전체의 이익이라는 차가운 숫자만을 제시하며 또다시 따르라고만 요구하는 건 이들에겐 너무나 잔인한 일이라는 말이다. '2등 국민'을 체계적으로 만드는 건 있을 수 없는 일이라는 점에서도 맞지 않는 일이다. 차가운 숫자 이전에 노동으로 얼룩진 이들의 굵은 주름을 찬찬히 살펴보고, 이들에게 '2등 국민'의 딱지를 강요하지 않으면서 경제의 고도화를 추진할 방안을 마련해야 할 때다. 그 출발점은 이들의 목소리에 귀를 기울이는 것이다. '제2의 새마을운동', '제2의 한강의 기적'을 정부가 소리 높여 외치기 전에 새마을운동과 '한강의 기적' 동안 이들이 어떤 일을 겪었는지를 살피는 것, 이들이 원하는 것은 바로 그것이다."

나가는 말

독재자 박정희의 말로는 처참했습니다. 총으로 권력을 움켜쥔 박정희는 5·16쿠데타를 일으킨 지 18년 만에 부하의 총에 맞아 권력을 놓아야 했습니다. 민주주의를 요구하는 국민들을 향해 자신이 직접 발포 명령을 내리겠다는 무시무시한 발언을 서슴지 않던 독재자는 1979년 10월 26일 그렇게 생을 마감했습니다.

10·26은 박정희가 자초한 사건입니다. 그전부터 이미 균열을 넘어 붕괴 징후를 보이던(YH사건과 부마항쟁에서 이 점은 단적으로 드러납니다) 유신 독재는 10·26으로 막을 내리게 됩니다. 10·26이 한국 현대사에서 차지하는 비중이 결코 작지 않은 이유입니다.

그러나 10·26이라는 형태로 유신 독재의 막을 내린 것이 역사에 상당한 제약 요인으로 작용한 것 또한 사실입니다. 박정희가 키워준 전두환 일당이 1980년 5월 광주를 피로 물들이며 또다시 독재 정권을 만들어낼 수 있었던 것도 이 점과 무관치 않습니다. 박정희 없는 박정희 체제가 오랫동안 이어진 것 역시 마찬가지입니다.

《서중석의 현대사 이야기》14~15권에서는 그러한 유신 붕괴 과정을 집중 조명했습니다. 유신 독재가 어떻게 무너져갔는지, 10·26 형태로 붕괴한 것이 그 후 어떤 영향을 끼쳤는지 등을 제대로 파악하는 것은 한국 민주주의를 진전시키기 위해 필요한 작업이기도 합니다. 14~15권은 '서중석의 현대사 이야기' 연재 가운데 2016년 '유신 체제', '유신의 몰락'이라는 주제로 프레시안에 실린 것들 중 일부의 내용을 더 충실히 하고 새롭게 구성한 결과물입니다.

18년에 걸친 박정희 집권기에 대한 탐구는 이번 15권을 끝으로 마무리합니다. 다음부터는 유신 몰락 이후 한국 현대사의 흐름을 짚을 예정입니다.

2018년 10월
김덕련

서중석의 현대사 이야기⑭

초판 1쇄 펴낸날 2018년 11월 1일

지은이   서중석 김덕련
펴낸이   박재영
편집   임세현
디자인   당나귀점프
제작   제이오

펴낸곳   도서출판 오월의봄
주소   경기 파주시 회동길 363-15 201호
등록   제406-2010-000111호
전화   070-7704-2131
팩스   0505-300-0518

이메일   maybook05@naver.com
트위터   @oohbom
블로그   blog.naver.com/maybook05
페이스북   facebook.com/maybook05

ISBN   979-11-87373-66-7 04900
               978-89-97889-56-3 (세트)

이 도서의 국립중앙도서관 출판시도서목록(CIP)은 e-CIP홈페이지(http://nl.go.kr/ecip)와
국가자료공동목록시스템(http://www.nl.go.kr/kolisnet)에서 이용하실 수 있습니다.
(CIP 제어번호 : CIP2018033703)

• 책값은 뒤표지에 있습니다. 잘못된 책은 바꾸어 드립니다.

이 책에 실린 사진은 저작권을 가지고 있는 분들과 기관의 허락을 받아 게재했습니다.
저작권자를 찾지 못하여 게재 허가를 받지 못한 일부 사진은 저작권자가 확인되는 대로
게재 허락을 받고 통산 기준에 따라 사용료를 지불하겠습니다.